宜宾学院2016年度院级科研项目教育学专项课题（编号：2016JYZ01）——"朋辈团体心理辅导在大学生心理健康教育中的应用研究"成果

曲燕 ○ 著

团体心理辅导领导者
训练与成长

中央编译出版社

图书在版编目（CIP）数据

团体心理辅导领导者训练与成长 / 曲燕著. —北京：
中央编译出版社，2019.1
ISBN 978-7-5117-3753-3

Ⅰ. ①团…
Ⅱ. ①曲…
Ⅲ. ①集体心理学–心理咨询–咨询服务
Ⅳ. ①C912.64

中国版本图书馆 CIP 数据核字（2019）第 254088 号

团体心理辅导领导者训练与成长

出 版 人：	葛海彦
出版统筹：	贾宇琰
责任编辑：	王丽芳
责任印制：	刘　慧
出版发行：	中央编译出版社
地　　址：	北京市西城区车公庄大街乙5号鸿儒大厦B座（100044）
电　　话：	（010）52612345（总编室）　（010）52612341（编辑室）
	（010）52612316（发行部）　（010）52612346（馆配部）
传　　真：	（010）66515838
经　　销：	全国新华书店
印　　刷：	廊坊市海涛印刷有限公司
开　　本：	710 毫米×1000 毫米　1/16
字　　数：	285 千字
印　　张：	18.75
版　　次：	2019年11月第1版
印　　次：	2019年11月第1次印刷
定　　价：	58.00 元
网　　址：	www.cctphome.com　　邮　箱：cctp@cctphome.com
新浪微博：	@中央编译出版社　　微　信：中央编译出版社（ID：cctphome）
淘宝店铺：	中央编译出版社直销店（http：//shop108367160.taobao.com）
	（010）55626985

本社常年法律顾问：北京市吴栾赵阎律师事务所律师　闫军　梁勤
凡有印装质量问题，本社负责调换。电话：（010）55626985

序
——结伴同行

  初识团体心理咨询是在读研期间，当时的课程是由外教担任的，现在想来连老师的名字我都记不得了，只记得每次上课都被英语的听说搞得紧张兮兮，至于团体心理咨询的理论与技术根本无暇参悟，只能说知道了有这样一种心理咨询的形式。

  工作后在学校心理健康中心的支持下于2009年6月、2011年12月两次参加了樊富珉教授的团体辅导培训，才算是真正体验并思考了团体辅导到底是怎么一回事，也不由自主地喜欢上了它。

  想来自己成长经历中无时不在感受团体的温暖，陪伴我一路走来的大大小小、形形色色的团体让我有了归属感，特别是对团体咨询的理论和技术有了一定的领悟之后，我有意识地将其运用在自己的生活中，获益多多，在人生的艰难拐点处更是获得了重要的支持力量。

  我的工作也是要面对各种各样的团体，我想把好的东西与大家分享，我想用我有限的能量将团体心理咨询的理念和技术进行传播，我尝试用团体辅导的理念与方式辅助我的教学和心理辅导工作，效果很好，这也增强了我继续努力的信心和力量。

  自2007年以来，我有幸承担我校应用心理学专业"团体心理咨询"课程教学，完成本书的想法源于2013—2014下期的课程，还记得当年的课程主要面向2011级的同学开设，2012级的八名同学也成功选修了本门课程，最终我们组成42+1人的学习团队，每周一晚上7点我们如约来到插秧式桌椅排列的一教楼203教室，室内灯光明亮，照着一张张充满激情和热爱的脸。之后的课程中我不断整理思路，查阅资料，不断完善书稿和训练体系。

  和每个团体（选课班级）特别的缘分是在同学们一次次的参与、提问和分享中慢慢建立起来，那一双双亮晶晶的眼睛后面，有着强烈的求知欲。我对他们提出一个又一个要求：课后及时撰写课程日志或活动手记；小组团结协作精心准备方案；每次的反馈意见要认真对待，及时沟通并进行改进；每次课程都要有小组带热身活动；每个小组完成一次班级团体辅导活动的带领；带领过程中要收集资料；带领结束后要及时总结和反思……他们不仅做到了，而且比我要求的做得还好。在我们的相互深入沟通中，一个想法从模糊到清晰，渐渐在我脑中成形：为什么不整理一下这些资料，把我这些年来开设"团体心理咨询"课程的授课经验写出来跟大家分享？把同学们在学习过程中的快乐和烦恼、成长和失落写出来，或宣泄、或留念、或供人借鉴？这个想法就像一粒小小的种子，一旦发芽，就开始生长。于是，利用课余时间我组织了几名同学将资料进行了编排整理，我们沉浸在这些想法和感受通过电脑键盘变成的文字中，这又是一种思想的交流，也是一种成长的记录和思索，是感性和理性的交融，想为那些在学习路上前行的人们提供温暖的分享和支持。学校2016年度院级科研项目教育学专项课题的立项使得本书的出版得以实现。

每个开课的学期，我们一起从夏秋走到冷冬或从开春走到了夏至，还记得总结课上同学们看着照片中人物的着装变换着四季，很是感慨。每次下课都是夜色朦胧，玉兰大道上格外安静。我们在夜色中互道再见。"天空没有翅膀的痕迹，而我已飞过。"体验式的学习正是如此。一期期课程结束了，我们不会再每周见面，但在每个人的天空里，我们留下了相互的痕迹。时隔多年之后，那些面孔可能会模糊，但成长的痕迹会越来越清晰。我们在彼此的生命故事中成长。

冬去春来夏花生，一路走来收获丰；团体辅导学习重参与，相伴成长会共赢。

谨以此书送给参与课程学习的我亲爱的学生们，尤为感谢2015届应用心理学专业的毕业生们！

出版过程一波三折，切实体会了学术之路的艰辛，感谢自己的坚持，勇敢拒绝不合理要求。感谢中央编译出版社编辑们精益求精的反馈与修订，使得本书终于姗姗来迟地面世。

曲　燕
2018年10月22日

目 录

序 ·· 1

第一章 夯实理论基础 ·· 1
 一、团体心理辅导概述 ··· 1
 二、团体心理辅导的领导者 ·· 10
 三、团体辅导前的筹划工作 ·· 15
 四、团体心理辅导的方案设计 ··· 24
 五、团体辅导方案设计中的活动与练习 ··· 29
 六、团体心理辅导的过程特点 ··· 30
 七、团体辅导的效果评估 ··· 36
 八、学员关于理论学习的感悟 ··· 36

第二章 团体领导者的参与体验与个人成长 ·· 42
 一、组建"成长共同体" ··· 42
 二、破冰活动：缘来你我 ··· 42
 三、小组建设及成果 ··· 45
 四、团体辅导主题活动体验一：我的人生我做主之情绪辅导 ············ 64
 五、团体辅导主题活动体验二：我的人生我做主之择偶辅导 ············ 70

第三章 团体领导者的微技能训练 ·· 75
 一、人体时钟 ·· 76
 二、官兵捉贼 ·· 79
 三、我说你画 ·· 82

四、抓与逃 ………………………………………………… 85
　　五、007 …………………………………………………… 88
　　六、合作吹气球 …………………………………………… 89
　　七、配对互相介绍 ………………………………………… 90

第四章　督导下的朋辈团体辅导实习 …………………………… 93
　　一、"知"己——大学生自我认识团体辅导 …………… 93
　　二、"爱"己——大学生自我悦纳团体辅导 ………… 103
　　三、走进内心深处——大学生自我价值观澄清团体辅导 … 113
　　四、源于暗示的力量——大学生自信心提升团体辅导 … 125
　　五、来自星星的"我"——大学生自信心训练团体辅导 … 137
　　六、信任之旅——大学生人际信任团体辅导 ………… 149

第五章　督导下的课外拓展实习 ……………………………… 158
　　一、高三学生考前辅导工作坊实操训练 ……………… 158
　　二、小学生"自我悦纳"系列班级辅导实操训练 …… 187

第六章　团体辅导学习的阶段性总结 ………………………… 225
　　一、学习成果展示 ……………………………………… 225
　　二、训练与成长的阶段性总结 ………………………… 266
　　三、学员关于整体学习过程的总结与感悟 …………… 273

参考文献 …………………………………………………………… 289

后记 ………………………………………………………………… 290

第一章
夯实理论基础

一、团体心理辅导概述

本书中的"团体心理辅导"的概念与"团体心理咨询"（group counseling）① 同义，是一门以心理学为基础的专业知识、理论与技术。随着我国心理健康教育工作越来越受到政府、社会、大众的关心和重视，团体心理辅导/咨询的技术和方法也将被广泛应用在社会生活的各个方面。之前关于"团体心理咨询"的研究和表述较多，我们也不妨由此拉开认识团体心理辅导的面纱。

（一）什么是团体心理辅导

团体心理辅导是在团体情境中提供心理帮助与指导的一种心理辅导的形式。它是通过团体内人际交互作用，促使个体在交往中通过观察、学习、体验、认识自我、探讨自我、接纳自我，同时了解他人、理解他人、学习他人，以发展良好的生活适应的助人过程。即借团体形式助个人成长！

形式通常有 1—2 名领导者，根据来访者问题或需求的相似性组成课题小组，共同商讨、训练、解决共有的发展课题或心理困扰。

规模因参加者的问题性质或咨询目标的不同而不等，少则 3—5 人，多则

---

① 两者的关系将在下文做进一步探讨，本书中两个概念的使用依据引用资料的表述习惯，含义本质上是相同的。

十几、几十人。通过几次或十几次团体聚会、活动（一般是每周聚会一次，时间约两个小时，为期四五个月以上），参加的成员互相交往，共同讨论大家关心的问题，彼此启发，相互反应，支持鼓励，使成员了解自己的心理，以便改善人际关系，增强社会适应性，促进人格成长。

（二）团体心理辅导的功能和作用

团体心理辅导的主要作用和功能是为参加者提供一个良好的社会活动场所，创造一种信任的、温暖的、尊重的、接纳的、支持的团体氛围，使成员有充分的安全感，能够以他人为镜，深化对自我及对他人的认识，培养与他人合作的能力。具体说，包括以下几点：

1. 团体为个人提供了一面镜子；
2. 成员可以从其他参加者和指导者的反馈中获得裨益；
3. 成员接受其他参加者的帮助，也给予其他人帮助，即我助人人，人人助我；
4. 团体提供考验实际行动和尝试新行为的机会；
5. 团体情境鼓励成员做出承诺并用实际行动来改善生活；
6. 团体的结构方式可以使成员获得归属需要的满足；
7. 团体中的互动行为可以帮助成员了解他们在工作上、家庭上的功能。

（三）团体心理辅导的特点

相对于个别咨询来说，团体心理辅导有其独特之处。

首先，团体心理辅导感染力强，影响广泛。个别咨询是咨询师和来访者两个人之间的沟通过程，而团体辅导是多向沟通的过程。对每个成员来说，都存在多个影响源。每个成员提出的问题可以得到不同人从不同角度的反馈，能够得到团体其他成员的帮助，同时也可以成为帮助其他成员的力量。此外，在团体情境下，成员可以同时学习模仿多个团体成员的适应行为，从多个角度了解自己、洞察自己。在团体辅导过程中，成员之间互相支持、集思广益，共同探寻解决问题的办法，减少了对领导者的依赖。

其次，团体心理辅导效率高，省时省力。个别咨询是咨询师与来访者面对面、一对一进行的帮助指导，每次咨询面谈需要花1个小时左右，而团体辅导是1—2位领导者面对多个团体成员，尽管时间要长一些，但人均效率还是有很大提高，节省了咨询时间和人力。特别是在当前时期，可以缓解咨询人员不足的矛盾。团体辅导的效能还体现在防患于未然，预防问题的发生，利用集思广益的研讨方法，谋求问题发生后的处理方式，这是解决问题最经济的方法。

另外，团体心理辅导效果容易巩固。团体辅导创造了一个类似真实的社会生活情境，成员在团体中的言行往往是他们日常生活行为的复制品。在充满信任的良好团体气氛中，通过示范、模仿、训练等方法，参加者可以发现和识别自己不适应的行为，团体也给成员提供了尝试新行为的机会，这种体验式的学习结果容易迁移到日常生活中去。

（四）团体心理辅导的局限

当然，团体心理辅导也有不足之处。

首先，在团体情境中，个人深层次的问题不易暴露。团体中安全、信任的氛围建设有一定难度，团体辅导也不是适合每一个人。如依赖性过强、人际焦虑过高或太自我中心的人，在团体中不仅难以获得好处，甚至还会妨碍团体的进展。那些社交障碍者极端内向、害羞、自我封闭，也不宜参加。

其次，在团体情境中，个体差异难以照顾周全。由于团体领导者对每个成员都需要关照，势必相对减少对每个成员的关注与交流，而无法满足特殊成员的特殊需求。而且，不同的成员个性不同，问题程度不同，个体差异难以照顾周全。因此，并非每个团体都一样有效；同样的团体，也不可能对每个成员都有同样的效果。

再次，在团体情境中，有的成员可能会受到伤害。在团体情境中，个人和团体在还没有充分准备的情况下，由于受到团体的压力而自我表露，会造成不安，有些成员甚至会受到伤害。在团体过程中获得的一些关于某个成员的隐私后可能不经意泄露，会给当事人带来不便。

最后，团体辅导对领导者要求高。团体心理辅导对领导者的人格、专业训练、技术方法、伦理道德等方面要求高。不称职的领导者带领团体会给成员带来负面影响。

要使团体辅导的优点充分发挥，局限性降至最低，可以采取一些相应的措施。例如，参加者要有充分的心理准备；领导者要掌握团体辅导的理论与技巧，充分尊重每一位成员；辅导工作开始前，参与者要有明确的、成员共同制定的小组契约，注意保密原则等。

（五）团体心理辅导的类型

目前，关于团体心理辅导的分类还没有一个统一的标准。现实生活中，各种团体心理辅导活动形式多样，为了便于理解，下面根据不同的标准进行分类介绍。

1. 根据团体心理辅导所依据的理论和方法，可分为精神分析团体、行为主义团体、认知—行为团体、会心团体〔也称为交朋友小组（encounter group），理论基础是罗杰斯的个人中心疗法理论〕。

2. 根据团体心理辅导的功能，可分为：

（1）成长型团体辅导，是应用最为广泛的团体辅导形式，特别是在学校教育中更受关注。成长型团体辅导的主要目的是通过团体成员的主动参与，表达自己进而找到大家共同的兴趣与目标，重点放在自我成长与自我完善。成长型团体辅导基于这样的认识：在人生成长过程中，每个人都会遇到困难，如果克服一些不可避免的困难，人便获得心智成长。因此，也称发展性团体辅导。

（2）训练型团体辅导，所注重的是人际关系技巧的培养，强调通过团体环境中的行为实验来帮助成员如何解决问题，如何做决定，如何表达自己的意见，等等。训练型团体的主要功能在于为成员提供一个实验室，着重帮助成员去学习新的行为，改变不适应的行为，并通过练习使新行为得到巩固。严格地讲，团体成员在学习中不是以改变自己的行为为目的的，而是了解"改变"能否使个人在团体中及人际关系中生活得更充实、更满足。例如，一个希望得到别人同情的人,可以在训练型团体中表现某一行为,看看是否能获得别人的同情。同时,他也可以做出相反的另一个行为,从其他成员的反馈中,得知此种行为在他们心中的反应,从而找到适当的行为方式。

(3)治疗型团体辅导,是指通过团体特有的治疗因素,如团体中所提供的支持、关心、情感宣泄等,改变成员的人格结构,使他们达到康复的目的。在持续时间、处理问题、方式方法、功能作用等方面与个体心理治疗的侧重点类同。需要说明的是参加治疗型团体辅导的成员并不一定比发展性团体辅导和训练型团体辅导的成员更有问题。因为,治疗型团体提供的特殊气氛会使不健康的人走向健康,使健康的人更加健康。例如,家庭治疗工作坊、哀伤治疗团体、中风病人自强小组、抗癌斗士互助团体等。

也有学者认为从更专业的角度,团体心理服务从形式上(包括功能)团体心理辅导、团体心理咨询和团体心理治疗存在差异,它们之间的关系如表1-1所示。

表1-1 团体心理辅导、团体心理咨询与团体心理治疗比较

	团体心理辅导	团体心理咨询	团体心理治疗
对象	正常人	正常人	病人
目标	知识、资讯的获得	促进想法、情绪、态度行为之改变	人格重建、人格改变和治疗
功能	预防性、发展性	预防性、发展性、矫治性	矫治性、临床性
领导者	教师或辅导员	心理辅导师	心理治疗师
行为层面	意识的认知活动	意识的思想、情绪问题和行为	意识及潜意识的心理、思想、情绪问题和行为
动力过程	不太重视小组动力	非常重视小组过程和动力	重视小组过程和动力
方法	一般教学活动、技术,为传送知识资料	辅导技术,引导探索、省察	治疗技术,以分析、解释行为
人数	以班级人数为原则	6—8人	少数人为原则
实施地点	学校、机构	学校辅导中心、心理健康中心	医疗诊所、医院心理健康中心
时间	定期	短期	长期

资料来源:李郁文:《团体动力学:群体动力的理论、实务与研究》,(台北)桂冠图书股份有限公司2001年版。

我个人倾向于把三者的关系看成一个有着交叉重叠内容的连续体,本书

的内容侧重点偏向团体心理辅导、团体心理咨询一端,在本书的表述中两个概念也是混用的。

3. 根据团体辅导实施方案的计划程度可以分为结构式团体辅导与非结构式团体辅导。见表1-2、表1-3。

表1-2 结构式团体辅导与非结构式团体辅导比较

项目	结构式团体	非结构式团体
成员的学习	成员在参与过程中可以根据自己的需要及价值观来自由地吸收、学习;但学习的范围和方向容易被团体领导者设计的结构、主题所限制。	成员学习的内容较无限制,随着成员彼此互动,引发出任何可能的学习材料及方向。
领导者的角色	团体领导者清楚地运用其领导的角色来引导团体的进行;有时为了配合成员更有效地学习,会进行简短的演讲或引发学习材料。	团体的学习有赖于成员彼此在团体过程中自然产生的情绪和行为;领导者适度参加团体,促进成员的沟通、了解和分享;领导角色不明显。
团体的氛围	团体安全的氛围是被刻意制造的,如开始时运用热身活动来培养团体氛围,酝酿学习情绪;为避免不安全和威胁的氛围,通常由容易或较浅的主题进行到较难或较深的主题,以帮助成员在安全的氛围中针对学习主题获得最有效的成长。	因为成员的学习资源来自于成员彼此感情与行为的投入,成员自然地出现他自己被期待和鼓励的行为;团体初期因目标不明确而带来暧昧不清的团体气氛是有其作用的,因为它所提升的成员焦虑压力反而是促进、引发成员真实行为的力量。

资料来源:樊富珉:《团体心理咨询》,北京:高等教育出版社2005年版。

表1-3 结构与非结构团体辅导特点

结构式(辅导)		非结构式(咨询/治疗)
数十—数百名	人数	10名左右
数小时—数日	时间	3日—5日
指导,不参加团体	领导者	促进者,参加团体
按发展阶段共有的问题	内容	针对各自的问题探讨
课题	重点	人
有浅有深	交流的层次	深

资料来源:樊富珉:《团体心理咨询》,北京:高等教育出版社2005年版。

4. 根据团体辅导参加者的固定程度可以分为开放式团体辅导与封闭式团体辅导。

开放式团体辅导是指成员较不固定,不断更迭,成员的加入或退出皆尊重个人情况、需求和意愿,成员的流动性相对带来不同程度的冲击,会使团体气氛产生很大变化，彼此刺激，相互学习。

封闭式团体辅导是指一个团体，从第一次聚会到最后一次活动，其成员固定，保持不变，熟悉程度高，团体凝聚力与信任感较强。成员加入或退出必然会像平静的水面扔下一颗石子，影响团体进展。一般情况下，团体辅导常采用封闭式的方式进行。

5. 根据成员的背景相似程度可分为同质团体和异质团体。

区别主要是团体成员本身的条件或问题具有的相似程度。同质团体的好处在于：团体成员因背景、条件相似而有更多的共同语言、共同体验，相互之间容易沟通，能互相关心，不会感到孤立，而且成员可以从其他人的经验中得到解决问题的启发。需要注意的是，所谓的同质只是相对而言，因为世界上没有完全同质的个体。

异质性团体成员之间的差异较大，情况比较复杂，这类团体辅导常常以"个案为中心"，好处在于可使其他成员成为问题者的协助人，提供看问题的不同角度。

6. 根据参加团体的对象人群特点可分为儿童团体辅导、青少年团体辅导、大学生团体辅导、年长者团体辅导等。

7. 根据团体辅导的活动方式可分为家庭治疗、心理剧治疗等。

（六）团体心理辅导的应用领域

1. 教育领域

常见于学校咨询中心，内容涉及学业、生涯、班级、人际、适应、课外活动等。

团体名称及方案主题举例：

(1) "网络伴我健康成长"网络依赖大学生治疗团体

(2) "我的生涯我做主"职业生涯探索团体

(3) "天天向上"学习技能提升小组

(4) "轻轻松松交朋友"人际关系训练小组

(5) "发现一个伟大的我"贫困生自强训练团体

(6)"教师快乐成长营"教师情绪管理团体

(7)"快乐教学，快乐研究"研究生导师压力管理团体

(8)"认识他和她"异性交往探索团体

2. 医疗领域

常见于医院、精神卫生机构，内容涉及精神治疗、患者及家属服务、工作人员技能培训及心理健康维护等。

团体名称及方案主题举例：

(1)"伴你走过中风的日子"中风病人支持小组

(2)"战胜癌症我能行"癌症患者心理治疗团体

(3)"在路上"抑郁症治疗团体

(4)"轻轻松松入梦乡"睡眠障碍治疗团体

(5)"体验轻松"焦虑症治疗团体

(6)"排解甜蜜的烦恼"糖尿病患者治疗团体

(7)"坚强后盾"患者家属支持团体

(8)"飞翔的天使"医护人员减压训练

3. 社区工作领域

常见于志愿者家庭服务，内容涉及青少年、老人、妇女、志愿者等人群的心理健康方面。

团体名称及方案主题举例：

(1)"青春的力量"青少年成长团体

(2)"夕阳无限好"老年支持团体

(3)"自由的天空"离退休人员生活适应团体

(4)"好爸爸好妈妈"亲子沟通团体

(5)"做个好家长"父母效能团体

(6)"邻里一家亲"邻里关系辅导

4. 司法领域

内容涉及犯罪预防、罪犯改造、民警司法工作人员等的心理健康维护。

团体名称及方案主题举例：

(1)"感恩的心"服刑人员新生团体辅导

(2)"心的开始,新的人生"服刑人员入监适应辅导

(3)"重新做女人"女性服刑人员重生团体

(4)"而今迈步从头越"服刑人员重返社会辅导

(5)"寻找回来的世界"服刑人员反社会人格共情缺陷矫治团体

(6)"让工作更快乐"监狱民警减压团体

(7)"沟通无极限"监狱民警沟通技巧训练团体

(8)"相亲相爱"监狱民警团队合作与团队建设营

5. 福利领域

内容涉及救灾应急、危机干预、特殊人群,如贫困者、残疾人、老年人的心理健康等。

团体名称及方案主题举例:

(1)"身心灵关怀之旅"极重灾区丧亲干部哀伤辅导

(2)"在告别的泪光中编织希望的网"危机班级团体辅导

(3)"画说灾难"艺术危机减压团体辅导

(4)"希望的家园"自杀未遂者支持团体

(5)"彩虹村"儿童哀伤辅导团体

(6)"我能学习面对"急性创伤减压团体辅导

6. 工商企业

通常由人力资源部门组织,内容涉及员工培训、职场关系、工作技能、家庭关系、团队建设、压力管理、生涯发展等。

团体名称及方案主题举例:

(1)"快乐新人"企业新员工适应团体

(2)"让工作更快乐,让生活更精彩"家庭事业平衡工作坊

(3)"知爱至心"婚前辅导团体

(4)"夫妻恩爱营"夫妻关系团体

(5)"彩虹半边天"离婚女性自强团体

(6)"团结一家亲"企业团体建设

(7)"减压高手"工作压力管理工作坊

(8)"我爱我"企业家个人成长团体

7. 政府机构

内容涉及公务员培训、沟通技巧、压力管理等。

团体名称及方案主题举例：

(1)"起跑线上"新入职公务员职场适应工作坊

(2)"沟通，从心开始"人际沟通团体

(3)"让压力飞"工作压力管理工作坊

(4)"我的船，我的海"生涯规划团体

8. 军事领域

内容涉及新兵训练、人际关系、团队合作、团体心理战术等。

团体名称及方案主题举例：

(1)"铁打的营盘流水的兵"新兵适应团体工作坊

(2)"人际你我他"战友人际关系提升团体

(3)"众人划桨开大船"团队合作工作坊

(4)"我的团长我的团"部队团体心理战术训练团体

二、团体心理辅导的领导者

（一）团体领导者的素质要求

1. 良好的人格特质

其一是拥有发展成熟或者健康的人格，具体指协调性（整合程度）和稳定性：在个性倾向性方面没有基本的长期存在的冲突，例如内在的价值观冲突；对世界、对人生形成了自己的观念和态度体系，显得遇事有主见，能容忍多样性，容忍他人的生活态度；有较稳定的情绪生活，有较强的自制力。

其二是具有高度的敏感性，指对当事人的知觉和理解，尤其是对当事人情感和内在冲突的知觉。有研究发现，咨询师对自己情绪活动的敏感度与对他人的情绪的敏感度呈正相关关系。这意味着：（1）可以从咨询师情绪的自知程度预测他的人际敏感度；（2）咨询师可以通过培养情绪的内省能力来提高人际敏感度。

2. 对团体辅导的理论有充分的理解

了解各种理论、学派的观点以及独特之处，并能择取精华，融会贯通成为自己的东西。并尝试建构自己的团体心理辅导理论。

3. 掌握基本的团体辅导专业技巧

接受过专业训练，善于运用支持、指导、鼓励、同理、关怀、接纳、尊重等技术，参与和影响团体发展，并能妥善处理团体中发生的各种问题，带领团体顺利发展。

4. 丰富的团体辅导经验

不仅要有个别心理辅导的经验，也要有带领团体心理辅导的经验。熟知团体发展的各个阶段及领导者的角色与职责。有过作为团体成员参加团体的体验。

5. 遵守专业的伦理

心理辅导和心理治疗发展较早的国家，大多制定了心理辅导人员的伦理规范。美国心理学协会和美国团体治疗协会还特别制定了团体领导者的道德规范。[①] 团体领导者要以成员的利益为重，保守秘密，尊重成员的隐私权。

为此，培训合格的胜任的团体领导者，必须包括：团体领导者个人成长；团体辅导的理论知识；团体辅导的技巧与方法；参加团体辅导的经验；督导下的团体辅导实习；团体领导者的专业伦理。

（二）团体领导者的基本任务

团体领导者的基本任务随团体的进程而变化，归纳来看团体领导的基本任务包括：

1. 团体咨询开始前，制定详细的团体咨询计划书；对团体过程可能遇到的问题做好充分的心理准备；慎重选择团体成员，组成团体。

2. 团体咨询初期，向成员讲明团体的基本规则、基本过程，并告知成员

---

① 樊富珉：《团体心理辅导》，北京：高等教育出版社 2005 年版，第 115 页。

如何才能积极参加团体；帮助成员建立具体的个人目标；鼓励成员表达内心感受；推动团体建立信任感。

3. 团体咨询过渡阶段，提供鼓励与挑战，使成员能面对并且解决他们的冲突和消极情绪，以及因焦虑而产生的抗拒心理，引导团体向成熟阶段发展。

4. 团体咨询的成熟阶段，自我开放，分享成员的感受，为成员树立榜样；鼓励、支持团体成员，使他们有勇气有信心认识自我，尝试新的行为方式。

5. 团体的结束阶段，帮助成员整理他们在团体中学到的东西，鼓励他们坚定信心，把学到的东西应用于自己的日常生活中。

在团体心理辅导过程中，领导者最重要的职责之一是创造团体的气氛，使成员之间相互尊重、互相关心，使团体充满温暖、理解和安全，在这种气氛中，团体成员可以真实地、毫无顾忌地、坦率地开放自己，在彼此互相接纳的气氛中获得成长；团体领导者可以通过积极关注，认真观察每一个成员的心态变化，激发成员大胆表达自己的意见、看法，鼓励成员相互交流，开放自我，积极讨论，激发大家对团体心理辅导活动的兴趣；也可以以一个成员的身份参与活动，为其他成员做出榜样；对不善于表达的成员给以适当的鼓励，对过分活跃的成员适当制止，始终把握引导团体活动朝团体辅导目标的方向发展；当成员对某些现象难以把握或对某个问题分歧过大而影响活动顺利进行时，领导者需要提供意见、解释。解释的时机和方式因团体活动形式不同而不同。比如，在以演讲、讨论、总结形式活动的团体内，领导者可以在开始时就成员的共同问题进行系统讲授。在提供解释时应注意表达简洁、通俗易懂、联系实际、深入浅出，避免长篇大论，避免过分专业化。同时，在整个咨询活动中应避免解释过多，而影响成员的独立思考。

（三）团体辅导中领导者容易出现的问题

团体心理辅导对领导者的要求很高，在团体辅导过程中，领导者难免会出现一些过错，而这些过错常常影响了团体辅导的进行。比如，有些领导者对团体成员和团体进行过程总放不下心，事事都要亲自过问，忙于应付，而忽略了冷静观察、细心体会、适当参与。这不利于发挥团体成员的积极性，影响了他们的发展；还有些领导者以专家自居，有长官意志，处处按自己的意愿干预团体活动。不需要解释、评价的地方尽量不解释、不评价,多听听团体成员的看法、意见,发扬民主作风,引导团体成员自我教育、自我启发。说教过多也会影响团体成员参与的积极性;团体辅导中,为了表现领导者的真诚、坦率,为团体成员做示范,领导者有时需要适当自我暴露。但有的领导者没有经验,过分投入,角色混淆,本末倒置,过多自我暴露,结果使团体成员成了听众,占用了团体活动的时间,降低了自身的形象;另外,不管我们看了多少书,学了多少理论,参加过多少团体辅导的工作坊,观摩过多少影像资料和现场活动,像个别咨询初学者一样,初期带领团体的焦虑和惶恐都是一个免不了的过程,也是大多资深团体心理咨询师都可能会经历的过程,因此这些状况都是很正常的,不代表新手团体领导者是糟糕的。接纳自己的初始焦虑,通过接受专业的督导、获得同伴团体的支持以及对自己带领工作的不断反思可以得到循序渐进的成长。

(四) 团体领导者的专业伦理

心理咨询是一个专业的助人过程,是一个极其严肃的工作,专业性强,要求高。咨询师在咨询过程中的态度、言行,往往会对接受咨询的人产生重大影响。个别咨询尚且如此,团体辅导、团体咨询因为难度大,影响面广而要求更高。每一个专业的团体领导者必须愿意去审视自己的伦理水准和自身能力。近年来,随着团体心理辅导的逐渐推广,从事和打算从事团体工作的人越来越多,如果对领导者的能力、素质、资格、专业训练等不做规定,将难以维持专业服务的质量。

继 2007 年 1 月《心理学报》刊登了《中国心理学会临床与咨询心理学工作伦理守则》(以下简称"守则")(第一版)后,2018 年 2 月《心理学报》刊登了"守则"(第二版),与第一版相比,第二版增加了三个章节,细化了原有章节的内容。主要包括专业关系(18 条)、知情同意(5 条)、隐私权与保密性(7 条)、专业胜任力和专业责任(6 条)、心理测量与评估(6 条)、教学培训与督导(13 条)、研究与发展(13 条)、远程专业工作(网络、电话咨询)(5 条)、媒体沟通与合作(6 条)、伦理问题处理(9 条)。

"守则"旨在揭示临床与咨询心理学服务工作具有教育性、科学性与专业性，促使心理师、寻求专业服务者以及广大民众了解本领域专业伦理的核心理念和专业责任，以保证和提升专业服务的水准，保障寻求专业服务者和心理师的权益，提升民众心理健康水平，促进和谐社会发展。本"守则"亦为学会临床与咨询心理学注册心理师的专业伦理规范以及本学会处理有关临床与咨询心理学专业伦理投诉的工作基础和主要依据。

目前团体咨询在我国还处于发展初期，但不少专家已经在探讨制定专业责任与道德规范。美国及我国台湾地区关于团体咨询的一些规定对我们有重要的参考价值。

（五）团体领导者的专业训练

团体辅导人数多、人际关系复杂，小组动力千变万化，领导者必须有足够的能力才能有效带领团体。未受专业训练的团体领导者不能为成员治疗和促进其成长；相反，会使成员在团体中受到伤害，因此团体领导者的训练一向受到专业领域的格外关注。

合格的团体领导者的专业训练内容通常包括个人成长、团体辅导的理论与知识、团体辅导的带领技巧与方法、体验团体、督导下的实践以及专业伦理六个方面。对应着三大训练途径：认知学习、角色体验、督导实践。

培训胜任的团体心理辅导带领者或心理健康骨干教师应该两条腿走路，即职前培训和在职培训的结合。团体心理辅导的学习者应能将团体心理咨询理论学习、实际操作与自我成长有机地结合起来，在实践中逐渐形成个人独特的团体心理辅导风格，形成自己的团体心理辅导理论。

艾尔弗雷德·本杰明（Alfred Benjamin）（1978）曾提出团体咨询师培训的四个阶段：

1. 教导阶段，着重知识上的学习，有阅读、听课、讨论、思考等方式。学习内容包括有关人类行为、心理、社会、文化与学校的知识，以及了解团体工作的范围、演进、理论和实际研究；

2. 参与团体阶段，作为一个成员参与团体过程，观察团体生命的各个层面，以及领导者的行为；

3. 替代性学习，观看团体录像带，听某次聚会的录音带，看书面记录；

4. 亲自带领团体，可以单独带领或与人合作带领团体，使所学知识、技巧在实际工作中得到应用。

三、团体辅导前的筹划工作

（一）团体心理辅导过程中的治疗机制[①]

团体心理辅导怎样帮助团体成员，哪些因素导致人产生改变？

与个别辅导相比，采用团体的形式进行心理辅导时，团体的互动过程会出现一些独特的治疗因素，产生积极的治疗机制。

所谓的有效性因素，是指团体过程中所有有助于成员向积极正向的方向改变的因素。

樊富珉教授根据国内外学者的观点及自身实践团体心理辅导的总结，提出了团体辅导的四大影响机制，内容如下。

1. 在团体中获得情感的支持

（1）情绪抒泄

每个人在生活中都会有不如意的时候，常会有许多苦闷的心情。由于没有机会向别人倾诉，或者不能向别人透露，这些痛苦的情绪只能压抑在心中。久而久之会影响身心健康。团体辅导创造了一种被保护的环境、被理解的场所，团体成员可以将内心隐抑的消极情绪发泄出来，不但不会受批评被嘲笑，反而会得到关心与安慰。一次彻底的情绪抒泄，很可能使自己得到释放，更清楚地认识自己，不再无意义地被过去的痛苦所束缚。情绪抒泄不仅包括消极情绪，也包括正面的情绪。比如某人有令人极其兴奋的好消息，马上告诉别人，也是情绪抒泄，使团体其他成员受之感染，共享喜悦。在团体中可以公开地表达自己的情绪与感受，与他人分享或分担是治疗的重要条件。

---

① 樊富珉：《团体心理辅导》，北京：高等教育出版社 2005 年版，第 162 页。

（2）发现共同性

心理适应不良的人常常会有一个特点，就是当自己遭到不幸、遇到困难、犯了错误时，常常自责自怨，误以为天底下就自己最倒霉、最不幸。尤其是有些内容羞于启齿，自己无法接受，加重了心理的负担与痛苦，只好在自羞自惭中折磨自己，结果严重地影响了情绪和生活。在团体辅导过程中，通过相互交流，有机会从其他成员身上发现与自己类似的经历、遭遇，共同的困难和体验，顿时会获得一种释然感，从而不再认为自己的问题是世界上唯一存在的和独特的，不再自怜自责。一种同病相怜、风雨同舟的感受使得个体放松自己，减少防卫心理，互相帮助，共同面对问题。

（3）被人接纳

一个人生活在社会上，如果不被家人、朋友等接受与容纳，就会感到孤苦伶仃，无所依托。若被人拒绝或排斥，更令人孤独、寂寞、压抑，而导致心身疾病。团体辅导过程中，团体对成员表现出一种支持，传递着"不管你是谁，都接纳你"的信息，从而使参与者感到自己是团体一分子而感到安心、踏实、温暖、归属。这将使成员敢于表现真实的自己。

（4）满怀希望

充满希望是有效地从事任何活动的重要因素。当团体成员抱有改善的期望参加团体辅导，本身就有积极的价值。在团体内，被他人接受、关心，可以进一步增强信心。当看到其他成员有进步时，会得到启迪；知道团体帮助其他成员解决了与自己相似的问题，从中会受到鼓舞；当看到自己有了一点进步时，就更有信心，更充满希望。

2. 在团体中尝试积极体验

（1）享受亲密感

有些人从小没有经历过温暖的家庭生活或体会亲近的人际关系，所以对人际关系持有消极或否定的看法和态度。这种人需要去尝试积极的团体经验，享受人与人之间的应该有的基本关系。在团体辅导中，成员之间会形成很亲密的关系，可以体会到互相关心、互相爱护、互相帮助的友好情谊，从而形成进一步的信任。在这种关系中，成员也觉察到日常生活中的许多人际隔阂是如何通过团体发展而消除化解的，更增强了与他人建立良好人际关系的愿望与信心。

(2) 增强归属感与认同感

在团体辅导过程中，当团体凝聚力形成并增强时，会让团体成员产生强烈的归属感和认同感。成员会明确地意识到自己是团体中的一员，要保持和团体一致的认识和评价，以团体为荣，爱护和保护团体的形象及荣誉，并且以同舟共济的精神去应付外界。这种团体的认同感和归属感也是社会生活中非常重要的经验。

(3) 体验互助互利，产生价值感

有些人在社会生活中因为不能肯定自己的价值而感到惶恐不安，缺乏自信，使自己失去很多发展的机会。团体辅导中，领导者鼓励支持成员之间互相帮助。每一个成员在帮助他人的过程中，会发觉自己对别人很重要，感到自己存在的价值，获得欣喜感、满足感和自信心。助人是快乐之本，受助是成长之源。在团体中的互助互利是一种积极的人生体验，这种体验不仅在团体中可以充分感受，而且会扩展到成员今后的生活中，使责任的承担和助人的行为继续下去。

3. 在团体中发展适应的行为

(1) 相互学习，交换经验，提升自我价值感

对一些人而言，心理不适应的原因在于他们缺少有关生活的各种知识与资料，缺乏社会生活经验。在团体辅导中，通过讨论、交流等机会，成员彼此之间会传递有关资料，交换各自成功的经验，提出直接的忠告与劝谕。例如，交流如何与异性交往，保持身心健康的方法，就业资料的获得方式，有价值的参考书籍等，从他人的经验中可以获得许多有意义的启示。同时，团体领导者也可以用直接教导的方式传授知识，如沟通原则、沟通技巧等，并鼓励成员就刚获得的知识结合个人体验谈感受，使他们对人生有更深刻的思考，并拓展他们的视野。

(2) 尝试模仿适应行为

有效的治疗通常包括示范和仿效。团体辅导为成员提供了一个多元的社会及角色模范，使他们可以通过团体经验进行仿效性学习。在个别咨询中，来询者可仿效的只是咨询师一个人，在团体辅导中，除了领导者外，还可以有其他成员的行为可模仿、可参考。个人可以根据自己的需要和特征，有选

择地找寻仿效对象。比如，通过直接观察他人如何表达自己的情绪、如何帮助别人、如何坦诚待人，进而模仿那些适应行为。团体中的领导者常常被作为仿效的对象，因为领导者被认为是有经验的、有能力的。因此领导者必须言行一致，以身作则，不断超越，成长完善。可见，团体是成员学习良好行为的有效途径。

（3）学习社会交往技巧

对每个人来说，在成长过程中，社会性学习是重要的历程。人类的问题在本质上通常都是社会性的，是发生在人与人的交往和共同生活当中。如何透视别人的动机，了解他人的用意？如何使人喜欢接近，如何避免别人的误会，如何向人解释说明，如何拒绝别人不合理的要求等都是生活在现实社会里必须学习的社会生活技巧。但有不少人缺乏这些基本而又重要的生活交往技巧。团体辅导为成员提供了机会，让他们试验和发现自己与别人交往的能力，评价个人的人际关系情况。通过团体的交互经验，成员不但看清楚自己的社交情况，还可以具体学习基于对别人的信任和关爱所发展出来的基本礼仪，以及有效沟通和融洽共处的方法。而这些技巧对成员将来的社会性互动关系有很大的帮助。对于那些缺乏亲密人际关系的成员而言，团体辅导可能为他们提供了人生第一次经历人与人之间的坦诚和关怀的机会，而这种温暖而真实的关系，会使他们改变对人与人相互作用的看法，以致在真实的社会交往中有积极的态度和健康的行为。

4. 在团体中重建理性的认知

一个人的社会适应程度及心理健康水平很大程度上与他们的认知有关。片面的、错误的认知和非理性的信念往往是个体产生抑郁、自卑、焦虑、恐惧、痛苦等不良情绪的原因。

非理性信念在日常生活中是很普遍的，它影响人的行为，常常会给人带来情绪困扰，引发心理障碍。特别是对自我的非理性信念、对人际交往的非理性信念使人难以适应社会生活。

团体辅导为参加者提供了一个彼此深入了解的机会，提供了客观了解他人并和自己对比参照的机会，可以使参加者更清楚地认识自己和他人，建立新的自我认同模式和对他人的接纳态度，纠正过去不良的认知，建立合理的信念。

团体辅导是一个非常复杂的多因素共同作用的过程。其中成员、领导者、咨询模式及治疗情景的配合是近年来研究者们共同关心的问题。

（二）团体心理辅导的实施之准备——方案设计

良好的开始是成功的一半，形成团体之前领导者除自身的专业训练外，用心地做些准备，将可以达到事半功倍的效果。团体辅导的准备流程：选择主题—搜集资料（对象需求＋专业支撑）—设计团体（书写方案）—确定场地—招募甄选成员（组建团体）。

团体心理辅导的方案设计，是指将团体的活动做有系统的安排。即运用团体动力及团体辅导、团体辅导等专业知识，有系统地将一连串的团体活动根据目标加以设计、组织、规划，以便领导者带领成员在团体内活动，达成团体心理辅导目标。

方案可以是一次性工作坊，也可以是系列主题的工作坊。如表 1-4 至表 1-11 所示。

方案 1：《压力管理》工作坊（一次性）

表 1-4　压力管理工作坊计划书

名　称	压力管理主题工作坊
目　标	评估压力，压力探源，调动资源，管理压力
过　程	活动内容及目的
初始阶段	光谱测量（压力评估，热身）—工龄圈（非语言互动，为后续主题活动打基础）—相似圈—连环自我介绍—选组长、定契约（形成小组，增加成员熟悉度和小组凝聚力）
工作阶段	压力圈图（寻找压力来源）—突破困境（压力应对方法）—减压锦囊（集体交流压力管理方法，增加对方法的了解）
结束阶段	总结—手语《从头再来》
团体评估	手臂测量或圆圈测量

方案 2：《同在屋檐下》大学生宿舍人际关系成长营（系列单元类）

（1）目标：认识宿舍人际关系的重要性；探索当前宿舍人际关系的现状与成因；学会如何营造良好和谐的宿舍人际关系氛围。

（2）性质：封闭式、发展性、结构化

（3）团体领导者：心理健康中心老师×××

（4）督导：团体心理辅导培训专家×××

（5）对象：大二、大三在校女生

（6）招募方式：自愿报名，面谈说明团体目的、征询参加动机后决定

（7）规模：8—12人

（8）时间：周五晚（18：00—20：00）

（9）频率：6次，每次2个小时

（10）场地：学校心理辅导中心团体辅导室

（11）理论依据：人本主义心理学、认知心理学、行为主义心理学

（12）团体活动总计划书

表1-5 大学生宿舍人际关系团体辅导方案总设计表

次数	单元名称	单元目标	活动内容	所需材料
1	我到我家	互相认识，互相熟悉，介绍团体活动内容和目标，共同制定团体规范	寻找我的另一半、滚雪球、建立团体规范、我的小天使	彩色三角形或正方形、海报纸、水彩笔、打印纸
2	我想有个家	培养团体归属感，增强团体信任感	无家可归、汪洋中的一条船、信任之旅	报纸、眼罩
3	我说我家	探索所在宿舍当前人际关系的现状及成因	成长三部曲、宿舍金鱼缸、解开千千结	水彩笔、绘画用纸
4	我在我家	帮助成员探索在宿舍人际关系中所扮演的角色	我拍我拍我拍拍拍、小小动物园、走出圈外、家庭作业（赠送心愿卡）	打印纸、水彩笔、练习用纸、心愿卡
5	我建我家	帮助成员学习接纳他人，相互欣赏	分享家庭作业心得、建高塔、热座	报纸、胶带、剪刀、信封、小纸条
6	我爱我家	回顾团体过程、整理团体经验心得，交流评估成效	图画接力赛、小天使解密、互送祝福、相亲相爱一家人	水彩笔、绘画用纸、心愿卡

(13) 团体活动分单元设计表

表1-6　第一单元设计表

第一单元：我到我家（团体初建）		
单元目标	互相认识，互相熟悉，介绍团体活动内容和目标，共同制定团体规范	
活动名称	活动内容	时间
寻找我的另一半	在团体成员进入时自由抽取裁好的彩色纸，成员必须在团体内找到与自己同色且形状相匹配的另一半，找到后两人自由交谈5分钟，相互认识。	15
滚雪球	他人介绍、连环介绍	30
建立团体规范	通过团体讨论，制定团体契约、口号	60
我的小天使	在团体中营造相互关爱，相互支持的氛围	15

表1-7　第二单元设计表

第二单元：我想有个家		
单元目标	培养团体归属感，增强团体信任感	
活动名称	活动内容	时间
无家可归	开始时让全体成员围成圈手拉手，充分体会大家在一起的感觉，然后由领导者发出指令将团体分为2、3、4人一组。分享感受，体验有家的感觉和团体的支持。	15
汪洋中的一条船	将报纸铺在地上，代表汪洋大海的一条船，要求团体成员全部登船，经过讨论拿出最佳方案，使成员体会团结合作的力量。	30
信任之旅	团体成员两人一组，一位做蒙眼者，一位做拐棍，交换训练，"拐棍"带领"蒙眼者"绕室内外练习，其间不能讲话，只能用手势、动作。体会助人和被人帮助的感受。	60

表1-8　第三单元设计表

第三单元：我说我家（自我探索）		
单元目标	探索所在宿舍当前人际关系的现状及成因	
活动名称	活动内容	时间
成长三部曲	引导学生认识到宿舍人际关系并不是想象中的那么一帆风顺	20
宿舍金鱼缸	作画，从画中推动成员探索所在宿舍的人际关系现状	60
解开千千结	引导学生树立正确处理宿舍人际关系的信心	20

表1-9 第四单元设计表

第四单元：我在我家		
单元目标	帮助成员探索在宿舍人际关系中所扮演的角色	
活动名称	活动内容	时间
你拍、我拍	暖身，使成员体验付出和给予、助人和受助的感受	15
小小动物园	帮助成员探索在宿舍人际关系中所扮演的角色	45
走出圈外	在四个同心圆中依次写出在宿舍中发生的最快乐的但很少与人分享的事件、最不愉快的但很少与人分享的事件、自己最希望为宿舍做的事件以及对自己个性特征的描述（三个形容词）。	50
家庭作业	向宿舍每位成员赠送心愿卡。使成员学习接纳和欣赏他人	10

表1-10 第五单元设计表

第五单元：我建我家（解决问题）		
单元目标	帮助成员学习接纳他人，相互欣赏	
活动名称	活动内容	时间
分享家庭作业心得	讨论分享。暖身	20
建高塔	用所提供的材料搭塔。全程不许说话，只能用非语言表达。结束后讨论，引发成员思考，团队（宿舍）成功需要什么？自己如何找准自己在宿舍中的位置？	60
热座	通过相互提供在宿舍人际关系方面的问题和意见，协助成员解决个人在宿舍中面临的困惑。	60

表1-11 第六单元设计表

第六单元：我爱我家（结束团体）		
单元目标	回顾团体过程，整理团体经验心得，交流评估成效	
活动名称	活动内容	时间
图画接力赛	以《我们未来的宿舍》为主题作画。分享讨论	60
小天使揭秘互送祝福	填写并互赠心愿卡	40
相亲相爱一家人	合唱歌曲	20

（三）团体心理辅导的实施之准备二——组建团体

并非每个人都适合参加团体心理辅导。不同性质的团体所招收的对象有不同的资格限制。根据所设计团体的目标与性质，进行招募成员与筛选成员。

招募成员的方式有多种。例如通过张贴海报等宣传品，吸引有兴趣的人前来报名；通过咨询师介绍和推荐手边的个案来参加；通过课堂教室的演讲来宣传和招募；通过班主任老师的推荐；函告家长和家属，鼓励子女和家人报名参加；利用电视、广播、报刊等大众传播媒介宣传；与相关机构合作，联手举办等。

无论是哪种宣传方式，宣传材料必须包括的内容有：团体组成的目的和目标；团体聚会的日期、时间、地点、次数和期限；参加团体所需费用及相关开支；团体领导者的姓名、联系方式、学历、专业训练及资格；负责机构的名称和联系电话等；其他如地图、交通方式等。例如，图1-1、1-2、1-3、1-4所示。

从报名者中选出合适的成员（筛选成员）可以使用的方法有筛选面谈、心理测评、书面报告等。不适合参加团体及不能通过团体受益，反而会给团体带来不良影响的成员有极端自我中心者、自恋狂、有攻击性者、做事霸道的、有仇视心的、精神病患者等。想要了解报名者是否适合参加团体，可以从几个方面入手：为什么你要参加团体？你了解团体的目标和性质吗？你最想从团体中得到什么？参加这个团体能帮助你达到你的目标吗？你最想探究哪些个人关心的问题等。

图1-1　自信心训练团体招募海报

图1-2　大学生异性交往团体招募海报

图1-3　成长团体招募海报

图1-4　大学生生涯规划团体招募海报

四、团体心理辅导的方案设计

（一）团体辅导活动方案的功能

1. 增进成员的自我表露；2. 增进成员的自我了解；3. 提供团体内人际互动；4. 发展成员社会技能；5. 方便成员搜集资料；6. 有助引导讨论深入；7. 提供适应行为演练；8. 促使团体容易聚焦；9. 促进团体向前发展；10. 正确评估团体现象。

（二）团体辅导的方案设计模式

6W + 2H + I + E 模式：Why（目标）；Who（分工）；What（性质）；Whom（对象）；When（时间）；Where（地点）；How much（资源）；How（程序）；If（如果）；Evaluation（评估）。

（三）团体辅导方案设计的主要步骤

1. 确定团体辅导的目标：为什么要组织团体辅导？要达到什么目标？解决什么问题？

2. 明确带领团体辅导的人员：由什么人带领？有无助手？领导者与助手如何分工？

3. 确定参加团体的对象：什么人参加？他们的年龄、职业、性别以及存在哪些问题？

4. 团体辅导的类型与程序：团体辅导属于哪种类型？团体辅导以何种形式进行？

5. 团体辅导时间：什么时候组织团体辅导？日期、时间、间隔、次数、持续方式？

6. 团体辅导进行的地点：在哪里进行？环境条件如何？有无后备场地？

7. 团体成员招募方式：招募采用哪些方法？是否实施筛选？

8. 团体辅导效果评估：采用什么方法进行效果评估？所选测量量表是否容易获得？

9. 其他条件：需要哪些花销？有无财政预算？团体活动各种道具是否具备？

（四）好的团体方案设计应具有的特点

1. 计划的合理性；2. 目标的明确性；3. 计划的实际可行性；4. 过程进行的发展性；5. 团体效果的可评价性。

（五）团体辅导方案设计的内容

1. 团体名称　2. 团体目标　3. 团体性质　4. 领导者及其训练背景
5. 团体对象　6. 时间次数　7. 进行地点　8. 理论依据
9. 参考资料　10. 整体设计　11. 单元设计

流程如下图 1-5 所示：

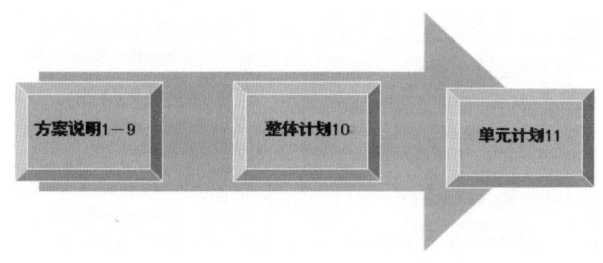

图 1-5　团体辅导方案设计板块流程图

参考方案 1：情绪管理团体——心灵驭手

1. 团体名称：心灵驭手

2. 团体目标：增进对自己情绪的觉察；了解非理性想法对情绪的影响，学习修正非理性想法；了解自己情绪来源，学习管理自己的情绪。

3. 团体性质：高度结构化

4. 团体对象：初中 1—3 年级学生

5. 团体规模：8—10 人

6. 团体地点：学校团体辅导室

7. 活动频率：共 8 次，每周一次，每次 45 分钟
8. 领导者及训练背景：学校专职心理健康老师，学校心理学专业
8. 招募方式及成员筛选标准：自愿参加，愿意自我开放
10. 理论基础：理性情绪疗法、青少年情绪发展心理学
11. 团体活动总计划书

表 1-12　初中生情绪管理团体辅导方案总设计表

单元	活动名称	单元目标	活动内容	时间（分钟）
一	有缘千里	认识团体、了解和澄清期望；相识；团体规范	引言 HELLO 伙伴 真情相约 结语	5 25 10 5
二	情绪气象站	提高团体凝聚力及成员参与度；检视平时的情绪与反应	打招呼 情绪气象站 结语	5 30 10
三	七情六欲	提高凝聚力参与度；认识情绪的类别；探讨自己情绪与反应	同心协力 情绪象限 结语	5 35 5
四	源头探秘	引导深入觉察自己的情绪；让成员了解情绪产生受认知影响	秘密大会串 源头探秘 结语	15 25 5
五	心灵密码	认识理性与非理性想法；了解其如何影响我们，学会分辨	心情点滴 心灵密码 结语	10 30 5
六	心灵解码	增加对事件的情绪反应觉察；学习修正非理性及宣泄情绪	反应、反应 心灵解码 结语	15 25 5
七	心灵加油站	检视平时处理情绪的方法；学习合理宣泄情绪	心灵迷宫 心灵聚宝盆 结语	5 38 2
八	美丽人生	回顾团体过程；整理团体经验及心得；彼此交流；评估成效	回顾与收获 爱的反馈 团体评鉴 珍重再见	15 20 7 3

参考方案2：明日看我——中学生领导才能训练团体

1. 目标：

（1）提供成员表现自己与激发潜能的机会，并增进人际沟通的能力。

（2）培养成员的领导才能，成为有效能的领导者。

（3）促进成员自我了解，培养正确的自我观念，并能养成客观公正的态度，学习认识别人，尊重不同意见。

（4）学习如何运用权力去从事工作分配，对于遇到的问题能顺利找到解决对策，并付诸实行，有效解决问题。

（5）培养成员有效的时间管理能力。

2. 人数：10—15人的小团体方式

3. 次数：进行10次单元活动

4. 时间：每次活动时间约90分钟

5. 活动场地：在安静舒适的团体辅导室

6. 团体活动总计划书

表1-13　中学生领导才能训练团体方案总设计表

单元	目标	主题	活动内容
一	1. 引发兴趣； 2. 成员互相了解，彼此认识； 3. 培养成员倾听、沟通、表达的能力。	萍水相逢 彼此相识	1. 棒打薄情郎； 2. 拼图活动； 3. 互相介绍与团体分享； 4. 共同订立团体契约，并讨论对团体的期望。
二	1. 对人的敏觉性； 2. 个人对事情的判断力及学会情绪处理； 3. 增加互相了解的机会以达到沟通的目的。	喜怒哀乐 察言观色	1. 镜中人； 2. 看图片回答问题； 3. 说出想接近的人； 4. 表演小卡片上所有的情绪； 5. 讨论何种情况会有不同的情绪表现及如何处理。
三	1. 增加彼此接触与感情； 2. 倾听能力、增加团体熟悉度。	八面玲珑 回旋沟通	1. 报数活动； 2. 分享对方最突出或最有感触的意见。
四	1. 了解乔韩窗口的概念； 2. 通过自我表露和他人反馈来了解及认识自己。	第三只眼 乔韩窗口	1. 填写乔韩窗口记录表； 2. 请成员给自己画乔韩窗口； 3. 团体讨论分享。

续表

单元	目标	主题	活动内容
五	1. 让成员了解每个人对同一事件有不同的看法，可互做参考，以利工作与沟通。 2. 培养成员对他人的看法的兴趣、尊重和同理心。	七嘴八舌 不同论点	1. 情景； 2. 提出不同角度观点或角色扮演； 3. 成员分享此次活动之体验； 4. 挑战时刻。
六	1. 学习如何做参与领导与否的判断； 2. 学习如何分配工作，承担责任； 3. 了解自己参与方案的能力与需求。	我是国王还是兵	1. 领导者提供几个活动方案； 2. 采用六六讨论法； 3. 回答领导者发给每位成员的问卷； 4. 演出方案的内容，并分享是不是领袖角色的感想。
七	1. 学习应用交换法、动情法、诉理法等请别人做事，但又尊重对方； 2. 学习使用两全法调解双方冲突； 3. 学习应用适当提问技巧，澄清事情的原委，增强判断力。	和事佬	1. 说明领导人员在组织中发挥影响力之重要； 2. 区分指使人和尊重人的不同； 3. 三人一组各找一个对象，商量如何请他去做某些事； 4. 举例说明双方发生冲突时如何去调节冲突的原因及步骤； 5. 提出一件令人争议的事； 6. 邀请几位成员分享其最信服之人的方式。
八	1. 训练成员解决问题的能力与技巧； 2. 培养成员能当众明确地说明一件事，甚至写下内容。	问题解决	1. 说明问题解决的最简单形式； 2. 问题解决工作表； 3. 讨论问题解决方法； 4. 用6W原则； 5. 讨论本活动是否对自己真有应有实效。
九	1. 能检讨、调整、安排自己的时间，做有效管理； 2. 会拟定一天或一周的工作计划细节内容。	生活馅饼	1. 时间分配表； 2. 成员报告自己的时间分配表，比较与他人之不同、讨论； 3. 短剧表演； 4. 讨论短剧内容； 5. 检讨活动的分配表。
十	1. 做好团体结束准备； 2. 总结团体的成效。	莎约那拉	1. 临别赠言； 2. 大团圆。

（六）团体辅导方案的设计框架

1. 热身活动（用于破冰、铺垫）

2. 主要活动（服务于主题目标）

3. 结束活动（用于总结、结束仪式）

（七）团体辅导方案设计中的常见问题

1. 缺乏设计；2. 内容与团体目标无关；3. 安排不适当的活动；4. 活动过多；5. 活动之间衔接不当；6. 热身过度或不足；7. 无法引发深入的讨论；8. 团体开始即安排负向的活动；9. 缺乏弹性和灵活性。

方案设计、活动选择必须考虑到团体成员的需求、团体目标及期待结果。如能选择适当的活动并加以运用，将会对团体的过程与发展产生很大的帮助。

五、团体辅导方案设计中的活动与练习

（一）结构式活动的价值与功能

1. 活跃团体气氛，减轻成员焦虑；

2. 增进成员的觉察能力及体悟；

3. 有助于领导者有效的介入与工作。

（二）选择团体活动的原则

1. 使每个人都有机会表达自己的观点和爱好；

2. 每个人在团体中均拥有同等的时间与空间；

3. 每个人都需要拥有团体归属感；

4. 活动最好是指导者熟悉的，且能提供稳定与持续性。

（三）团体辅导常用的练习与技术

1. 运用绘画辅导技术；

2. 运用身体练习；

3. 运用讨论法；

4. 运用音乐表达；

5. 运用纸笔练习；

6. 运用冥想练习。

（四）使用结构式活动的技巧

1. 媒体运用：录音、幻灯、影视、录像、投影；

2. 身体接触：信任跌倒、盲行、微笑握手等；

3. 角色扮演：心理剧、布偶剧、生活演练等；

4. 绘画运用：自我画像、家庭树、梦想板等；

5. 纸笔练习：生命线、走出圈外、价值观探索等；

6. 未完成句：引导思考与表达的活动；

7. 人际沟通：回旋沟通、优点轰炸、互留赠言等；

8. 娱乐性活动：棒打无情郎、合唱等。

（五）团体各阶段活动举例

1. 团体初期活动，如滚雪球、寻找我的那一半、组歌；

2. 增进团体信任的活动，如盲行、信任跌倒、同心协力；

3. 促进团体凝聚力的活动，如图画完成、故事完成、突围闯关；

4. 催化自我探索的活动，如我是谁、生命线、自画像、生活计划；

5. 加强互动沟通的活动，如脑力激荡、热座、镜中人；

6. 团体后期结束活动，如化装舞会、道别、赠言、合唱。

六、团体心理辅导的过程特点

（一）团体心理辅导的发展阶段

任何一个团体心理辅导都会经历一个启动、过渡、成熟、结束的发展过程。在整个团体过程中，每一个阶段都是连续的，相互影响的。作为一个成功的团体领导者，必须对团体的发展阶段及特征有清晰的了解，才能把握住团体的方向，有效地引导团体向健康的、既定目标的方向前进，而不至于出现混乱和焦虑。同时，团体领导者还必须知道团体过程中有哪些因素影响团体气氛的变化，哪些因素会产生治疗的作用，从而巧妙地利用积极因素，为团体成员的改变与成长创造良好的、适宜的环境。

1. **团体创始阶段**

团体特征：安静；有礼貌；局促不安；不安全不信任；怀疑、困惑；依赖、小心；担心、探索；抗拒、被动；言谈"非个人化"。

主要工作：

(1) 确定第一次团体辅导与治疗会面的目标

①使成员尽快相识，建立信任感；

②订立团体契约，建立与强化团体规范，重申保密的重要；

③鼓励成员投入团体，积极互动；

④处理焦虑及防卫或抗拒等情绪；

⑤及时讨论和处理团体中出现的问题，比如失言、缺席等；

(2) 明确第一次会面要考虑的内容

比如：怎样开场；帮助成员彼此熟悉；设定积极的基调；澄清团体目标；帮助成员用语言表达期望；应用练习和活动；解释团体规则；结束第一次会面等。

(3) 掌握协助成员投入团体的方法

寻找相似性、彼此交谈、专心聆听、运用练习。

(4) 选择初始阶段常用活动

非语言活动：轻松体操、微笑握手、拍打穴位、信任之旅；

相识活动：2人组自我介绍、4人组相互介绍、6人组关注练习、8人组连环介绍、16人巡回沟通、句子完成法、组歌等；

增进团体信任的活动：信任跌倒、同舟共济等。

2. **团体过渡阶段和团体工作阶段**

过渡阶段团体特征：焦虑、竞争；矛盾、对质；寻索个人定位；努力表现自己；自我防卫；挑战性行为；负面感受；失望、批评。

工作阶段团体特征：彼此接纳支持；尊重、信任；了解、体谅；同感、坦诚；分享分担自由；关心、沟通；关系亲密；凝聚力出现。

团体过渡和工作阶段的主要工作：

（1）团体中期的任务

　　①增强团体凝聚力；

　　②激发成员思考；

　　③促进团体成员互动；

　　④引发团体成员讨论；

　　⑤通过团体合作，寻找解决对策；

　　⑥鼓励成员从团体中学习并获得最大收益；

　　⑦评估成员对团体的兴趣与投入的程度。

（2）团体辅导与治疗中期领导者的责任

　　①对团体所讨论的主题的内容有较多的理解；

　　②为团体提供良好的氛围；

　　③及时引出、把握和深入探讨核心问题；

　　④对团体的焦点问题时刻保持觉察不跑题且能够聚焦深化；

　　⑤关注团体内每一个成员的表现与反应及其催化；

　　⑥有效地掌握时间，保证主要问题有充分的讨论时间；

　　⑦合理分配和控制每个成员提出问题的时间，以避免过多或过少集中于一两个人。

（3）团体中期阶段的技巧运用

　　①与个别咨询相似的技巧：倾听、同理心、复述、反映、澄清、支持、解释、询问、面质、自我表露等；

　　②促进团体互动的技巧：阻止、连结、运用眼神、聚焦、引话、切话、观察等；

　　③团体讨论的技术。

（4）团体中期常用的活动

如媒体运用；身体表达；角色扮演；绘画运用；纸笔练习；未完成句；

人际沟通；行为练习；娱乐活动；课外作业等；

促进团体凝聚力的活动：图画完成；故事完成；突围；

催化自我探索的活动：我是谁；生命线；自画像；

深入价值观探索的活动：火光熊熊；生存选择；工作价值观等；

加强互动沟通的活动：脑力激荡；热座；镜中人。

3. 团体结束阶段

团体特征：沉重、害怕；丧失、失落；无奈、依赖；依恋、沮丧；离愁、愤怒；孤独感；被遗弃感；珍惜。

主要工作：

（1）团体辅导结束阶段的任务

①回顾与总结团体经验；

②评价成员的成长与变化，提出希望；

③协助成员对团体经历做出个人的评估；

④鼓励成员表达对团体结束的个人感受；

⑤让全体成员共同商议如何面对及处理已建立的关系，提醒成员团体即将结束；

⑥对团体辅导与治疗的效果做出评估；

⑦检查团体中未解决的问题；

⑧帮助成员把团体中的转变应用于生活中；

⑨计划团体结束后的追踪调查。

（2）预定团体辅导结束的时间

（3）团体辅导与结束阶段常用的技术及活动

技术：结束预告、整理所得、角色扮演、修改行动计划、处理分离情绪、给予与接收反馈、追踪聚会、效能评估；

活动：轮流发言、结对交谈、成员总结、领导总结、作业分享、展望未来等。

（二）柯里的四阶段发展论

表 1-14　柯里的四阶段发展论的重点[①]

阶段	特点	成员的功能	可能出现的问题	指导者的功能	设计重点	主要工作
初期阶段	1. 彼此认识、试探； 2. 建立团体基本规范； 3. 成员担心被拒、少冒险行为、学习互动、建立信任感。	1. 主动态度； 2. 学习表达自己； 3. 参与团体规范建立； 4. 确立个人特定目标； 5. 学习团体的基本过程。	1. 有人会有看戏的心理，等待别人去表达； 2. 有的会害怕，难以信任他人； 3. 有的会表现抗拒； 4. 有的很快提供建议。	1. 教导成员团体的基本规则； 2. 鼓励成员表达内心的感受； 3. 示范自我开放； 4. 帮助成员建立个人的具体目标。	1. 营造温馨气氛以开始团体； 2. 设计无压力状态下的互相认识活动； 3. 澄清成员的期望； 4. 拟定团体契约与规范； 5. 设计初步的自我表露； 6. 配合每次团体主要目标的活动。	1. 确定第一次团体辅导与治疗会面的目标； 2. 明确第一次会面要考虑的内容； 3. 掌握协助成员投入团体的方法； 4. 选择初始阶段常用活动。
过渡阶段	1. 自我察觉提高，但开始有矛盾心情，想安全地躲着，又想冒险地说出； 2. 抗拒、焦虑、自我防卫强； 3. 会经历权力争夺； 4. 会向领导者挑战，看看能否适当地处理问题。	1. 须承认不舒服的情绪并表达出来； 2. 处理抗拒及独立和依赖的冲突； 3. 学习建设性的方法来面对别人。	1. 可能会将别人归类，也可能给自己加上标签； 2. 可能不愿表达负面的情绪而造成彼此间的不信任； 3. 面质处理不当，而使防卫更强； 4. 可能形成小团体而彼此冲突。	1. 教导成员了解及处理冲突的情境； 2. 协助长远了解其自我防卫的行为方式； 3. 示范直接且机智的应付各种挑战； 4. 鼓励成员谈论此时此地有关的事情。	1. 设计增加团体信任感与凝聚力的活动； 2. 设计引发中等层次自我表露； 3. 设计此时此地的分享活动以激发团体动力； 4. 设计成员之间正向的反馈； 5. 配合每次团体主要目标的活动。	1. 确定目标； 2. 明确领导者的责任； 3. 掌握技巧的运用； 4. 选择过渡阶段常用活动。

[①] 樊富珉：《团体心理辅导》，北京：高等教育出版社2005年版，第140页。

续表

阶段	特点	成员的功能	可能出现的问题	指导者的功能	设计重点	主要工作
工作阶段	1. 凝聚力、信任感提高；2. 彼此互为领导者、坦诚自由地表达及给予反馈；3. 较愿冒险，让别人更深入了解自己，并改变自己；4. 成员间的冲突较能直接且有效的处理；5. 较适时的面质及支持、鼓励别人。	1. 要将有意义的主题带入团体；2. 彼此轮流担负领导的功能；3. 开放的接受回馈及给予回馈；4. 在生活中实行其由团体中所学的技巧；5. 面质别人也支持鼓励别人。	1. 彼此熟悉，为了情面有时难以面质别人；2. 会有领悟，但却做不到；3. 面质及情感假而带来较大的压力。	1. 示范面质与支持二者之间如何取得平衡；2. 鼓励成员领悟化为行动，尝试新的行动；3. 有共同的主题，让成员能共同参与。	1. 设计引发深层次的自我表露；2. 设计引发成员间正向与负向的反馈；3. 设计探讨个人问题的活动；4. 设计促进改变行为的活动；5. 配合每次团体主要目标的活动。	1. 确定目标；2. 明确领导者的责任；3. 掌握技巧的运用；4. 选择工作阶段常用活动。
结束阶段	1. 有分离的忧愁；2. 成员会担心没有团体的支持是否能继续力行其所学及决定；3. 对整个团体历程做回顾及统整。	1. 尽量将所学带到日常生活中；2. 未完成的主题或还没有解决的问题要加以处理；3. 回顾团体的历程，将所学加以吸收，以成为自己认知的一部分。	1. 因要分离，成员有的难以面对，又要封闭自己；2. 成员未回顾并做统整；3. 有的未将此结束视为成长的一个阶梯，而在此打住。	1. 处理分离的情绪；2. 基于时间机会处理团体中未完成事件；3. 让成员给予及接受建设性的回馈；4. 帮助成员统整团体中其所决定的事；5. 与成员订下家庭作业，使成员能继续实行其决定的事。	1. 回到中层、表层自我表露；2. 让成员有机会回顾团体经验；3. 让成员彼此给予与接收反馈；4. 让成员自我评估进步程度与团体的进行状况；5. 处理离开团体的情绪与未完成事项。	1. 明确团体结束的任务；2. 预定团体结束的时间；3. 掌握技巧的运用；4. 选择结束阶段常用活动。

七、团体辅导的效果评估

（一）团体心理辅导的效果评估方法

1. 行为量化——观察（来自成员、领导者、观察员）
2. 标准化的心理测验——前后测
3. 自编调查问卷——自我改变评估
4. 主观报告法——团体心得
5. 录像录音

（二）团体辅导结束时的评估内容

1. 目的是否达到？
2. 效果是否良好？
3. 工作方法是否正确？
4. 团体合作是否充分？
5. 有无可改善之处？

八、学员关于理论学习的感悟

我自己对团体心理辅导的理解：由专业的从事团体心理辅导人员指导的具有两人或以上成员团体，并通过心理学知识和技术帮助成员，及成员之间相互促进的心理辅导。而团体辅导依据不同标准又分成很多类型。在大型团体中又会根据不同情况将成员分为若干个小组，那么小组的分配是否按照某些特定规则进行呢？还是随机分配？[①]（Starrynight）

[①] 教师反馈：大型团体辅导中的小组划分根据团体辅导的主题目标选择最有助于产生团体动力的方式，不局限于固定模式。

团体心理辅导是在团体的情境下进行的一种心理辅导形式，它是通过团体内人际交互作用，促使个体在交往中观察、学习、体验，认识自我、探索自我、调整改善与他人的关系，学习新的态度与行为方式，以促进良好的适应与发展的助人过程。团体辅导课程的理论学习让我认识到自己存在的许多不足之处：一是方案的设计应该有理论的支撑，不能一个活动做完以后却不知道为什么这么做、这么做的目的在哪里；二是我对团体辅导的作用存在误解，我最开始以为团体辅导都应是更多让领导者来说话，现在认为应该充分利用团队内部的力量来解决问题。这是我特别应该注意的问题。（廖二娃）

第一阶段的学习主要是关于团体心理辅导基础知识的学习，在这一阶段老师结合视频和讲授的方式，更有利于学生的学习。我们主要学习了团体心理辅导的含义，团体辅导、团体辅导和团体心理治疗等的区别，团体辅导与个体咨询的异同，团体心理辅导的特点、类型、功能以及团体的招募、团体心理辅导的领导者和团体心理辅导的阶段等。通过视频案例展示＋实例讲解的方式使我们对团体心理辅导及其方案的设计与实施有了更深刻的认识和理解。（黎素素）

对团体成员选择，领导者的领导技巧，告别仪式等在团体辅导实施中都非常的重要。樊富珉教授的视频，听她的讲解就是很专业的样子，有一种权威的感觉，让你不自觉地相信她说的，这里给我的感悟是，要有一个专业知识的底子，能条条款款说清楚，才能让别人更能信任你。（Sakaluwa）

在团体辅导中会用到很多个别咨询中的技巧，比如倾听、同理心、复述、反映、澄清、摘要、解释、支持、询问、面质和自我表露等，但团体辅导是针对多个成员进行的，因此互动的技术就显得尤为重要，包含有成员与领导者的互动、成员间的互动。在团体辅导中的互动技术包括建立关系、解释、联结、促动、阻止、保护、支持、反馈、自我表露、折中、聚焦、引话、运用眼神和观察。

在团体辅导中对领导者的要求是非常高的，领导者必须接受过专业的团体辅导培训，能较娴熟运用团体领导技巧并遵循专业的伦理。"能带好活动不能说明是能带好团体辅导。"我对这句话深有体会，之前做的团体辅导感觉就像是在带活动，认为能顺利完成活动，在这个过程中大家能积极参与，这个团体辅导就成功了，现在理解到团体辅导更重要的是能让成员在其中获得成长，这就需要对活动进行合理的筛选和安排，并能适时地引导成员讨论和思考。而这些只有在不断的实践过程中得到锻炼。课堂视频演示中我们可以看到领导者在面对成员们对团体辅导效果提出的质疑时，并没有回避这个问题，而是引导成员对这个问题进行讨论，在讨论的过程中，大家各抒己见，能提供自己的过往成功经验以帮助困惑的成员。同样，当成员之间出现一些矛盾想法的时候，领导者也能引导大家探讨对这个问题的看法，比如，在视频中，一名成员指出另一名成员在活动中听多于说，这让他感觉没有安全感、很不舒服。领导者在引导大家讨论时也并不是只聚焦到这一个人身上，而是针对这一类问题邀请成员们进行讨论，鼓励成员说出自己的感受，这也是帮助成长的一种方法。

关于团体心理辅导各阶段的任务：团体心理辅导的初期任务就是建立成员间的信任感，讨论目标和建立合理的期望。在这个阶段中可以运用寻找相似性、彼此交谈、专业聆听和运用一些练习来实现，这些练习包括有轻松操、拍打穴位、信任之旅等，我们在第一节课中的活动内容即可运用到这个环节中。中期的任务则是增强团体凝聚力，激发成员思考、互动和讨论团队协作以及讨论自己的收益，评估自己的兴趣与投入程度。终期则是确定结束时间和情绪处理。

关于团体心理辅导方案的设计与实施，我认为团体辅导方案必须满足计划的合理性、目标的明确性、计划的可实施性、过程进行的发展性以及团体效果的可评价性。而专业的团体心理辅导对成员的招募也是非常严谨的。团体的名称也显得很重要，好的名字能吸引人的眼球，有助于招募成员。（菲菲）

作为团体心理辅导中的领导者，需要注意的就是如何促进成员的自我暴露。首先，应该让个体成员在团体中体会到归属感和安全感，让个体感到自己在这个团体中是被接纳认可的，自己就是团体中必不可少的一员，不管自己的优点缺点，都会被接受。同时，领导者也要为团体制定一套规则，建立团体契约，比如信息保密，当别人说出了自己的隐私，不可嘲笑、污蔑等，让个体成员感受到自己在这个团体中是安全的，他才会变得更开放。同时，领导者也应该严格挑选团体成员，具有相同特质和问题的成员组建一个团体，可以减轻成员的心理负担，当一个人发现这种问题不只自己存在，很多人都具备的时候，可以很大程度地缓解心理压力，促进自我愈疗。

当然在辅导过程中，很可能遇到一些使领导者比较难办的成员，这是正常现象，每个人都是特殊的个体，拥有不同于他人的人格特质，当他们对团体辅导造成影响的时候，就要靠领导者的经验，引导他们参与团体过程，加深自我认识，进而妥善处理个人问题，使自我得到成长、成熟。同时，在辅导过程中，如果有成员提出在团体辅导中没有收获而终止参加团体治疗时，领导者要妥善处理类似问题，个别成员的中途退出，会造成一些活动的终止等，对其他成员的影响颇深。这时候应该停下原制订的团体辅导计划，抽出时间针对这个问题，让成员说出自己的看法，同时领导者也要根据自己以往的经验，弥补成员的流失给剩下成员造成的心理创伤，重塑团队精神。（豆豆子）

在操作上应注意以下三点：第一，确保每个参与者都被领导者注意到了，并关心每一个参与者的发言是否都被大家听清了。当领导者因种种原因未能听清时，有必要委婉地追问："你的意思是说……是吗？"以表示自己对该参与者的关注与尊重。同时，领导者还要引导全体参与者注意倾听每一位参与者的发言，因为只有当每一个参与者都切身体验到自己是被团体高度重视和注意着的时候，他的主体意识和主动精神才会焕发出光彩；第二，领导者不要讲得太多，不要喧宾夺主。平时在学校的课堂教育中，我们常见的情况往往是教师动不动就要接学生的话茬，接过来后就滔滔不绝，一直说到学生两眼发直为止。而在团体辅导中，应尽量避免这样的情况发生。若处于这种情况，参与者只会觉得自己一直处于被动的阶段，无法摆脱引导者，甚至不能表达出自己的想法。鉴于此，领导者应该把注意力集中在引导参与者之间的相互沟通上；第三，要把参与者主动参与的积极性调动好，如果调动不好，没有氛围，参与者沉闷不语，领导者就只好点名回答问题，那还有什么主体性可言？而氛围的创设又和领导者的精神状态有直接的关系。如果领导者心不在焉，或应付任务，或居高临下，那么参与者就不可能出现主体参与的积极氛围。

团体心理辅导是领导者与参与者真情的流露、心灵的交融。因此，领导者要转换自己"领导者"的角色，使参与者尽量少受心理防御机制的阻碍，尽可能展露自己最核心的情感，揭示一个真实的自我，以便使自己能被大家如实地看待和评价，并从他人那里得到真诚的反馈。这样，参与者才能更好地认识自我，改变自己适应不良的行为方式，体会生活的美好内涵。而这一切，都有赖于一种彼此信任、和谐的气氛。因此，这就要求领导者做到以下三点：真诚、积极关注和共情。此外，领导者还要注意克服自己在平时生活中习以为常的一些习惯性语言，力避使用一些刺激性的、带有负面色彩的词汇。所以从某种意义上说，团体辅导也在促进领导者自身的成长与发展，启发领导者反思和改变旧有的一些观念。（静听雨落）

通过开始几周的理论知识学习，我对团体心理辅导有以下几点认识：第一，团体辅导要选择一个适合的场地很重要。第二，团体辅导中的活动要紧扣辅导的主题进行设计。第三，辅导中可以适当地插入背景音乐，以便制造气氛，让大家积极地进入状态。第四，领导者在带领之前要深刻理解活动所带来的意义和启发，以便引导成员们。第五，一个练习结束后，一定要鼓励成员们积极发言，阐述感受，但是要控制好时间。第六，在活动中依情况增加一个精彩的节目也很不错。第七，领导者也是要用心投入地去组织，带领大家体验。第八，活动中要不断地制造氛围等。总之，我认为团体辅导领导者需要遵循的三个原则：像孩子一样去活动，像成人一样去判断，像老人一样去思考。（泡泡鱼）

通过观看视频，我了解到一些团体领导的技术，比如主动倾听、重复，情感反应、支持、设定目标、聚焦、解释、开放自我等。领导者在咨询期间还要灵活地处理各种突发的问题，比如成员对彼此有意见而造成的矛盾、成员对领导者的质疑以及成员对于团体心理辅导对自己是否有帮助的疑问等。积累经验很重要，很多事情都要去尝试了才会知道自己的能力，才能对自己做出准确的评价；由于害怕失败而不敢去做，不敢去尝试，永远都不会收获成功带来的喜悦。（拥抱）

通过团体辅导的基础理论学习，我对团体辅导有了大概的了解。它是一种在团体情境下提供心理帮助与指导的咨询形式，即由咨询师根据来访者问题的相似性或来访者自发组成课题小组，通过共同商讨、训练、引导，解决成员共同的发展或共有的心理问题。团体心理辅导既是一种有效的心理治疗，也是一种有效的教育活动。团体心理辅导在台湾地区称作团体谘商。每次团体活动第一个活动都是热身活动。通过体验几个小组带领的热身活动，我认识到只有适合当时情况，符合当时场地的需要，以及能让全体同学参与进来的才是一个好的热身活动。对于这个热身活动不仅要仔细地挑选方案，还要进行带领前的体验，尽量完善活动带领的细节，带领过程中调动成员的参与度也很重要。接下来就是主题活动，每次团体辅导都会有一个主题，可能是自我意识或者人际关系等。并且，团体辅导的主题要根据辅导对象的特点与需求来确定。最后，要有一个结束环节，这个环节可以带领成员进行团体过程的回顾和总结收获，彼此告别。

观看台湾地区团体辅导的视频我感触很深，通过这个视频，我了解了有些团体辅导会有很多次，每次都会有一个目标。在第一次一般是相互认识和制定规则等。后面才逐渐进入主题内容。在每次团体辅导的过程中都会出现很多意想不到的问题。比如说有些人觉得这个团体辅导没有什么实际的效果，有些同学没有发表自己真实的看法，感觉每次都是自己分享自己的很多秘密，而别人却没有，他觉得很不公平等。但是，当出现这种问题时，领导者会马上解决这个问题，尽量让有问题的同学充分表述自己的问题，也给被怀疑的同学给予时间解释。等到团体辅导要结束后，很多同学都会依依不舍。希望自己能够继续参加这种团体辅导活动。经过一系列的学习我才了解到，不是所有人都能参加团体辅导，也不是自己感兴趣就能参加。参加团体辅导还需要进行成员的筛选。只有符合要求的人才能进入团体辅导中。我后来也了解到，有些团体辅导是需要付费的，我们所接触的都是学校里的，不涉及付费问题。我想团体辅导中成员承担一定的费用也可以减少中途退出的概率。成员的中途退出对自己和其他的成员都会有所影响。其他成员会担心自己的一些隐私会不会被泄露出去，刚刚建立好的团体凝聚力会面临挑战。总之，团体辅导不是一天两天就能掌握和学会的，也不是只需要理论就可以的，而是需要不断的学习和实践，不断的掌握其中的规律。我希望通过这一学期的学习，能让我有很大的进步。（东方燕子）

第二章
团体领导者的参与体验与个人成长

参与"团体历程式体验训练"也是成为团体心理辅导师不可或缺的一环。体验团体的过程,将使参与者以"团体成员"的角色,体会自我在团体中的变化,感受团体动力与团体历程对个人的影响。所有体验性团体的过程与结果都是成员共同的杰作。

一、组建"成长共同体"

本次学习的团体领导者具有心理学的专业背景,受过团体心理辅导的相关训练,热爱心理学专业和教师的职业,深切感受到心理团体对自己的专业成长和个人成长的帮助,主动开设"团体心理辅导"课程,愿意在教授该技术时与成员共同成长。

本次学习的团体成员均为自愿选修"团体心理辅导"课程的应用心理学专业的大学生,希望通过体验式团体的训练,使自己更加深入了解自我,初步学习团体辅导的带领技能。

二、破冰活动:缘来你我

(一)活动过程

1. 活动名称:对对碰+人气大王

2. 活动规则：

（1）请大家起身尽量找你不熟悉的同学坐在一起，完成2分钟的互相自我介绍。

（2）给每位成员发一张A4纸，请每位成员在白纸上临摹出自己的手掌图，并在手掌图的某个位置写上自己的名字。

（3）请成员走出座位，在有限时间内尽可能多地了解其他成员的信息（根据成员特点给出有助于成员之间进一步了解的信息内容和数量要求），并记在自己的手掌图上，最后看看哪位成员的收获最大。

（4）待成员大都有了一定的收获后，领导者喊停，请收获较多的同学在班里分享自己收集到的信息，根据收集数量和说出的准确性评出最后的"人气大王"称号。

（二）成员感悟

第一次上团体辅导课，带着好奇而被动的心情。从老师让我们换位置，找一个不熟的人挨着坐的时候开始，我开始觉得有那么点好奇了，我找了一个不认识的人坐到他旁边，介绍以后发现他是大二的，而且并没有选这个课，那天只是临时来蹭课，不过不影响我们互相认识，简单聊了一下自己的情况。接着老师让我们把自己的手掌画在纸上，签上自己的名字，去找其他人写下自己的年度关键词，我还没怎么明白过来，已经有人来找我写了，我顺势把我的也递给她，说我们互相写吧，然后写了一个"马上恋爱"在她的手掌图上。这时候发现大家都已经在教室里来回穿梭了，顿时感觉很紧急，我也开始来回穿梭，其中有人主动找我，也有我主动找其他人，我们无一例外地互相交换着写下自己的关键词，直到老师喊停的时候，统计大家写了多少个，很遗憾我的只写了八个，而且我已经记不清哪个词是哪个人写的了。有几位同学主动挑战"对号入座"，说出哪个词是出于哪个人之手，有的还挺厉害，几乎都说对了，对他们很是佩服。（小K）

团体开始的热身活动"破冰之旅"这样的方式在活跃了团体氛围的同时，也使得每一位成员进一步认识和熟悉了其他成员。在这个活动中，我的感想

是要主动去认识人,并且人与人之间的来往是相互的,付出了才会有回报,我们在结交他人的时候首要的便是真诚。(黎素素)

在第一节课开始之初,老师组织我们进行的小活动,无声无息地把我们带进了团体心理辅导的大门。不论是让我们互相收集年度关键词还是让低年级的同学去收集姓名,认识新的师兄师姐都达到了很好的效果,让班级氛围十分活跃,整个班级中全然没有两个年级组合起来的疏离感,圆满地达到了破冰目的。(Super 明)

如果不是这次课程活动的开展,或许我们的班级下面的子团体会原封不动地维持一个学期,即不因为新的成员加入而改变,原本不认识的还是不会有交集,认识的也维持原有的秩序和规则。但是在破冰之旅的开始,就让我感觉到一种变化,大家不管是认识的还是不认识的都一股脑地去打招呼去认识,大家这样不分亲疏的行为使得整个教室所有人都不会有放不开不好意思的顾忌。由于有了新面孔的出现,使得破冰之旅更加名副其实,本来不在一个年级的互不认识的人就这样非常轻松愉快地相识了,在此过程中还需要记住你所打招呼的人的一些特点,这样显得很有意思,更加受到大家的欢迎。在提问的时候,大家更加是故意弄晕回答的同学,开起玩笑,这些当然是无伤大雅,并且是有利于相互关系的建立的。在一个良好的欢快的氛围中,大家的心理防御当然是很低的,为良好人际关系的建立创造了一个很好的环境,在群体效应的影响下,大家交流的行为得到极大的激励,所以这次的破冰之旅是比较好的开始。(香草)

第一个活动是挨着一个陌生人坐然后走出自己的座位找陌生人在自己的画上写名字,这个倒是难了,因为我几乎不认识大三的同学。但是还是厚着脸皮去问了,虽然最后画上的名字不多,但是总归是一个开始。通过这个倒是让自己的不安感和违和感减少了不少,轻松了不少,稍微有点放得开自己了,不那么逼仄了。这个也让我知道一个团体中领导者的任务是很重要的,因为如果老师不说,我们是不会主动走出座位去认识他人的。这次活动让我明白,现在我们是一个团体了。(小丽)

三、小组建设及成果

（一）活动过程

活动规则：
（1）报数分成5—6人小组。
（2）小组共同完成家名、家号（口号）、家徽（图案标识）、家长（组织家庭活动）、新闻发言人（对外发布信息）、信息管理人（资料采集与整理）等信息确定，30分钟后依次上台展示。

（二）小组建设成果

小组建设由此拉开序幕，自此直到学习结束，小组凝聚力不断提升，每个成员都在小组中找到了自己的位置，现将整个学习过程的小组建设成果进行简单汇总，如表2-1所示。

表2-1 小组建设成果一览表

组别	成员	寄语
 家名：阿波罗1号 家号："青春热血同体，理想光明指引，现实你我相依" 诠释：阿波罗1号，阿波罗有太阳神之意，寓意聪明智慧，说明我们家族的人都是有头脑的成员；同时又有英俊潇洒风度翩翩之意，因为家族六名成员五位男性一位女性，所以是阳刚之气较重的一组。一号，是因为我们分组为一号，寓意我们愿意做得最棒最好。整体来看，这个名字借用了一个登月成功的飞船的名字，是希望我们能够在团体辅导中发现新的自己，不断完善自己。		家长，寄语：通过这门课，我自己学到很多。看到了内心深处的自己，从中发现了自己的优缺点。有笑容，有沉默，有思考，有成长。谢谢引导我成长的老师，谢谢伴我走过这门课程学习的小伙伴们。希望每一个参加团体心理辅导的人都能有属于自己的收获。 新闻发言人，寄语：我想感谢我的五位家人，即为数不多的五位man，谢谢你们让我万草丛中一点红；我想谢谢每一位同学，我们从陌生到熟悉，谢谢你们让我走进你们的心理感受另外的世界；我也要谢谢曲妈妈，带领我们一路向前，让我们以别人为风景的同时也让自己成为一道亮丽的风景。谢谢你们，因为在团体辅导中，我们一起成长。

续表

组别	成员	寄语
家名：阿波罗1号 家号："青春热血同体，理想光明指引，现实你我相依" 诠释：阿波罗1号，阿波罗有太阳神之意，寓意聪明智慧，说明我们家族的人都是有头脑的成员；同时又有英俊潇洒风度翩翩之意，因为家族六名成员——五位男性、一位女性，所以是阳刚之气较重的一组。一号，是因为我们分组为一号，寓意我们愿意做得最棒最好。整体来看，这个名字借用了一个登月成功的飞船的名字，是希望我们能够在团体辅导中发现新的自己，不断完善自己。		信息管理人，寄语：成长的动力源于不停歇的探索，每一次小小的发现也许不值一提，可加上了时间的砝码，一切存在也就又有了新的阐释。团体辅导课上的每一次提升，对我自己来说都是不可剥夺的财富，在活动中付出得越多，投入得越多，收获也越多！在此感谢曲老师的指引，也感谢同伴的包容，希望更多的人得到成长！
		寄语：在没有个体咨询的基础上提前选修这门课程，开始以为会有一些难度，但是真正的课堂并不是理论为主，更多的是让大家通过团队合作的方式在活动与交流中学习与成长。由于每个人都亲身到活动中去体验了，无论是解决自身问题，还是以后制订或带领团体辅导方案，都有积极的意义。总之，这是一个欢笑与泪水浇灌成长的课堂。
		寄语：没有想到选了这个课，之后还能拿到一本书啊！感谢好多好多的幕后工作者，也要感谢曲老师，团体辅导课教会了我很多，也改变了我，我希望我以后能做得更好，也希望大家以后都记得我们一起上团体辅导的日子，希望大家都能开开心心就好！
		寄语：好好学习，好好工作，好好生活！

续表

组别	成员	寄语
家名："V"到底 家号：一直二到底 诠释："V"是手势"二"和"victory"，一语双关，既代表了组别，也是对我们小组精神的传达。		家长，寄语：过去眨眼已逝，未来瞬息万变，随心就好。
		新闻发言人，寄语：（对书）这是我梦想的集合，愿它扬帆起航，到达梦的彼岸；（对自己）become a better me。
		信息管理人，寄语：看遍世间风景，我们也是这美丽的一部分。
		寄语：做一个让人觉得温暖的人。
		寄语：希望更多的人得到成长。

续表

组别	成员	寄语
家名：315 家号：我们简单，我们快乐 诠释：3 代表我们是第三组，1 代表小组成员的唯一一个男生，5 代表小组成员中的五个女生。		家长，寄语：敞开的是胸怀，收获的是成长。
		新闻发言人，寄语：通过本课程的学习让我充分感受到了团结的力量，认识到协作的重要性，在学习过程中伴随着练习的乐趣，通过活动的过程领悟学习的真谛。
		信息管理人，寄语：团体辅导的神奇之处在于让我看清了自己，认识了你！所以希望大家也可以通过团体辅导认识自己！
		寄语：开放自己，你会发现不一样的你。
		寄语：认真地体会每一次的活动，你会成长更多。
		寄语：希望团体辅导可以给更多人带来快乐，带来改变，带来思考。

续表

组别	成员	寄语
家名：sunflowers 家号：万丈光芒，百花齐放 诠释：太阳花。我们都应该向太阳花学习，学习它那乐观的情操，饱满的热情，坚韧不拔，不惧困难的精神，无私奉献，谦让的品格。家徽中的每一朵太阳花都代表我们小组的一位女成员，两个太阳分别代表小组中的两个男士。像太阳一样照耀她们，关心着她们。不同的颜色代表着每个人不同的性格，但是在这个家庭里面却又是那么的和谐，那么的美好！		家长，寄语：那一次我们在山洞里感受死亡，那一次我们真的用心在交流，那一次我们实现了成长！
		新闻发言人，寄语：愿我们每个人在未来都保持做最真的自我，不停下追梦的脚步，相信自己，爱自己。
		信息管理人，寄语：团体辅导，明天会更好！
		寄语：千里之行，始于足下！不积跬步无以至千里。
		寄语：团体辅导课是一个快乐收获的过程。

续表

组别	成员	寄语
家名：六神五组 家号：风采六神，活力五组 家徽：带有家庭成员指纹的六色六芒星 诠释：六神是指六个女神，代表我们六个家庭成员。五组是我们的组号。是由六个女神组成的第五组，家名和家徽包含着我们的团结和期望。我们的指纹代表我们的契约，即刻成为相亲相爱一家姐妹。		家长，寄语：向阳花开，暖心。团体辅导——我们在活动中领悟，爱上学习。
		新闻发言人，寄语：有参与就有收获。
		信息管理人，寄语：一切尽在不言中。
		寄语：希望所有的人都能够幸福快乐。
		人气大王，寄语：那些无法置我们于死地的事只会使我们更坚强！希望大家在团体辅导活动中获得快乐，在快乐中成长，在成长中找准自己的定位！

续表

组别	成员	寄语
家名：六脉神剑 家号：一路狂奔着根本停不下来		家长，寄语：在前进的路上感到走不下去的时候，看看来时走的每一步，会发现其实我们每一步都不比现在轻松。
		新闻发言人，寄语：愿所有的人能够获得成长，在以后的每一天都健康快乐。
		信息管理人，寄语：每个人都是照亮彼此的一盏灯，即便是短暂的陪伴，也足以让前路不再迷茫。
		寄语：一路狂奔的我们不忘初心。
		寄语：自在地活着，幸福地笑。

续表

组别	成员	寄语
家名：Heroes 家号：Fighting for the group counseling. 家徽： 诠释：每个人都是英雄		家长，寄语：try your best doing everything.
		新闻发言人，寄语：我们一起在团体辅导中成长，也让团体辅导成长。
		信息管理人，寄语：everybody is wonderful.
		寄语：一学期的学习，让我收获了很多！每一次的团体辅导活动，我们都在各个方面得到了提升！对于学心理学的我们而言，只有更加深刻地认识和了解自己才能更好地帮助他人！希望所有的人都能通过爱自己去爱他人！团体辅导课的最大魅力就是让大家学会互相关爱的技巧！希望大家能从中找到自己想要的东西！
		寄语：君不见，黄河之水天上来，奔流到海不复回。君不见，高堂明镜悲白发，朝如青丝暮成雪。 　　人生得意须尽欢，莫使金樽空对月！天生我材必有用，千金散尽还复来。

续表

组别	成员	寄语
家名：向阳花开 家号：天再高那又怎样，踮起脚尖也要靠近太阳。 诠释：我们第八组每位家人们，都像向阳花一般迎着太阳，朝着阳光的方向，努力地成长和绽放。		家长，寄语：别人给的从来不叫安全感，勉强算是廉价的依赖。
		新闻发言人，寄语：平凡的课程，却触动了我们心灵上的震撼。
		信息管理人，寄语：以战胜别人来证明自己，那么你就已经输了。
		寄语：只有把课堂还给学生，学生才能获得真正意义上的成长。
	……	

（三）成员感悟

在构成这个大团体的时候参加的成员彼此间有共识，也就是共同的目标、理想、兴趣、价值等，那么在分组的时候是否可以根据他们的兴趣、目标等不同来划分呢？但是由一个整体再划分为若干个小组，那么每个小组在团体心理辅导中的进步情况可能会不一样，当组间的差距过大的时候我们应该怎么处理？能否通过小组间不时的相互学习、交流来解决或者缩小这种差距？

同时在整个大团体，心理辅导有一个行为规则，来使成员们之间形成默契，那么小组内部同样可以再根据自己的组内情况制定更为细腻的规则，再在组与组之间进行讨论，最后对整体的规则进行修缮，这样对于加强成员之间，组与组之间的交流有益处。这是我对大型团体中的一点看法，在小团体里面我觉得也可以进行。① （Starry night）

第一节课我们有了一个小家，这个小家里面的人大家并不熟悉，有一半之前并不认识。不过，在打破僵局之后大家也都熟络起来，纷纷表达自己的看法。而且一起选了家长、取了名字、定了口号、画了家徽等，毫无陌生感。这点让我感触很多，就是两个人及其以上交往，至少得有一个人先迈出第一步，就像心理学上讲的，人际圈里面每个人都有一个位置，当其中任何一个人发生改变，这个场就会变化。我所感受到的，原理大致就是如此吧。（婷婷刘）

分组以后感受到了团体的力量，每个人都出一点力就可以汇聚成一股强大的力量从而使成员从中得到成长。（海穹）

本次团体辅导主要目的是团队建设，团队成员的产生简直是完全随机分组，报数得到的结果就是组员基本上都不是自己平时就一起的小团体，大家都是这样的心态，于是每个小组都需要从零开始进行团队建设。我们之间本来不是非常熟悉，现在成了"家人"，由于家人这个词本身就带着浓厚的温情色彩，当我们组成家庭的时候非常自然的就有一种温馨的感觉。小家建设中大家积极性参与度很高，团队建设也很顺利。

每个小组都按照活动规则选取了相应的家长、发言人、信息搜集员等，本来没什么，但一旦给予了确定的指责，责任感便自然而然地萌发出来，我感觉自己是这个家的一员，我就有责任义务来维护这个家。这应该是团队建设的目的之一，让成员建立责任感、归属感。通过本次团体辅导活动，我对"一个新组成的团体，在大家都是开始互相不认识的情况下，如何建立起一个良好团队关系"这个问题有了更多的答案与思考。（蒲公英）

---

① 教师反馈：我对你提到的第一个和第三个问题的回答是肯定的；关于第二个问题我觉得你想到的解决思路也非常值得尝试，这跟团体辅导的理念"借团体动力助个人成长"是一致的。

接着老师让我们用报数的方式随机分组，每个组是一个"家"，选出家长，我们组由于没有人自荐，最后采用抽签的方式选出了家长。在家徽设计过程中，大家一起出主意，一起动手，觉得特别温馨，真的有"家"的感觉，这个环节到现在都是团体辅导课最让我怀念的时刻。（小K）

老师在第一堂课就教会了我们以后带团体或者做活动时的一个有效的分组方法，那就是随机报数分组，这样分组具有较强的随机性，避免自由分组出现的都是一个班，一个寝室，一群关系好的同学在一起的这些情况，随机分组可以让以后的活动能更有效开展。同时也给了我们一个机会，一个重新认识新小组同学的机会，一个重新组建自己小家的机会，一个让自己开放的机会！在整个创作设计的环节，大家齐心协力，大家都毫无保留，为家庭建设做出自己最大的贡献，最终我们取得了很好的成果。随后老师给了我们每一个小组自我展示的时间，在这个过程中，我们对自己小家的创作设计进行了展示，同时我们也看到其他小组的创作设计，在聆听其他小组的设计时，我对很多同学也有了新的认识，比如第一小组的设计中每个图案都有其对应的主人翁，每个主人都能在他们的设计中找到象征自己的物体。那是多么的有才！（中林兄）

在分好组以后的小组建设环节，我们组是由两名男生和四名女生组成的，两名男生像太阳一样的发光发热，而且给人很温暖的感觉，所以我们在我们的画上画了两个太阳，是我们组两名男生自己画的自己的自画像，又因为我们组有四名如花似玉的姑娘，她们都很朝气蓬勃，努力地靠近着温暖，把自己的笑脸展现给大家，非常积极活泼展示着生命的活力，所以我们组的四名女生用自己最喜欢的颜色和基调每人画了一朵象征着自己的太阳花。在画画的过程中我感觉到大家非常的积极，刚开始我们大家一起来想我们家的名字，该画什么，有什么样的寓意，大家都提出自己的看法，有的想法提出来大家积极地完善，达到每个人都说OK，我们讨论了10分钟左右，在剩下的时间里我们大家积极地配合，比如颜色笔离自己太远需要伙伴传递一下而刚好对方也在忙自己的，但是各自都会很乐意和积极的帮助同伴。刚开始我们都担心自己绘画水平不好，但是小K说"画不好没关系呀，我们绘画都不好，我们大家一起画，反正都是我们自己的"。我听了以后很受鼓舞，只要大家在一起合作就行了,我们是一个集体。到最后整体都完成的时候,我心里竟产生了一丝成就感,这是之前没想到的,不过也让我明白无论什么时候尽自己最大的努力去做,你就会收获你意想不到的惊喜,也让我明白了团体的重要性和给予我的帮助,我相信经过这门课程的学习我们这个家庭会收获越来越多,自己也会成长很多,期待中。(小倩)

"小家"的建立和建设。首先是采用报数的方式来分组,这样的方式使得分组活动有秩序,迅速快捷,同时也较大限度地避免了太熟的人分在一个小组内,有利于团队的建设和活动的开展。在小组建设环节,我们小组的每个成员都积极参与讨论,大家踊跃发表自己的看法和观点,最后形成了统一的意见。我们小组的组徽是我们小组所有成员共同完成的,每位成员都参与了绘画。在这个活动中,通过团体的团结和合作,我感受到了团体的力量,并且有了一种"家"的感觉,在这个"家"中,我被接纳,被支持,同时也接纳和支持他人。(黎素素)

大家一起出谋划策,积极地提意见,各自发挥各自的优势,画家徽,想家名、家号,选家长、新闻发言人、信息搜集者。(巧儿)

首先,抵触报数分组;随后通过这种开放活动抵消了心理的反感情绪。其次,在这些小活动中,让我对组内成员有了不同程度的认识,有一种新奇感和融洽感,而且也有了一种归属感和信任感。再次,组内的成员不同的分工让我有了对这个小组的责任感,至少作为它的家长也好,新闻官也好,信息收集人也好,我们都有一份强烈的团体荣誉感,会在课上积极发言,会积极讨论,也不会旷课了。最后,让我也学会了跟不太熟悉的同学如何相处,增加了人际交往能力。所以我觉得第一次的团体建设是很成功的,正因为它的成功让我觉得团体辅导是一件很神奇的事,让我充满了对它的兴趣。(Sakaluwa)

以小组活动这个形式,可能开始的时候磨合确实需要一点耐心和时间,可是,作为一个大二的小朋友,私下也不怎么联系,而且一周只有一节课,想让一个团体有一定的凝聚力确实还是有点难的,其实在教学的过程中想有太大的建树也不是很简单的。(FQ)

在这个大家庭中又收获了小家庭,也认识了大二的同学,尤其是在家庭活动的过程中,家庭成员之间也有了更进一步的认识,发现了各自的特长,并能将这些特长运用到活动中，同时家庭名字、口号、家徽、家长、新闻发言人、信息收集人的确立也加强了家庭成员之间的凝聚力。在团体辅导活动中，成员之间开始并不熟悉，把这一系列活动放在第一次辅导上是非常必要的，通过活动，成员之间开始相互认识、熟悉，"家庭"也能让成员感受到归属感，并且建立了信任感。这对之后的活动进行是非常必要的。（菲菲）

团队建设让我很投入，也让我们小组的每个成员为了这个"家"的发展贡献自己的智慧与力量。以前参加活动的时候积极性没那么高，整个班级也没那么激情四射，在此要谢谢曲老师给我们提供了这样一次与众不同的活动。另外，在和小组成员的相处中也可以发现每个成员不同的特点，有活泼外向的、有冷静思考的、有动手能力强的……在以后的活动中就可以根据小组成员的不同而分配不同的工作。团队成员相处的过程是一个求同存异的过程，不同的个体在团队中都是为了一个目标发表不同的意见，做着各自的努力。（李稚再）

个人觉得这种形式很好，在一个大团体中个体不容易找到自己在团体中的位置，不能准确定位，不容易形成归属感，对于那些性格内向的个体来说很容易游离在大团体边缘。大团体分成不同的小家庭后，更易于个体找到自己的团体位置，形成归属感，形成一个良性循环。我提出了"heroes"被大家采纳，当时心中其实很激动，很有成就感，觉得自己的意见得到大家一致的认同，他们很喜欢接受我，我心中就开始认同这个家庭，肯定自己是其中一员。我们在仅剩的时间将剩下的任务都完成了，我觉得紧迫感能激发人的潜能，也能使个体更积极参与团队合作。在这次分组活动中，我们家庭五人都很积极加入其中，我觉得这样能形成较好的团队意识。我个人反正是通过这个活动有强烈的归属感，觉得有属于自己的小团体，很有安全感，而且我主动担当了新闻发言人，想要锻炼自己的语言组织能力。在学习完课程，第一次小组讨论时，我就很认真地记录家庭成员所说的每个结论，然后在自己大脑重新组织语言，想着怎样将我们家庭成员得出的结论串联一起，连贯地表达清楚。发言之前，我心里很紧张，怕表达不清楚，有损家庭形象。家庭其他伙伴还不停地给我鼓励，喊我加油不要紧张，说错了也没有关系。其实当时心里暖暖的，很有安全感，觉得有个团队很接受容纳自己，所以内心紧张

感减轻了很多。（小乙）

我主动要求当我们"家"的家长，通过团体成员的集思广益，"heroes"这个家就成立了，作为家长，我当然要担起重任，对我们这个家负责，我不能像管理自己一个人一样怎么都可以，而是要组织大家一起建设好这个家，并且要完成每一次遗留的任务，大的小的事都要努力做好，而且要保证成员都能积极参与，这就是家长的责任。让我欣慰的是小组成员都很对我们这个集体负责，每一次的任务都是在大家共同努力下完成，并且做得很好。每个成员都在为我们这个集体出力，感受着集体的力量。（Mindy）

第一次的课程分组也是今后我们进行实践活动与组内学习的一个重要保障。这次课分为了两个阶段，一是小组的建立以及我们小组成员的分工与小组组名和小组口号的确定；二是我们各小组成员的自我展示与介绍。虽然这次课我们没有进行课程学习，但分组的活动也让我们认识到了一个团队的建设与合作是需要我们每一个人参与的。这也正符合了我们这门课程的主旨：团队建设是团体辅导治疗的前提与基础。（李木槿）

在团体心理课上，我们也有了自己的小团体，在这个小家中，我们设计了属于自己的团名、团徽、团号。针对老师提出的问题，布置的任务，各自分工，合力完成，真正感受到了集体的力量。在小团体中，我们团结互助，团体内各成员之间的交流很多，可是，团体间却缺乏交流，彼此之间很陌生，对此，我们应该多组建一些有助于团体间交流的活动。（豆豆子）

在第一次课上，我们按随机的方法组建了自己的家庭，在这个家庭里面，我们大都不熟悉，但是我们在一起各施所长，设计家的名字，画家徽，明确家庭的分工，慢慢地熟络起来。在日常生活中也一样，我们同时在很多个不同的团体中，在不同的团体中担任不同的角色，我们需要平衡好这种关系。

第一节课我们建立自己的小家庭，现在想起来还觉得恍如昨日。正是这样一个小家庭带给了我非常多的改变。没有分组之前，我还是在自己的小圈子，每天和室友一起打打闹闹，分组的时候有几分的不舍，感觉自己脱离了团体，与一些不熟悉的人在一起活动很不舒服。但是这一学期，我们小组在一起做活动，写方案，玩游戏……在这个过程中，他们帮助我一起建立自己的自信心，接纳自己缺点，分享自己的悲伤与痛苦，很快地建立起了彼此间

的信任，这样的同甘共苦让我们小组的凝聚力非常高。（stan）

第一节课的随机分组，让我们本来彼此不是很熟悉的一些人组成了一个"小家"，刚开始大家都会觉得有点拘束，放不开，但是经过一番小组活动和讨论之后，一切隔阂都"欧啦"，在大家的相互配合之下有了家名，各自有了分工，大家都很团结。这大概也是团体心理辅导刚开始会遇到的一些问题，从刚开始的大家彼此不熟悉，然后通过领导者的热身活动让大家都彼此开放彼此接纳，这也是团体心理辅导很重要的地方，如果团体成员彼此不信任、不接纳，那成员的问题是不能得到解决的。（拥抱）

我记得第一节课的时候，老师就给全班同学进行了分组，然后给予我们时间相互认识。刚开始还是蛮拘谨的，因为相互之间都不认识。慢慢的，虽然有些熟悉了，但还是没有建立起朋友之间的感情。也许是我们除了上课的那几个小时以外就没有什么联系了的原因吧！（泡泡鱼）

在团队组建之初到现在，我们团队的凝聚力不断提升，大家的交流与联系也不断深入，默契逐渐形成。记得当初刚加入第三组的时候，自己还是很忐忑的，害怕自己不被团队接纳，不能很好融入这个团体，第三组就只有我和泡泡鱼是大二的，所以我们在自我介绍完了以后都没有怎么主动和他们交流，通常都是他们问一句我们答一句，沟通不是很好。随着团队活动的开展，我越来越多地提出自己的想法，没有了那份拘束，和"家人"的关系也更好一些，当一些活动涉及团体时大家都很积极，团队的凝聚力就表现出来了。（小小婷）

我们是第三小组，组员由一名男生和五名女生组成，所以我们给自己的家取名为"315"，家徽设计成一个 OK 的手势，也有 3 组的含义，口号是"我们简单，我们快乐"。（易言之）

这次团队建设只是一个初步的构建，却对以后的团队发展很重要。一是可以为以后的团体辅导节约时间，因为不用再来分组了，节约了分组的时间。二是以小组为单位可以方便老师管理。（小华）

还记得第一节团体辅导课上，我很疑惑老师为什么要重新随机分组。我甚至觉得这有点浪费时间，而且随机分组可能存在一个弊端——很多不怎么熟悉的同学分到一组，缺少默契和沟通，这会影响以后团体任务的完成进度，这是我最开始的想法。然而，随着这个课程的不断深入，让我逐渐认识到了自己当初想法的荒谬。人总是在随着这个社会不断地改变着，不可能永远生活在一个固定的生活圈子里面。（静听雨落）

我想谈一谈关于这门课上我觉得稍有点瑕疵的地方。我觉得这种随机分组对于我们这个团体心理辅导班就不是很科学。团体心理辅导中彼此不认识不熟悉的人，然后经过一定接触，组织人员一定的带领，让彼此成员之间打开心扉，进行深入的心对心地交流。但是对于我们这个班上，大家在一起了三年，每个人的兴趣、性格、爱好，大家都非常地了解，更重要的是，这个班上，在生活之中大家已经形成了比较稳定的人际圈，所以要想大家先放下原来的人际圈，再在这个随机组合成的人际圈中组合成一个有点凝聚力，有点家一般的团体，我觉得这种难度太大。老师也会不时提醒大家按照家的组合来坐。我觉得要想现在这个家的凝聚力强，首先单凭课上这点时间，基本上是不可能的，这是客观事实，无能为力。老师经常提醒小组是一个家，一个人的缺席对整个家都有很大的影响，我觉得如果增加一点团队之间的带有一点竞争性的活动，也许比说三遍五遍更有效果。（貂涅）

建立家庭时，我们小组的都是女生，当时觉得很不错，大家都积极发表自己关于家庭名称、口号等的想法。我们也利用自己的绘画技术，画了一幅家庭的图片。我们小组的名称是"六神五组"，但是由于有家人的退出，我感到有点伤感，好不容易建立的家庭，突然有家人的离开让我很不开心。但是，我知道这是不可扭转的，我也只好接受"五神五组"的局面。（东方燕子）

当老师让我们分组时，我内心一紧，害怕自己分到的那组一个人也不认识。结果还好，我们那组我认识东方燕子师姐。可能是因为之前就认识，对她比较熟悉，内心踏实了不少。分好组后，我们一起设计家徽、组名、口号……很快我和她们就打成了一片，我还建议按年龄排序，用自己的手围成一颗星，选择自己喜欢的颜色画上，并用大拇指盖章。起初，我还担心自己的想法太简单，师姐们不会同意，没想到她们都觉得我的主意不错。接下来大家都有自己的想法，在组名上纠缠了一会，不过大家都没有不依不饶的，充分体现了团结合作的力量。不一会，我们就完成了小组建设的任务。为了体现我们组的特色，我们还特地给每个组员量身打造了一个肖像。我画图一向差劲，没等我开口，我们的家长蓝姑娘师姐就帮我画好了，让我感到了团队的力量。可能因为我在里面最小，她们在各个方面都很帮助我，我非常感动。（追梦）

老师让我们随机组成的家庭，我个人认为这样做有以下3个优点：第一，随机分配的家庭，有助于让同学们跳出自己的朋友圈子，吸收新的观点。第二，家庭成员均有自己的家庭角色，各有分工，使得每个成员都能够得到锻炼。第三，组成家庭之后，使得家庭成员之间可以相互合作，在家庭与家庭之间又有竞争，这种既有竞争又有合作的方式可以充分调动同学们的主观能动性，使同学们在相互竞争的同时，又学会去合作，学会接纳他人的观点。但是又有不足的地方，由于是随机分配的家庭，在家庭中可能会出现成员之间的不活跃，尤其是在家庭成立之初。（Super 明）

在组建家庭的过程中，六个平时交往并不多的女生一下子变得紧密，从平日的点头之交变成亲密的一家人。在组建家庭的时候每个成员都提出自己的看法，虽然都各有各的想法，却也能考虑其他成员的想法，最终达成一致。在绘画家族图标的时候，我们选择自己喜爱的颜色，用六只手比出的胜利手势组成了一颗闪亮的六芒星，六芒星的每一角都印着自己的拇指指纹，就好像契约一样，在那一刻心也紧紧连在一起。我们还根据年龄的大小排了姐妹，现在想起的时候都还觉得心里暖暖的。在家庭口号和家庭名称的拟定中，我们力求别出心裁又能囊括我们六个人的个性风采，想出了很多名称很多口号，最后以"六神五组"作为我们的家庭名称。取"第五组六个女神"的含义，同时也取成语六神无主的谐音。在整幅画中，我们画了自己的画像，从最大的姐姐至最小的妹妹排序，每个脸上都是微笑的表情。我们很开心很幸福，感觉在这门课程中的归属就是这个无形的家庭。（蓝姑娘）

这次分组和以往的课堂分组最大的区别就是结果完全随机。不论是哪个课堂，一般来说作业小组的分配要么是自由组合，要么是根据点名册多少个一组，要么就是根据报数，多少一组，这些分组方式都无法避免的问题就是受原有小组合的影响，一个新的团体中如果成员间原有小团体非常牢固，那么将不利于形成新团体的团体意识，对新团体凝聚力的产生也是不利的。通过以往的经验，可以发现，原有的小团体的存在使得新的团体很散，分工可以明确但是无法很好地合作。上学期在大学生骨干培训的团体辅导中采取的也是这样的方式，我觉得把这样的分组方式应用于课堂中也有很好的效果。

  团体心理辅导之不同于其他课程的地方就在于团体二字。第一堂课的第一个活动是打开一个活络的局势，促进后面课程的开展，第二个活动就是团体的建立。这个活动是让我们去感受团体，建立团体，形成团体意识。在分组完成以后，每个同学都活动起来去寻找自己的小组——寻找一种归属感。然后给每组分发蜡笔和一张很大的白纸，要求组建一个崭新的新家。我们的新家就是那张白纸，什么都没有，而我们每个成员就是那不同颜色的蜡笔，我们每个成员用自己的奇思妙想用自己的创意协调一致，在白纸上设计我们的家名、家徽、口号等其实就是一个给新家添置内容的过程，在这过程中，每个人都会有自己不同的收获和体会。在此过程中，我最有感触的就是团队意识快速有力的形成。每个小组的成员、无一例外的都在自己的团队中，没有谁是置之度外的，就像是自动模式，不需要指令不需要督促，积极参与讨论，各自提出自己的意见。每个人的想法和创意肯定会有所不同，在这时候就需要团队成员间进行协调取舍，我们小组在家名设定的时候先后提出了"一路狂奔"、"根本停不下来"、"一路狂奔的六组根本停不下来"以及"六脉神剑"等几个家名，最后将"六脉神剑"确定为我们的家名，将先前否定的家名融合到口号中成为"一路狂奔的根本停不下来"。然后是确定家徽，我们组擅长美术漫画的是零崎，我们组就把设计的重任交给他。先讨论我们的家徽要包含的意义，大家都认为要把6组的6包含在其中，其中要有团结一心的意义，也要有拼搏、永争第一的信念等，零崎先在草稿本上画心的形状，有人提出把♥倒过来，弯勾处弯进去就像两个6相互呼应，又有人说加个脚像是扑克牌中的桃心，扑克牌里面的红桃不就是代表大嘛，象征我们组积极向上的进取心，外面用黑色，里面用红色，颜色搭配显目啊，在大家的你一言我一语中，我们家的家徽完成了。在这个过程中，会有很多的交流，有时候去看看别人的画，然后融入自己的想法和大家来讨论，经过讨论之后的结果很多时候连提出者都会觉得不可思议，原来还可以这样啊。众人拾柴火焰高，一个人的想法毕竟是有限的，在团队合作的情况下就会变得不一样。

在成果展示讲解的时候，我发现每个组的风格大不一样。有的小组属于小清新范儿，上面画的全是向日葵，色彩斑斓，阳光灿烂；有的小组设计的是一个简洁明了的符号，由几个线条组成；而我们组的整个画面都是红色和黑色构成，画面简单但层次分明，色彩感十分强烈，还有其他组的家徽，大家的风格迥异，看上去更像是不同的个体创造的画面，体现不同个体的内在的东西。我想由成员合作创造的画面之所以看起来像是一个人做出的，更加体现出团体意识。我觉得这和我们的专业无不相关，我们学的是心理学并且都是处于大学阶段，在团体活动时会不自觉遵守一些"规则"，所以每个画面的有自己明显的风格。以前我们在某中学做过这样的活动，结果并不如此，整体性不强，各组个性差异不大，风格不明显。因此我想到在进行团体辅导的时候应该更多地注意一些东西，比如对活动的安排，对结果的解释等都要考虑到团体对象的差异性。

这次团体活动让班上的每个人都动了起来，进行积极的互动，小组成员间通过这样的活动，彼此有了一种亲近感，对今后小组活动的展开做了一个很好的铺垫，也为以后怎样进行团体辅导做了一次体验性的指导。（香草）

因为有过经验，所以知道分组是不可避免的，却是不可能和同寝室的人分到一起了，但是能认识别的人还是不错的。后来分组，只有我一个大二的，最开始的时候还是有点尴尬的，因为不知道怎么才能跟他们融入一起，可以一起讨论，进行同一个话题。好在，大三的学姐和学长都很随和，加上我们一起想组名、口号、分工、家徽之类的，大家还是有了一个简单的认识。因为同一组的原因，还交换了号码方便以后的小组活动。分组的好处是让我们走出自己熟悉的圈子走入陌生的圈子，一定程度上对人际交往方面是个考验，就看我们是否能融入这个圈子了。幸运的是，学姐们很好相处。因为一起想组名那些的原因，也看到了每个人的特点，师兄在绘画方面能力很强，一位学姐的口才很好，一位学姐很大胆、放得开，还有一位学姐亲切、务实。突然看到自己很多欠缺之处，他们身上有很多值得我学习的地方。（小丽）

在第一次上课老师让报数来成立小组的时候，我们还是一团混乱。因为这样的随机分组必然会引起自己内心的恐慌。要与自己不太熟悉的人去建设一个属于自己的"家",听上去就觉得有点不靠谱。但是在老师的指导下,我们的小组很快组成了。然后为我们下达了目标。为这个家取名字、口号、组徽、组舞等一系列的有代表性的东西。这个过程也促使了我们的交流更愉快。我们组有来自不同班级的同学,也有来自不同年级的同学。总的来说是一个比较杂糅的团体。在组建"家"的过程中,我们也是各抒己见。每个人的方案听起来都很不错。最后我们都很一致地选取了"六脉神剑"这个名字。因为我们是6组,然后我们觉得现在社会很流行这种"贱"的精神。虽然听起来很好笑,但是我们很喜欢这个名字。也是因为这个名字我觉得我们小组的人在接触的过程中才更加轻松。在接下来的其他的取名或者口号等我们也是很快就处理好了。第一次课结束的时候虽然大家还不是很熟悉,但是至少我们已经有了一定的感情基础,因为我们是家人。(圈姐)

四、团体辅导主题活动体验一:我的人生我做主之情绪辅导

(一)辅导方案

1. 团体名称:我的情绪我控制——大学生情绪管理团体辅导

2. 团体目标:(1)觉察自己的情绪;(2)了解情绪产生的机制;(3)学习管理自己的情绪(有效地调节和控制自己情绪)。

3. 团体性质:发展性、结构化、封闭式

4. 领导者:受过团体辅导训练的心理老师

5. 团体对象:团体辅导选课班级

6. 规模:5—6人一组,8个组。

7. 时间:×月×日 周一(19:00—21:00)

8. 场地:一教 205教室

9. 理论依据:团体动力学、人本主义心理学、人格心理学、情绪心理学、

认知心理学、发展心理学（青年期）、心理健康教育等。

10. 团体活动计划书

表2-2 大学生情绪管理团体辅导方案设计表

活动名称	活动目的	活动内容	时间	准备材料
手动体动操	放松，集中注意力，活跃气氛，营造温馨积极氛围。	来学习嗨，来活动嗨，我们一起来成长嗨。我很快乐，我很快乐，我真的真的很快乐。	8分钟	
觉察情绪	觉察个人情绪失控的表现与情境。	情绪失控举例	12分钟	
情绪解码	理解情绪产生的机制，进而为管理情绪打好基础。	听故事、想场景、写感受—谈感受；故事继续—体验情绪变化；提及ABC理论。	30分钟	每人一张纸
情绪控制秘籍	交流经验，共享情绪管理的方法，并进行方法纠偏。	个人—小组—交流—老师	30分钟	每组一张纸
领导者总结	在认知上加深对情绪管理方法的理解。	责备—不责备；逃避—不逃避；遗忘—不遗忘；委曲求全—不委曲求全回答疑问。	15分钟	
幸福拍手歌	巩固氛围，结束。	齐唱	3分钟	歌曲视频

（二）活动过程及成员反馈

1. 手动体动操

首先热身活动是手指、手掌、手臂操，通过这个热身活动，调动了大家的活动积极性，也保证了活动的参与度。（菲菲）

通过手指、手臂配合着简单而积极的词汇进行。当时我觉得这个活动很幼稚太简单了，没有多大的吸引力，简直就是小孩子那个阶段做的。但是我还是很积极参加了，在参加的过程中，我摆正自己的态度，跟着老师做，做了以后我发现虽然活动很简单，但是很放松很开心，而且有点担心自己会做错，在一个走神后就真的错了。大家的参与度都非常高，声音整齐而有力，动作也很整齐，大家都完全地投入进去了。那时候我对这个热身活动的认识就有了改观。我们小组在自己带领热身活动的时候就偏向于大家没有做过的，有一些难度的，觉得那样才是我们大孩子能接受的，但是通过对比，我发现这次热身活动是我感觉最放松、最快乐、最投入的。所以以前小看了这些幼稚的小活动，而这次却让我惊喜。（蓝姑娘）

2. 觉察情绪

首先老师让我们小组讨论平时自己在什么样的情境下会情绪失控，再请同学跟大家分享，通过这样的方式，老师了解到我们平时情绪失控的时候都是愤怒的情绪占主导。（易言之）

3. 情绪解码

紧接着老师让我们将发下来的纸分成三栏，然后用PPT给我们呈现一个故事，故事的主人公精心制作出来的模型，因为捡100块钱而被别人一屁股坐坏了。让我们体会自己就是故事的主人公，当发生如故事所述的情境时，我们的情绪是怎样的，然后写在第一栏上。老师请了几名同学起来分享此刻自己的心情，我写的是愤怒、伤心、后悔、怨恨、认栽。接着老师为我们继续描述这个故事，结果发现原来那是个蒙眼者。老师就让刚刚分享过的同学再来描述一下现在的心情跟刚刚的比起来有什么变化，我写的是同情、内疚、庆幸、认栽。让我体会到自己的情绪是根据情境的不同而发生变化的，而一定的情境下产生相应的情绪是很正常的。（易言之）

进行身体的运动让我们消除一天的压抑和疲惫，有一个良好的状态进入主题部分。曲老师采用的故事导入、创设情境，让我们融入故事的情境，体察"我"当时产生的情绪。像这样很容易吸引大家的注意力，集中精力去想象情境及当时自己的情绪反应。在此做一个分享，在分享的过程中可以看出，在这样的情境下，不同的同学还是会有不一样的情绪体验，而这样的不同又是从何而来？接下来故事继续进行，对于蒙眼者坐坏了自己的模型，刚刚的情绪是否还是一样。如果说事件本身会引起一种情绪，那么事件没变应该情绪也不会改变，事件本身就是模型被坐坏了，但是随着情境的变化，几乎80%的同学情绪发生了改变，由愤怒、为自己的模型难过转向自责、后悔。为什么会产生巨大的情绪变化，是什么导致的这些变化？（香草）

反思之前的情绪的变化，我们很容易觉察到一点就是对于事件的解释决定着我们的情绪，每个人由于过去经验、人生观、价值观以及各种的不同，导致我们对同样事件有着不同的解释因此产生的情绪就不一样。当然这些在心理学学习的过程中都是学习过的，但是真正实践就显得比较困难。（香草）

4. 情绪控制秘籍

在我们小组的总结中，当时我们认为是我们平时经常用的也应该是大家常用的，也就是正确的方法归纳出来，然后和大家分享。总结后来大家的发言以及老师的点评就是：很大一部分人在选择逃避情绪。老师和我们分享了她的解决方法：不责备、不逃避、不遗忘、不委曲求全。我们自己常用的方法大多是在采取类似防御机制来处理情绪，而这样虽然可以立竿见影，但是却容易养成不好的习惯，形成一个错误的定式，甚至形成一种情结。以前觉得只要随着自己的性子来，脾气大脾气小都是一种生存方式，自己没有意识到自己需要改变。今天的分享我似乎有所领悟，我们每个人都应该以一种更加积极健康的方式来应对处理我们的情绪，懂得很好的处理情绪不等于人品虚伪，而是一种成熟的为人方式。然后由小组讨论整合，归纳出更加好的处理情绪的方式，相互分享讨论。（香草）

"不责备，不逃避，不遗忘，不委曲求全"是老师送给我们的箴言。我对这四句话的感触也特别深。"不责备"，我的理解是不责备自己和他人的情绪状态，每个人在面对不同的情景时都会有不同的情绪体验，这些情绪体验都反映了我们的认知状态，"不以物喜不以己悲"只是一种理想状态，而我认为这种状态并不是我们该有的状态，生活本应该由各种情绪组成，喜、怒、哀、惊、恐、爱、嫉妒、惭愧、羞耻、自豪，正是这些情绪构成了我们丰富的情感世界。每一种情绪的出现都有它的必然性和适当性，我们不应该责备这些情绪的出现；"不逃避"，我理解的是对情绪的及时处理是非常必要的，人就像一个气球，它的最大容量是固定的，压抑过多的情绪势必会让这个气球爆炸，这些积压的情绪不利于我们的心理健康；"不遗忘"，在我的理解看来，它和不逃避的原理是一样。遗忘并不能真正处理好情绪问题，它只是被我们压抑下去，总会有一天，特定的情景下它会勾起遗忘的情绪让我们措手不及，而经过处理的情绪会让我们获得更多的经验，更加理解自己；"不委曲求全"是一种很好的自我保护，很多时候为了顾全大局，我们会选择委屈自己，把自己的需要压抑下来，但这是很不利于我们的身心健康的，适当地表达自己的情绪，进而调控情绪，我们才能做情绪的主人，而不是被情绪主导。但是要真正做到这几点却很难，也许随着我们的经历越来越多，阅历更加丰富，我们对这几句话的理解和认识也会更加深刻。"人生是一场修行"，我们正走在这条修行的路上。（菲菲）

今天老师带我们做了一个关于情绪管理的团体辅导，感觉自己很有收获，在上这节课之前，自己因为看到"文章绯闻"事件心里有点触动，情绪不是很好，也因为寝室里的人际关系搞得自己很困惑，当老师提出不责备、不逃避、不遗忘、不委曲求全这四点的时候，我其实觉得老师提的这些很好，但是同时我又想到比如说不责备，在不责备的基础上其实是有一个前提，那就是你还愿意与对方增进感情，愿意沟通，才会表达自己的期望，并说出自己的感受。所以我觉得在这些情绪管理中应该是要针对不同的对象不同的情景，还有根据自己的接受程度来灵活应对的，只要方式是健康的，对自己有效的都可以运用。（小倩）

最后老师给我们呈现了四句箴言，不责备，不逃避，不遗忘，不委曲求全，以我的理解来看，就是我们要对已经发生过的事情臣服。（易言之）

5. 幸福拍手歌

我们跟随着《如果感到开心你就拍拍手》的歌曲，大家一起进行身体活动。在一堂关于如何处理情绪失控的课程结束之前展开身体的运动，这样可以使得我们的心情因为身体的运动而舒展，同时暗示良好情绪的好处，从而使我们愿意积极去学习好的应对失控情绪的策略并加以运用，对本次教学效果加以巩固。（香草）

6. 活动整体反馈

这次活动主要是围绕着情绪，我们的情绪我们做主一直是每个人所倡导的。但是不是每个人都能对自己的情绪进行良好的控制，平时自己认为对的发泄方式或许也存在着问题。在这次的团体活动中，我学会了情绪的产生不是因为刺激物，而是我们对刺激物的认识。如果能够正确的认识就不会产生很严重的情绪浮动。还有，对于情绪我们要做到四不，即不逃避、不责备、不遗忘和不委曲求全。但我们与室友或是朋友发生矛盾时，不应该采用冷暴力或者自己忍受。而是应该说出来，虽然说出来可能会使矛盾强化，但是我们应该注意技巧，从自己的角度说问题。反正，无论我们遇到什么问题都应该冷静地对待，我们时常用乐观的心态对待，我对待生活中遇到的问题都是采用塞翁失马，焉知非福的心态。（东方燕子）

我个人是经常反省自己的，特别是在学了心理学以后，在情绪方面注重体会自己的情绪，也反思自己的消极情绪产生的原因和发展变化过程。我很少会情绪失控，但是上了大学以后我发现情绪失控的次数多了，然而每次都是对一个人发火。每次发火后我和朋友都会讨论为什么我会发火，得出客观原因和主观原因。也许是那段时间我比较烦躁，后来的日子我就很少感到心烦意乱，经过了那段时间，很多不能接受的也能容忍了。其实我的情绪一直都很稳定，没有大喜大悲，快乐是基调，对于很多事也能接受，习惯性地从多方面考虑，能换位思考，为他人着想，所以一般都是快乐的或者很平淡。

在这次团体辅导中，收获最大的是"不责备、不逃避、不遗忘、不委曲求全"。在前面的情绪控制秘籍中我们讨论出很多控制情绪的办法，但很多都是逃避的做法，虽然能解决当时的困境，但是经常这样对于我们的发展是极为不良的。我自己在生活中很多时候都是在故意地逃避困难，也有时候是委曲求全。有时候觉得父母不理解我，硬逼我做某些决定的时候，我宁愿让自己伤心也不愿让他们伤心，委屈自己成全他人，不过我还是会找很多理由来说服自己那样的委曲求全是对的、是值得的。现在我虽明白这样做不好，但是我觉得在以后的生活中我可能还是会这样做，那些过去了的不愉快会被我遗忘掉，所以我还是很快乐的。（蓝姑娘）

五、团体辅导主题活动体验二：我的人生我做主之择偶辅导

（一）辅导方案

1. 团体名称：我选择，我成长——大学生婚恋价值观团体辅导
2. 团体目标：（1）探索内在的择偶标准，了解异性的择偶需求；（2）澄清个人婚恋价值观；（3）理解爱需要经营，不是一劳永逸的事情，选择是个过程；（4）理解爱是一种能力，爱自己是基础。
3. 团体性质：发展性、结构化、封闭式
4. 领导者：受过团体辅导训练的心理老师
5. 团体对象：团体辅导选课班级
6. 规模：5—6人一组，8个组。
7. 时间：×月×日 周一（19：00—21：00）
8. 场地：一教205教室
9. 理论依据：团体动力学、人本主义心理学、人格心理学、婚恋心理学、认知心理学、发展心理学（青年期）、心理健康教育等。
10. 团体活动计划书

表2-3 大学生婚恋价值观团体辅导方案设计表

活动名称	活动目的	活动内容	时间	准备材料
听指令做反应	放松、集中注意力、导入主题：异性交往、婚恋。	男女各站一排，按指令做出反应：一见钟情——男女面对面；自作多情——男面向女，女背向男；不解风情——女面向男，男背向女；翻脸无情——男女背向对方。	8分钟	
给未来的爱人画像	探索内在的择偶标准，了解异性的择偶需求。	与我相伴一生的人是啥样？个人完成，男女分组（7人）讨论：择偶你都看重什么？男女分别完成（拍卖）清单10项。	20分钟	每组一张白纸

续表

活动名称	活动目的	活动内容	时间	准备材料
婚恋价值拍卖会	澄清个人婚恋价值观。	根据上一环节形成的拍卖清单,以小组(两个小组合并,抽签决定)为单位举行拍卖会。拍卖并讨论结果。	50分钟	6张清单
情景剧:我该怎么办?	爱需要经营,无法一劳永逸,做好随时选择的准备。	各组抽签决定剧情,排练并展示,班级分享。	50分钟	8张纸签
结束	爱是一种能力,爱自己是基础。	总结	3分钟	

(二)活动过程及成员反馈

1. 热身("六脉神剑"小组带领的配对互相介绍),上文已有所介绍,在此不赘述。

2. 给未来的爱人画像

今天的主题是关于择偶的团体辅导,首先男女分开分组,分享自己期望的与我相伴一生的人是什么样子。每组再跟大家分享组内的讨论结果。(易言之)

3. 婚恋价值拍卖会

先是男女分开报数分组准备进入活动。首先是小组讨论,将每个人的择偶标准写下来,然后进行班内分享,并将男女生的择偶标准进行归纳总结,最后得出男女生们的择偶标准,作为拍卖品并按照共同选择人数多少做权重衡量每一件拍卖品的起拍价格。然后每组由一名竞拍师主持竞拍活动,每个人有10000元可以支配,竞拍自己想要的拍卖品。这个活动场面非常激烈,每个人都为自己想要的东西竞拍,似乎拍到了真的关系到自己配偶是否能具备这个优点似的。女生对男士最为期待的是忠贞和孝顺,分别以2000元的起拍价位居榜首,可见女性对于男性的最看重的也是最为不放心的就是忠诚度,我想这可能与最近娱乐圈某些事件有关,可见为大家所公认的名人影响是很大的,现在媒体为了吸引眼球可以不求实,新闻媒体对大众的影响是很大的,特别是新的"80后""90后",他们对于网络非常熟悉也有浏览互联网习惯,新闻媒体为了博得眼球故意炒作不良信息、专门寻求消极的新闻报道，这样对整个社会氛围是起到一个坏的引导，因此从这点我想到应该加强互联网信息的管理，宣传正能量，促进和谐社会的建立。我在这里想得有点远，但是我认为这的确是存在的一个事实，应该被关注到。言归正传，对竞拍活动我觉得很有意思但又在意料之中的事情就是男女生的差异，很明显，男生和女生对伴侣的要求是很不一样的，可以说基本上不一样，男生有一个我不太懂的一点就是要求声音很好听，我觉得这个是我从来没想到过的一点，这提示我们在团队中会存在这样一个现象——个体差异明显，或许在活动进行时会出现你意料不到的情况和状况，此时应该以一个接受的姿态去对待不一样的或者你没预料到的情况。（香草）

每个人都有自己的爱情观，但是对于我来说，从来没有好好总结过或者是明显地呈现自己的爱情观。在拍卖的过程中，对于我来说有很多都是想要买的，可是在金钱有限的情况下，我只能选择其中的1个或者2个。结果却是我没有拍到我最想拍到的，但是我拍到了两个对于我来说也是比较重要的。在竞拍的过程中我有犹豫，以致我在最后与我想买的东西失之交臂。但是和现实联系在一起，生活中我们恋爱会遭遇很多情况，还会受到各种各样的外在、内在因素的影响。或许我们想要的那一份爱情因为各种原因而不一定能够走到最后，因此拥有一个好的爱情观，对于我们的成长而言有着很大的作用。（Starry night）

今天的团体辅导让我觉得很开心和很有意义，刚开始老师让男生女生都说出自己心中另一半的样子，然后选出大家都认为很重要的几点进行拍卖，我们这一组进行得很是激烈，我首先看了全部拍卖的那些"东西"，我感觉自己最看重的就是第一点忠贞，因为我认为在所有的当中只有这个体现了男生爱不爱的问题，我觉得一个男生真的爱你的话是会洁身自好的，当我们组开始拍卖的时候有很多女生都在喊价，我知道这个对于大多数女生是很重要的。我就担心我得不到，当时心里好像觉得我一定要这个，哪怕只有这一个。所以我毫不犹豫出了最高价，我一点也不后悔，觉得很值。因为我知道我自己看中的是什么，什么是次要的。这个活动很有意义，可以让我们明白现在男生女生需要的另一半大致是什么样的，就像老师说的我们女生提的条件都没有关于"爱"的,这也可能是我们爱情的思想还不够成熟,没想到那么远,生活经历也不够,也不知道要在一起生活双方应该做什么才能更好地维持爱情和婚姻。(小倩)

在拍卖会上,第一个拍卖品"忠贞",大家竞争都好激烈,直接1000元往上加,最后有同学直接10000元抢下,看来她特别在乎男人对她专一。而第二个"孝顺",是我很在乎的,所以我花了6000元拍下。因为在择偶的时候我最看重的就是孝顺,一个对父母好的男人,必是爱父母的,爱他人的人必是一个自爱的人,父母生我们养我们二十多年,滴水之恩定当涌泉相报,孝顺父母的人,定是一个懂得感恩的人,懂得感恩的人定是一个心存善良的人,所以我很在乎对方是不是个孝顺的人。拍下以后很是兴奋,因为我抢到了我认为最重要的,6000元花得特值。后来有我想要的(比如幽默、会做饭等),但其他竞争者均以高价拍走,虽然心中有些许感到可惜,但我不后悔我拍下了"孝顺"。这个活动很好玩,能完全活跃气氛,也使每个人都提起兴趣积极参与其中,也让我知道我最想要的是什么。(小乙)

价值拍卖会,探讨买到或没买到东西的感受,拍卖师分享感受。折射出现实的东西,我们看中的东西,别人也想要,这是需要竞争的。(易言之)

我主动承担了我们小组的拍卖师职责。因为我不想去竞拍,因为我只有10000块钱,那些良好的品质我都想要,可是这10000块钱却不能把它们都买回来,所以我放弃所有,在我的心中,那些我所看重的品质都属于我。在拍卖单上我最看重的品质有忠贞、孝顺、责任心、能挣钱。而我觉得未来的另一半爱我、宠我是必不可少的,那样才是美满的幸福婚姻。如果他不爱我,那我也许不会爱他,这样我们结婚可能就是为了找个人一起过生活吧,不是为了爱,只是因为需要有人相伴吧。(蓝姑娘)

4. 情景剧:我该怎么办?

第二个感触就是情景剧表演,因为我们组的人都想上去演,所以我们分成了2次,分别代表了不同的处理方法,这个剧情主要是我策划的,我觉得我的搭档都很卖力,在整个过程中我给他讲剧情讲台词,都是一种配合,虽然演出还是有瑕疵,但是我觉得我们能表现得这样热情是很好的。(小倩)

在主编与策划的时候,我也参与其中讨论,意见被采纳了很高兴。(小乙)

表演情景剧，每组演的在爱情中出现各种状况的情景，我们小组抽到的是"爱上一个不该爱的人，她（他）该怎么办"？一抽到这个情景我们就在想，怎样才算是爱上一个不该爱的人，最初想的是爱上一个已婚男人，结果讨论到后面就变成了爱上患有心脏病的姐姐的男朋友，扮演女主角的闺蜜的我真的不知道遇到这种问题应该怎样开解朋友？只是以我自己的价值观来判断这件事情是不正确的，而我也知道自己的价值观不应该强加给别人，所以我没有演好这个角色。我们所提出的内在的择偶标准仅仅只是作为一个参考，其实真正找到那个自己喜欢的人，他不一定就具备我们所看重的一些外在的东西。但是本堂课我个人感觉更多的是让那些恋爱中的人体会到如何来维持一段恋爱。要得到别人的爱首先我们得爱自己。（易言之）

5. 结束总结

在这次活动中，感觉很快乐，也有所收获，再一次思考自己心中择偶的标准是什么，自己到底想要什么。要按照韩剧里的男主角模子去现实生活找对象是不现实不理智的，了解自己心中真正需要的，去找一个爱自己、能使自己真正快乐的人才是最重要的。（小乙）

这堂课最后，老师与我们分享：爱其实是需要经营的，无法一劳永逸，选择是个过程，随时可能面临。爱人不是完美的，也不是拿来改造的，我们要学会为喜欢买单。怀着感恩的心祝福以前人，珍惜眼前人，感恩陪伴我们的人。这些话也许对于单身的我来说有些过于高深，但将来的我一定能够因为懂得它而生活得更加美好。或许我们现在还不懂得爱是什么，但恋爱是每个人必经的路，不是每一段恋爱都能够走到最后，但是我们都应该认真对待，好好经营每一段恋情，未来的幸福生活还是需要靠我们自己的努力。（易言之）

在这一环节中值得一提的是最后的总结，第一组总结说到自己的表演是最好的，然后是我们组，我们的发言中多提出自己的不足，对其他的组表演进行赞扬和肯定，后面的组大多也跟着我们思路对其他的小组做了一个小结。不论是做人还是在团体中，当你自己带着欣赏的眼光去赞扬别人的时候，别人也会同样回应。（香草）

第三章
团体领导者的微技能训练

　　团体辅导方案的设计其实是一连串活动的有机组合，团体辅导的带领也是通过组织一连串由浅入深、层层递进的服务于辅导目标的活动潜移默化地完成辅导任务。因此，在团体领导者的训练中我们借鉴了教育教学技能训练中"微格教学"的方法，从单个活动的带领开始练习。

　　热身活动，想必借鉴体育活动中"热身运动"（运动之前，通过一段短时间低强度的动作，调动身体机能做好准备以适应即将开始的运动）的说法，在团体辅导中也称"破冰活动"，指利用一个简短的活动使成员放松身心，投入团体。好的热身活动会结合后面的团体辅导主题活动进行设计和实施，起到一举多得的功效。

　　通过学习设计和带领热身活动，有助于奠定团体领导者团体辅导技术基础，从"万事开头难"和"首因效应"的视角来理解，也是团体辅导设计和带领的重要一环。

　　该技能的训练我们采取的是以小组为单位进行的，这样可以提高训练的时间效率，又可以给成员提供体验设计者、带领者、观察员、参与者等多个角色的机会。利用团体辅导的形式进行团体辅导技能的学习，除了专业技能，学员的团队合作和沟通能力也得到了训练。

一、人体时钟

Heroes 小组设计并带领。

（一）活动目的

促使成员放松身心，提高注意力，提高大家对时间的敏感度，以及团队合作能力。

（二）活动过程

1. 在白板或墙壁上画一个大的时钟模型，分别将时钟的刻度标识出来；

2. 找三个人分别扮演时钟的秒针、分针和时针，用各自的手臂手指（代表时钟的指针）在时钟前面站成一纵列（注意是背向白板或墙壁，扮演者看不到时钟模型）；

3. 领导者任意说出一个时刻，比如现在是 3 小时 45 分 15 秒，要三个分别扮演的人迅速将代表指针的道具指向正确的位置，指示错误或指示慢的人受罚；

4. 可重复玩多次，亦可有一人同时扮演时钟的分针和时针，训练表演者的判断力和反应能力。

（三）成员反馈

这次的课前是第一个小组带领"热身活动"，我非常期待。领导者刚宣布完活动规则，我就立刻冲上了讲台，并且想到我们三个人里面我的手臂最短，我就自荐当时针，同学们随机给了我们一些时间，我才发现时针做起来好简单啊，简直毫无压力，我每次都是很淡定地看"分针"和"秒针"会出什么状况，整个过程我都觉得非常欢乐。（小 K）

在第一次的钟表活动中，考察了我们的团队协作能力和注意力。我觉得

这个活动群体参与性不高，而且有些简单。（黎素素）

时钟活动全班的参与度虽然不高，但是在后期讨论的时候，有同学提出时针分针秒针的扮演者有着不同的性格特点，我觉得很有同感，如果是我的话，更愿意去当时针，首先时针是一个很重要的角色，而且时针的指向要简单一些。要注意的是，听报告的时候注意听自己的，不要被其他的时间信息干扰。还有就是考察同学们的反应，对于学了心理学的广大同伴同胞们来说，这个还是难不倒的。在这次的活动中老师还提出了对领导者的要求，应该充分准备和随机应变，要能够把握在场同学们的情绪气氛。当然"能带好活动不一定能带好团体辅导"，在团体辅导中要求领导者有更高的专业技巧和敏锐的洞察力。这个事实要求我必须要扎实专业知识，不断在实践中总结升华。（Sakaluwa）

活动要求三位自愿的同学分别扮演时针、分针、秒针，由同学出题说出时间，要求三位同学摆出相应的时间。在整个热身活动中所有的同学都参与到了活动中去，也调动了大家的积极性和课堂的气氛，但是在时间的控制上稍显不足，这可能也是第一次做课堂热身活动的原因。这个活动主要是针对同学的反应和思维加工时间，对于参与者来说能够充分感受到这一点，但对其他同学来讲并没有切身的体会，因此，没有达到全体的热身效果。（菲菲）

普及面不是很广，每次就三个同学上去进行活动。其实可以请几组同学一起上去表演同一个时间，这样活动的普及面更广，也可以考验组与组之间配合的差异性，存在竞争也会让组内的协作能力更强。（李稚再）

这个活动的优点有：第一，活跃了现场的气氛；第二，培养的同学的注意力和协调能力。在领导者说的时候，需要很认真地听清楚自己所扮演的指针数字，然后再转换成肢体语言表现出来。不足之处是，对现场的控制不够好，同学们不能全部参与，时间略长。（stan）

本次热身活动由7组带领，我表演的分针，这个过程中我需要全神贯注地思考根据指令我需要指向哪里，这也需要一个反应的过程，我由于时间有限所以比较紧张，总是指错。而我们上面一出错，下面的同学就很激动地给我们指出错误并纠正，这样其实也带动了大家一起活动，起到了一定的热身效果。活动的意义在于随着生活节奏加快，大家看时间都用手机，已经忽视了时钟的指针的动向，而且这个活动也能够考验一个人的反应能力。（易言之）

师兄带领我们做了一个与时钟有关的小练习，这个活动不仅需要三人合力完成，还需要他们反应快。看到师兄在讲台上轻松自在地展示活动，觉得自己的讲台风远远不够，老是爱紧张的我还需要多多锻炼。特别对团体辅导活动了解不多，课后在网上查看了一些关于团体辅导的活动资料。团体辅导活动虽带有活动成分，但它让人很放松，能获得安全感，能很快建立对成员的信任……团体辅导活动来源于生活，又高于生活。很快，发现自己内心真的很喜欢团体辅导，就算是乏味的理论知识也能集中注意力。在众多专业课中，我对团体辅导情有独钟，印象深刻。（追梦）

（四）小组总结与反思

首先我们小组是第一次带领团体辅导活动的热身活动，所以在经验上会有不足。我们小组也进行了反思，比如首先在带领热身活动前要提前准备好工具材料等，前期准备要充分。在带领的时候带领者自身要对热身活动有充分的理解。最重要的是领导者自身要自信，要利用热身活动充分调动起课堂的气氛。最后，我们对优缺点进行的记录，方便以后改进。

优点方面：第一，使参加的同学身心充分活动了起来；第二，下面的同学在裁判过程中也不知不觉将注意力集中在了课堂上；第三，提高了同学们对于时间的敏感性。

待改进的方面：第一，上课之前要提前准备好材料，把表盘做成PPT的形式展示出来效果会更好，占用上课的时间去准备十分浪费时间；第二，安排参与展示的同学可以增加数量，以免少数人表演，多数人观看，降低了成员的参与度；第三，尽量安排每个成员都能参与进来的活动，才能达到热身的效果。

二、官兵捉贼

"向阳花开"小组设计并带领。

（一）活动目的

促使成员放松身心，提高注意力，同时提高成员察言观色、角色共情及应变能力。

（二）活动过程

1. 准备四张卡片，分别写上"官""兵""捉""贼"；四名成员分别抽取扣在地上的卡片，然后隐藏起来不让别的人看到。

2. 按照活动规则，谁拿到写有什么字的卡片，谁就扮演什么角色。"官"当然是主管一方的大官；"兵"就是小兵，负责执行官的命令；"捉"就是缉拿"贼"的捕快；而"贼"就是偷盗的贼。拿着"捉"字卡片的捕快有权力去缉拿"贼"，他可以怀疑任何一个人是"贼"，也可以提审和问讯其中任何一人。

3. 但是，另外三个人在接受捕快问讯时，都不许透露自己的身份。当然，"贼"这时候就必须刻意伪装自己。这就要求捕快认真观察每一个人的面部表情及举动，再通过自己的问讯，做出正确的判断。如果捕快捉对了，那么"官"就命令"兵"惩罚"贼"，打他多少下以示惩戒。相反，如果捉错了"贼"，就必须对捕快进行严厉的惩罚，"官"就命令"兵"打捕快数下。

（三）成员反馈

还没来得及进入上课的状态，主持这次活动的同学就已经宣布完活动规则了，我完全没明白，可是眼见我们家族的两位同学上去了，我们"家长"

说，那我们也一起去吧，然后拉着我就上去了。我完全是蒙的，就让我抽一张纸条，然后让我猜谁是卧底，说可以问问题而又不能问他是不是卧底，那我就不知道该怎么问了，就随便指了一个人说她是卧底，结果指错了，然后我被惩罚，就下来了，下来的时候看到很多人茫然的表情，我也很茫然，说实话还有点无语，被"冷"到了，不是说破冰活动？这个活动挺无聊的，至少对我来说是，做完以后比之前更"冰"了。（小K）

在"官兵做贼"的活动中，主要是训练我们的观察和思维能力、逻辑思辨能力。同样，这个活动的群体参与性不高，而且活动规则难懂，操作性不强，基本没有达到热身的目的。（黎素素）

首先解说的时候根本没有听清楚，然后让同学示范的时候，一帮人围在台上也不知道在干什么。在各种哄闹中身为观众的我感到很无聊。所以当时我就暗自总结，活动一定尽量让全班参与进来，就算不上台参与当观众，也要做一个有任务的观众，比如评审员什么的。总之，通过这个活动对自己小组要开展的活动有了进一步的补充。（Sakaluwa）

在"官兵捉贼"这个热身活动的过程中，同学的参与度很低，由于活动考验的是对他人面部表情和观察能力，活动本身就表现得很静态，参与者的声音也相对较小，下边的同学也听不到他们的活动过程，因此，热身活动就显得有点"冷"。我认为这个活动更适用于小团体中对观察注意的专题训练中，这样既能保证每个成员的参与，又能进行有针对性的训练。（菲菲）

场面比较混乱，在下面的同学完全不知道台上发生了什么事，也不知道这个活动到底是怎么开展的。在以后的活动中我们小组也要尽量避免场面混乱的情况，在活动开展之前也要讲清楚规则后再开展进行。（李稚再）

这个活动本来是一个很活跃人思维的活动，但是我觉得它不适合在大的团体活动中进行，可以参与的人太少，不能够起到热身的作用；在这次的活动中，由于现场发挥的问题，我们也没能很好的了解比赛的规则，基本就处于一个游离状态。所以我觉得现场的组织能力对于团队活动是非常重要的。（stan）

本次团体辅导课由第8组带领热身活动，选择几名同学上台表演"官兵做贼"，由于参与人数较少，而且活动规则相对复杂，大家也没有很好的参与度，所以我认为没有起到很好的热身效果，但是这个活动实际上还是有意义的，只是我个人认为不适合拿来作为热身活动，因为班级里人数太多，不能让每个同学都参与到活动中来。（易言之）

师姐的规则阐述，我是听得云里雾里的，不过我还是想上去参与，因为动作太慢，失去机会，有点小遗憾。我觉得破冰活动，引导者非常重要，他带领的活动既要达到热身的效果，让所有人都参与其中，还要语言精简，通俗易懂，有掌握活动全局的能力，并能为接下来的内容做好铺垫，有较高的亲和力。随后，我们看了有关团体辅导的视频，我觉得团体辅导是一个能带领人成长的好平台。除了领导者的具备较强的专业技能，经验丰富，他自身必须是一个心理健康的人，因为领导者的一言一行都影响着成员的心理活动和行为。领导者要以积极的情绪状态去公平对待每一个成员，有较强的感染力，能用自己幽默风趣语言去引导成员自我成长。努力建设一个团结互助，勤思好学的团队，在团队中做个好的领导者，在生活中成为他们的好朋友，好帮手。（追梦）

（四）小组总结与反思

我们小组的热身活动是"官兵捉贼"。其目的是活跃课堂气氛，增进同学们对一些细节的意识。但总体来说，这次的热身活动做得不够成功。经过小组讨论，原因有以下几点：

1. 活动本身存在问题。这个活动并不适合团体辅导集体热身，因此未能起到良好的效果。

2. 规则未明确地告知大家。作为本次活动的带领者，深深地感受到了要真正带好一次活动是多么的困难。我在活动开始之前，并未清晰地向同学们传送活动规则。正因如此，当活动开始时，同学们的参与度不高，其原因是他们并不太清楚活动的具体规则。

3. 经验不足。我们小组的组员虽都参与过团体辅导，但是并未真正认真地去着手实施做一次团体辅导。

三、我说你画

"V"到底小组设计并带领。

（一）活动目的

成员体验人际信任和人际合作，在其他成员干扰的过程中也可以活跃气氛，放松身心。

（二）活动过程

1. 首先每个小组选出两人作为小组的代表。
2. 一人用布蒙住眼睛，并用粉笔在黑板上画自己的自画像，另一人在旁边适当提供有效信息，其他人可以在旁边干扰。
3. 最后由大家评判画得最像自己的那一组获胜。

（三）成员反馈

这个活动主要是针对团队协作，很好地调动了成员的积极性，但由于场地有限，对参与人数的限制打击了部分同学的积极性。这个活动我认为本来是相对容易操作的，但实施过程并不理想。（菲菲）

我们带的活动也出现了场面混乱的情况。自己想的与真实发生的场面还是会有很大的差距，这也就告诉了我们，在设计方案后一定要考虑方案的可行性、活动中可能会碰到的情况……有条件的情况下可以请一些人来把自己的方案进行演练，这样活动参与者就可以提出你发现不了的问题。（李稚再）

我自己参与了蒙眼作画的环节。在蒙上眼睛之后，什么也看不见，这时候我必须要给予组内同学足够的信任，听他的指挥怎样画，最后我们取得了第一名。整个过程我自己玩得很开心,我觉得这个活动的优点有以下几点:第一,很好地活跃了现场的气氛,起到了热身的作用。第二,考验了同组同学的协作能力,在活动中组内的同学要明确分工,确定哪些人去扰乱其他组,哪些人来指挥,活动下来之后,我们组更团结了。第三,对时间的掌握很好。但是这个也存在一点不足就是很多同学反映说自己没有参与到其中。(stan)

这次活动相较于上次更加调动了大家的积极性,促进了小组成员之间的合作和信任,达到了一定的热身效果。但是场面太混乱,也由于场地的原因让许多想要参加作画的成员不能如愿。(易言之)

在整个活动中,最重要的是与合作者的默契程度,也可以说是对他的相信度。因为我在整个活动中都是蒙着眼睛的,当四周都是黑暗,你根本不知道你在作画中应该把手放在哪个位置是最恰当的,所以合作者的提醒和引导就至关重要。(小萝)

这次的课我有点纠结,也有点遗憾,上课之前就提前知道了活动的内容,我很想去参加,但是想到前两次活动我都参加了,我就犹豫了,担心大家会觉得我很烦,讨论理论的时候不爱发言,活动每次都有我,纠结了一段,最后活动的时候我还是决定这次就不参加了,先缓一缓,不过看着他们画也挺有意思的,还是无比热爱活动。(小K)

这次的自画像活动,主要是训练团队协作能力和绘画者的注意力、抗干扰能力。这个活动在开展时,感觉领导者有点控制不住场面,而且干扰人员也没有起到作用,还存在操作不严谨的问题。(黎素素)

回想活动过程,我理解本次活动目的是让我们体验信任、同伴合作的力量,但是好像只有参与作画的人感受到了,而其他人只有在领导者总结之后,才恍然大悟。这次活动让我了解到只有真正地融入活动的氛围中,才能从中体会到活动的意义所在,并且能从内心接受它。所以团体活动,就应该让每个人都参加,才会让所有人受益,讲出来的道理和自己领悟的道理效果是截然不同的。所以在我们设计和实施团体辅导方案的时候,一定考虑选择尽量让每个成员都能参与的活动,深刻体会其中的氛围,不能为了节省时间,只选几个人做一下代表,然后讲道理,这样团体辅导的成效就不是很好,对集体凝聚力也会有所影响。(奋斗的小鸟)

今天画自画像，我有幸和师姐配合完成了一幅画，虽然我没有亲自去画，但我还是体会到了团队的作用。当师姐蒙着眼睛，不知道从哪里下笔时，我就给她描述，不过我刚一描述，师姐就像找到灵感似的，一下子就画好了，可能也出于她对自己非常了解吧，我就有点小小的愧疚，觉得自己没帮到什么忙，不过师姐却说我们配合得很好，我内心就乐滋滋的。在后来的讨论中，起初我们小组不知道说些什么，大家就提议先讨论下我们组要带的热身活动，我们聊得可欢了，不一会就找到了感觉，收获甚大。（追梦）

（四）小组总结与反思

值得反省的地方主要有三点：第一，活动形式局限性，具体体现在参与者不够全面，就算设计了大众评审环节，但对评审的规则说明有些欠缺，以致最后部分同学没有参与其中，没有起到热身活动的效果。第二，活动实施准备不够充分，简单来说，没有实行预演，我们对活动效果全不知情，一切都是在大脑中构想，所以实施起来出入很大，现场控局能力欠佳。第三，领导者对活动解说不够明细，很多参加者都没有怎么弄清楚就上台，以致没有达到预期的效果。总之经过这次活动，感觉收获很多，不仅仅是对团体辅导能力的提升，还有对小组成员的分工执行能力的考验等。不过最值得我们回忆和深思的是大家对做这个热身活动的支持，增加了不少勇气和信心，让我们十分感动。这个活动还是很遗憾的，主要是考验团队的合作，增加团体凝聚力。最后成功一半，失败一半吧，从另一方面来说，激发了小组对下次带领活动的期望。而且通过这次活动，也让我们小组内对彼此有了更新的认识，哪些成员擅长什么啊，哪些成员有奇思妙想等。（Sakaluwa）

其实本来应该是一个井然有序的活动的，可能是领导者没有讲解清楚，也可能是同学们太热情了，在活动过程中有许多同学跑到讲台上去，导致整个秩序有点难以维持。另外，也有少许同学就在下面做自己的事情，没有参与到活动中去。总的来说，活动没有达到理想中的效果。期待还有下一次机会能够有更好的表现！

四、抓与逃

"315"小组设计并带领。

（一）活动目的

放松身心，提高注意力，同时考察大家的反应能力和左右手的协调能力。

（二）活动过程

1. 全体学员围成一圈。
2. 每个学员伸出右手食指，向上顶着右边学员的左手掌心，而他左边的学员同样伸出右手食指。向上顶着他的左手掌心，以此类推。

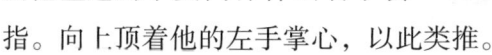

3. 培训师讲一个故事。当提到"一"字时，学员右手食指尽量逃脱不要被右边人的手掌抓住，而左手则尽量去抓住左边人的手指。

（三）成员反馈

就像老师说的，这次的活动是热身活动训练以来做得最好的一次，我也这么认为。先让我们围成圈，我就有预感这次应该不错，听主持者念一段话，每当她念到"一"的时候我们就努力用左手抓住左边同学的右手食指，同时右手食指从右边同学的左手掌心逃脱。第一次被抓的时候我还没进入状态，还觉得莫名其妙，为什么要抓我的手，然后迅速想起了活动规则，开始投入了，在活动中自我感觉还不错，被抓住的概率小于50%，抓住别人的概率大于50%，活动里面大家都很有热情，一片欢笑声。后来有同学分析自己在活动里的表现和自身特点的关系，觉得她想得还蛮深入，值得学习！（小K）

第四次热身活动练习，主要训练我们的注意集中和分散能力。在这次活动中，是全班参与，真正起到了热身的作用，是一次比较成功的活动，就是感觉领导者有点控制不住场面。热身活动是每节课前活跃气氛的,一个好的热身活动是一节课成功的前提,要充分重视热身活动。(黎素素)

全班的参与度很高,而且又简单易操作,感觉同学们充分享受这个热身活动,达到了它的目的。在后来的讨论中,提出抓和逃两个注意力分配中涉及人的性格特征,我也有这个感觉,与成就动机水平好像也有相关,在这个深度上,我就觉得热身活动也可以用来引发心理课题内容,也让同学们对课程内容有兴趣。(Sakaluwa)

这个活动要求全班同学围成一个圈,左手呈展开让左边同学的右手食指顶在手掌中,右手伸出食指顶在右边同学的手掌中,由领导者朗读一篇材料,当读到"一"字时,左手尽量抓住旁边同学的手指,右手则尽量逃开,同时还要注意材料的内容信息。这个活动是我们上课以来做得最成功的一次热身活动,它很好地调动了大家的积极性,考验了大家反应力以及注意的广度。在讨论的过程中有同学提到左手和右手的成功率的不同是否和自己的成就感有关,左手是追求成功的动机,右手是避免失败的动机。与此同时该活动也考验了同学注意的广度。虽然领导者在开始活动的时候就说过要注意材料内容,最后会向大家提问,但是在活动的过程中大家的关注点大多放在双手上,而不是材料内容上,可以提出疑问追求当下目标的动机是否大于追求长远目标的动机?这个活动还不能证明,如果把长远的目标利益加大能否进行佐证?(菲菲)

这次活动由我们组带领,总结了前面几次活动的经验,我们一直在思考怎样做一个完美的活动,首先,它应该是全部同学都参与的;其次,同学们应该很明白活动的规则;最后,这个活动应该能很好地活跃现场的气氛。于是我们选择了这个活动。

活动规则是所有同学围成一个圈,左手为手掌,右手是手指,领导者会念一段话,当提到某个字的时候,在左手去抓别人的时候,右手要注意逃脱。在活动之前,我们做了一些准备,把活动的规则写在了 PPT 上面以便同学们能够清晰直观地了解活动规则。最后活动进行得很成功,同学们都玩得很开心,很好得起到了热身的作用。这个活动考验了同学们的注意分配能力,手脚的灵活度。(stan)

首先,个人的习惯不一样,比如前两次是我组织讨论方案,我打电话把时间和地址通知了每一个人,但是他们总是要迟到,但是还好的是能来的都来了;后边两次我就让他们来组织,但是还是我到了他们没到,我总结的原因就是个人的习惯不一样。其次,团结很重要,我们小组很好,比较的团结,不会无故缺席,对待工作还是认真积极的出谋划策,相互配合。最后,积累经验很重要,很多事情都要去尝试了才会知道自己的能力,才能对自己做出准确的评价;由于害怕失败而不敢去做不敢去尝试,永远都没有机会收获成功带来的喜悦。(拥抱)

热身结束老师让同学分享活动感受的时候,分享的结果其实大多数人都是相同,证明大家都感受到了这个活动的意义。但是最开始进行的比较乱,是因为有的人规则还没懂,所以我们在以后的团体辅导中都要特别注意用简单易懂的话宣布规则,之后先来演示一遍给大家练习的机会,然后正确活动有步骤地进行,这样活动完成后的效果就非常好。(奋斗的小鸟)

今天不知咋的,大家就像商量好的似的,来得比较晚,我还有点担心今天的活动可能开展不了的,不过结果出人意料,今天的活动可谓是真的全民运动,大家玩得很开心。三个和尚的规则,看到这个主题,我还以为参与人依旧寥寥无几,不过大家如愿地都参与了。这个活动还真考验注意力,我一方面要想着逃,一方面还要快速地去抓,一方面还得仔细地听,但只要我只想着抓或者逃,成功率就比较高,一旦我心太贪就会双双失败,内心还老是觉得领导者就要念到那个敏感词汇。随后我们都热情的讨论方案,发现大家都有共性,对择偶、情绪、压力、职业有比较高的认同感,这也是我们大家目前最需要的、最在意的事,所以我们能够产生共鸣。(追梦)

第三小组组织活动时,所有的人都参与到活动中,这样给我的体会又不一样,以前我是坐在位置上的观望者,在这次参加活动的时候我真正体会到身在其中的快乐,虽然是很常见很平凡的小活动,在带给我快乐的同时让我得到放松,还体会到成就动机和行动策略在小活动中的展现。(蓝姑娘)

(四) 小组总结与反思

1. 对活动规则的讲解不够,只是让同学们看 PPT 上面的规则而没有用言语来讲述。我们应该用流利的口语讲述规则。

2. 领导者的一些口头表述不利于团体的团结，并且由于一些因素导致领导者不够严肃，所以现场的秩序稍有混乱。

3. 在活动刚开始的时候应该做两次练习，让同学们熟悉一下活动规则，以有利于活动的顺利开展。

五、007

"六神五组"设计并带领

（一）活动目的

放松身心，提高注意力，同时考验大家的反应能力。

（二）活动过程

1. 活动开始时，领导者任指一个同学，被指到的同学发音"零"并任指另一位同学，被指到的同学也发音"零"并任指一位同学，这次被指到的同学不发音，该同学左右两边的同学发音"啊"并高举双手做投降的动作。

2. 活动中出错的同学要接受惩罚，唱歌给全部同学听。

（三）成员反馈

本堂课的热身活动是由第五小组主持的"007"活动，活动起到了一定的热身效果，大家围成圈，但是仍然有很多同学没有被指到，感觉就像一个旁观者，而且人太多，有时不知道指的是谁。（易言之）

（四）小组总结与反思

通过这次的热身活动的准备与带领，我们小组成员间的关系变得更加密切，小组也更团结。针对本次热身活动，通过大家给我们小组的意见和小组成员的自我反思，我们进行了详细的总结。

优点方面：

1. 调动了大家的热情，使大家把注意力都集中到活动当中。
2. 这个活动也让每位同学都参与了其中。
3. 活动时间适宜，不长也不短。

改进的方面：

1. 在介绍活动规则方面还有所不足，有很多同学对规则还是不了解。
2. 氛围比较紧张，感觉没有让大家放松。
3. 活动的现场掌控不足，对突发情况解决能力比较弱。

六、合作吹气球

"Sunflowers"小组设计并带领。

（一）活动目的

通过合力吹气球的方式来帮助大家放松身心，提高注意力，同时体会到团结与合作的重要性。

（二）活动过程

1. 每个小组先将气球吹大（大小自行决定）。
2. 组内合作将气球吹起来，不能掉到地上。各组练习几分钟后进行组间比赛，气球最后掉下来的一组为获胜组。
3. 增加比赛难度，将气球个数逐渐增加到两个、三个。
4. 成员分享活动感受。

（三）成员反馈

考虑到气球大一些在后面的环节中不容易掉下来，因此在前面吹气球的环节我们组尽可能将气球吹大，结果刚开始没把握好度，吹破了几只气球，浪费了材料，也影响了进度，后来在总结经验的基础上懂得适可而止，保留了最佳的气球大小。通过这件事情我体会到系统思考问题的重要性，没有最好，只有最合适。（李稚在）

我们组在集体吹气球的环节，配合默契，取得了保持时间最长的优异成绩。这个环节我发觉在大家的配合下气球不再那么容易掉下来，深刻体会到团结协作的重要性。（蓝姑娘）

（四）小组总结与反思

1. 活动基本达到了热身的效果，但不够激烈，没有让大家嗨起来。
2. 大家对规则出现了错误的理解，导致场面一度混乱。今后要注意活动规则的呈现一定要条理清楚，简明扼要，避免出现含糊和双关语情况。
3. 小组在对热身活动进行演练过程中，没有考虑到其他影响因素，导致活动的结果与预期出现了差别过大的情况。今后要多实践积累经验。

七、配对互相介绍

"六脉神剑"小组设计并带领。

（一）活动目的

帮助大家放松身心，提高注意力，同时让成员学习表达与聆听，增加人际沟通能力。

（二）活动过程

1. 首先由助手将带有数字的纸条打乱分发到每个同学手上，数字为1、

2、3……（每一个数字能够在班上找到唯一一个一样的数字进行配对，具体多少数字由班上实际来的人数决定，提前预备为20组数字）

2. 领导者请同学根据黑板上标示的1—5，6—13，14—18 找到自己数字所在的区域，到那个区域找和自己一样数字的人，坐在一起。

3. 配对完成以后同学们与自己的搭档相互介绍自己，三分钟以后由领导者抽取号码，介绍自己的搭档。

（三）成员反馈

在领导者发放"牌"的时候我心中就很期待，不知道他们要做什么活动，也不知道牌中编号什么意思，我就一下提起兴趣，认真听领导者的指令，原来是为了分组而编号，又很兴奋地去找我的"5号小伙伴"，虽然是已认识的同学，但领导者请我们彼此互相介绍时，我们还是积极地介绍对方，还有听周围的朋友互相介绍，发现有些人自我介绍的风格很幽默，能给他人留下深刻的印象。这个热身活动能使团体成员都能参与其中，而且两人匹配的随机性大，作为团体心理辅导的开场活动是很不错的。（小乙）

全班同学打乱配对，相互介绍自己，通过这个活动，大家学习聆听和表达，发现自己在表达上的一些不足，学习别人表达上的长处。我是和大二的师弟抽到一起的，开始介绍的时候大家都有点尴尬，似乎师弟和我都不是非常善于介绍自己，但是我认为活动就是为了使自己发现表达上的一些不足，在这个活动中学习克服这些不足，于是我就试着打破有点卡的局面，首先介绍自己的家乡，师弟就说他是广安的，我们两个家乡离得很近，我就说半个老乡啊，彼此拉近距离，起到了好的效果，之后我们的相互介绍显得自然顺畅得多。接下来是领导者抽号数起来介绍对方，第一对相互介绍的变成了"她还没有男朋友"一类的介绍，当然因为今天的主题是择偶婚恋所以大家就往这方面靠近。第二组是东方燕子和廖二娃，东方燕子介绍廖二娃的时候说：

站在我旁边的这个帅哥姓廖名二娃，因此全班大笑，整个活动笑点很多，以致笑到后来发现自己被抽中有点突然的感觉，我们介绍完后突然发现生活就是你笑笑别人、别人笑笑你，并不觉得不好意思或者尴尬，大家都很开心。最后一组是我抽的，规则是在我的号码上面加10，选了17号，非常巧合的是选的正好是我闺蜜跟她的伙伴，感觉非常奇妙。当然她们两个的相互介绍大家也是很不客气的，我觉得这表现我们班同学间的相互融洽。（香草）

热身活动是随机配对，相互介绍，帮助我更好地认识了对方。（易言之）

（四）小组总结与反思

我们小组认为这次活动还是比较成功的，因为大家的参与度都非常高，气氛很活跃，基本上达到了预期的效果。我们小组的成员都非常积极配合，小组分工明确，合作也非常好，避免了许多小组中存在的责任扩散的问题，因此顺利完成了这个活动，我们认为一个团体就应该有分工有合作，这样集思广益的结果产生的活动更有价值和意义。我们小组的预想：不提供介绍的提示，如兴趣爱好啊什么的，这样可以开拓同学们的思维，从很多方面得到不一样的回答，但是实际情况是同学们的介绍过于简单，大多围绕来自哪里、爱好两方面，我们小组认为这种情况可能和多年养成的需要人提示才能顺利完成行为的定式有关。因此，如果再进行这样的活动，还是应该有一块砖抛出去，引出同学们的发散思维。我们认为其他小组可以参考这样的形式，让每个组员都能够从活动策划到实施的过程，这样才能让组员学到一些东西，学会合作。还有就是课前热身最好让每位同学都能够加入，效果会更加好。

第四章
督导下的朋辈团体辅导实习

督导下的实习类似学徒式的学习方式,对于心理辅导、团体辅导的技能学习非常有效,也是成为合格的团体辅导领导者的重要环节。本轮训练以小组为单位建立团体辅导的领导者团队,合作完成方案设计,实施时小组内推出一名主带,其他成员做助手,合作完成一次团体辅导的设计和实施过程。

辅导对象为本次课程的所有参加者,方案的主题选择建立在对选课班级成员成长需求的调研基础之上,教师根据各组选择的主题及接下来的方案完善情况进行系统协调确定实施的顺序。

一、"知"己——大学生自我认识团体辅导

(一) 辅导方案

1. 团体名称:"知"己——大学生自我认识团体辅导
2. 团体总目标:使成员能够全面、客观、发展地认识自我,真正的了解自己。
3. 团体性质:封闭性,发展性,结构化
4. 团体对象:团体心理辅导课的全体同学
5. 团体规模:8个5—6位同学组成的小组
6. 团体领导者:蓝姑娘

7. 团体分工：小组其他成员为助手（六神五组）

8. 团体时间：×月×日　周一 19：00—21：25

9. 团体场地：一教　205 教室

10. 理论依据：自我意识是一个人对自己的认识和评价，包括对自己心理倾向、个性心理特征和心理过程的认识与评价。俗语有言"人贵有自知之明"，全面而正确的自我认知是培养健全的自我意识的基础。埃里克森的心理社会发展理论是重要的理论依据。

11. 团体活动计划书

表 4-1　大学生自我认识团体辅导方案设计表

活动名称	操作方式	预期目标	时间	准备材料
"我会画"	用身体配合甩葱歌的节奏写出自己的名字，可尝试用不同的部位和方式写。	使学生舒展身体得到放松、活跃氛围，也为主题活动做导入。	5分钟	甩葱歌
我是谁	领导者问全体成员 20 个你是谁，各成员请将头脑中浮现的答案写下来。	通过自评、他评，提高成员全面、客观、动态认识自己的意识和能力。	35分钟	每人一张 A4 纸
关系树	选择自己喜欢的彩色笔在纸上画上一棵树，里面包含至少 5 片叶子，分别代表父亲、母亲、兄弟姊妹、朋友、其他重要的人。然后写下他们对你的评价。（还可以画上其他的东西）	通过重要他人的评价进一步提高多方面客观的认识自己的能力。	35分钟	每人一张 A4 纸、彩色笔
生命线	画一条生命线，起点出生，终点死亡。在线上标示出现在的你，并标示出过去最难忘的三件事和将来想做的三件事。	对过去的我、现在的我、未来的我做评估和展望，进一步提高动态评价自我的能力。	35分钟	每人一张 A4 纸、彩笔
活动总结	自愿发言分享	升华，总结收获	10分钟	

12. 详案

导入语：俗语有言"人贵有自知之明"。"认识你自己"这句话刻在希腊神庙的柱子上，成为心理学之发端的解释之一，全面而正确的自我认知是培养健全的自我意识的基础。今天由我们"六神五组"的成员带领大家更进一步地认识自己。

热身活动："我会画"

导入语：你们熟知自己名字的吗？你们尝试过用不同的方式写自己的名字吗？下面让我们通过"我会画"活动来认识我们名字的不同写法，体验用不同身体部位写出自己名字的乐趣。

活动规则：在欢快的甩葱歌节奏下，领导者指令全体成员跟着节奏用头、肩膀、臀部、膝盖写出自己的名字。此活动旨在使全体成员舒展身体活动四肢、营造欢快活跃的氛围，让大家放松身心，并为接下来的主题活动做铺垫。

活动一：我是谁

过渡语：我们每个人的名字都是自己的一个代号，当有人喊各位的名字时，大家都知道那是在喊自己。那么，我们除了是名字后面的那个人之外，还有些什么特征呢？让我们通过下面的活动进一步来了解一下吧？

活动规则：请同学们准备好纸和笔，跟随我的提问，迅速将头脑中浮现的答案写下来。每次完成时间为20秒。若写不出来可以略去，继续写后面的。不要有什么顾虑。5分钟后停止。

结果分析：

个人分析：从内在、外在；优点、缺点；长期的、偶发的来概括自己所写下内容。

小组分析：（1）家长随意抽一份成员的答案在组内宣读（注意不要透露名字信息），大家试着猜出该成员是谁，并分享猜对和猜错的原因。

（2）得到确认后，大家对该成员的材料进行补充（如果有需要的话）。

（3）小组内轮流进行。

（4）班级分享：各组分享活动过程及个人感受和收获。

小结：通过这个活动，我们学着尝试更全面地认识自己，发现了平时未曾注意的某些方面的特征，这是一个很好的开端，也希望大家在平时的生活中关注自己的言行和心理反应，使自己更加了解心灵深处的自己。

过渡语：我们都对自己有了一些认识，你们心目中那些重要的人是怎么看待你、评价你的呢？接下来我们就通过关系树的活动来试着找找答案吧？

活动二：关系树（35分钟）

选择自己喜欢的彩色笔在纸上画上一棵树，里面包含至少5片叶子，分别代表父亲、母亲、兄弟姊妹、朋友、其他重要的人。然后写下他们对你的评价。在画上还可以画上其他你喜欢的东西。然后由小组长组织大家一个一个地分享画中最重要的三个人对你的评价，以及自己在这个过程中关于认识自己的感悟。

小结：爸爸说我乖巧，妈妈说我是家务的好帮手，奶奶说我孝顺，弟弟说我是个好姐姐，男朋友说我善解人意，好朋友说我真诚……通过这些我们都能看出自己在重要他人眼中的形象，促使我们更加了解自己。

过渡语：前面的活动让我们从不同的角度认识了自己，那么我们每个人的自我是固定不变的吗？看看接下来的活动又会给我们什么启示呢？

活动三：生命线

（1）请每个成员画一条生命线，起点标示你的出生，终点是你预测的死亡年龄。

起点 _____ 终点

预测死亡年龄的依据：本人的健康状况；家族的健康状况；生活地域的平均寿命，等等。

找出你今天的位置：写上今天的年龄；今天的日期。

思考过去的我与未来的我：列出过去影响你最大或令你最难忘的三件事；列出今后你最想做的三件事或最想实现的三个目标。

完成之后，小组内一起分享交流。（每个人都拿出自己的生命线给其他人看，边展示边说明，注意自己与他人内心的反应）

班级分享：各组分享活动过程及个人感受和收获。

小结：认识自己不仅要全面客观，还需要用发展的眼光来认识自己，我们的一生已经走过了20年左右，过去的我、现在的我和未来的我都是不一样的，过去的记忆让我们难忘，现在的生活让我们迷茫，未来的美好让我们憧憬。

总结：请成员主动发言，简单分享自己在这次团体辅导中的收获。（10分钟）

尼采在《道德的系谱》的前言中说道："我们无可避免跟自己保持陌生，我们不明白自己，我们搞不清楚自己，我们的永恒判词是：'离每个人最远的，就是他自己。'——对于我们自己，我们不是'知者'……"

如今我们要全面、客观、发展地认识自己，努力去明白自己、搞清楚自己、更多地去避免和自己保持陌生。

作业：请每个学生结合这次团体辅导的收获。课后写一篇"这就是我"的小文章，文章不讲究形式、措辞。下次团体辅导课我们带来交流。

（二）辅导过程及成员反馈

1. 我是谁

由每个参与者在 A4 纸上写出 20 个我是谁。我的第一反应就是我是香草，把我名字写上去了，然后开始思索我的客观身份，比如我是我爸爸妈妈的孩子，闺蜜的闺蜜等，接下来就更加客观了如我是中国人，最后写不出来就转向自我评价，比如我是一个胖子。我觉得我写的应该是大多数人都会有的反应。但是在后面，领导者让我们小组内相互交流并说明原因的时候我发现我的反应并不和大家一致。其他人写的更多的是自我评价类，我写的很多客观的自我并不和大家一样。其他人对自我评价大多是积极的，或者是自己的一些兴趣爱好，但是我的自我评价很少并且带有消极的色彩。我就在想到底是什么原因导致的？用因素分析推测可能的原因，之所以更多的是客观的我，我认为可能是我对自己的主观存在感不是那么成熟稳定，需要更多的客观事实来证明我的身份，进一步推测，可能是我的安全感的缺失。因为从小时候生活在外地，受到本地小学的排斥因此受了很多气，但我又不愿意和家里说，我认为家人并不能帮助我解决我的问题，以当时的心智也无法自己完成对受气受排斥事件带来的不良情绪进行疏导，因此更多的是压抑。我想就以当时的情况来说，我是非常缺乏安全感，一种在情感上孤立无援的境界。因此这种情绪一直伴随我成长，在初、高中生活中，由于学业的压力让我失去了自我修复的时间和机会，到现在，很多东西已经被腐蚀，化作一种信念被泛化在意识的深处。如果没有合适的机会我根本就不会觉察，但却真实地存在的，这样一种东西。这个我是谁，当时我是提前看了她要问的问题，但是我当时是根本没去想这个问题，或者这也和我自己不愿意暴露自己，不愿去揭开一些问题的潜意识在阻止我去想这个问题。（香草）

2. 关系树

我真不知道该如何下笔，最后写下来的也都是很片面的东西，这让我认识到一个很严肃的问题，我从来没有跟家人和朋友就他们对我的看法这一问题好好地沟通过，我总是自己投射别人是怎么想我的，而原本我的自我满意度就不高，这更加让我无法看到自己好的方面，总是在自己建立的那个不自信的城堡里活着，我想自己应该找个机会和家人还有朋友好好地聊一聊。（易言之）

选择自己喜欢的彩色笔在纸上画上一棵树，里面包含至少 5 片叶子，代表父亲、母亲、兄弟姊妹、朋友、其他重要的人。然后写下他们对我的评价。顾名思义，这些人都是与我密切相关并且关心着我的人，他们对我的评价会影响我对自己的评价，因此思考他们对我的评价的时候我会更多的去往积极的方面考虑，这是我做完之后的感悟。我选择了爸爸、妈妈、朋友、闺蜜、男朋友几个对象，因为他们是离我最近的、对我最为有影响的。我一直觉得我和爸爸妈妈的交流存在情感隔离，我的内心很多情感想法和事件是不和他们交流的，所以我认为在他们眼里我就一直都是那个小女孩，从不曾变化，除了他们说的更加叛逆之外，其实每个独立的个体都有自己的生活事件，当我成熟以后就有自己的想法行为，这是本来就有的，但是由于他们的认知有限，就将这归为叛逆，我认为这不是事实，所以我并不把叛逆归为他们对我的看法。我觉得在一般朋友眼里我是一个潜水族，我一直把我自己定义为潜水族，因为我一般都把自己藏在水里，不冒泡。因为我的社会人际交往能力并不是很好，其中原因就有很多，现在我将自己置身于潜水族，更多的不是没有冒泡的意愿而是觉得能力不足。在闺蜜眼里我是一个好闺蜜，我认为是这样的。虽然我脾气不好，大大咧咧，但我觉得我的闺蜜眼里我是好的。因为我是一个愿意对自己喜欢待她好的人好的人，说得有点拗口，解释一下。因为我选择闺蜜是有对象性的，每一个闺蜜在成为闺蜜之前都有比较长的一段时间来进行选择，大概都有一年的选择期，我选择的闺蜜是我觉得能够和我很好相处，促进我成长或者她具有某方面我不具有的特质，我可以去学习的，因此我选的闺蜜是我喜欢的人，所以对待她们好是我所乐意的一件事情。所以在闺蜜眼里我是一个好闺蜜。而我的男朋友，我恰好就在不久前问过他我在他眼里的怎么样的人，他给的就是我写的答案，我觉得他给我的评价都符合我认为他对我的评价的样子，但是我一直觉得善良是一种难以表现出来的特质，比如上进、温柔这些都是很容易让人觉察的一些特质，我男朋友说我善良是我有点小开心的，因为我本身对自己的要求就是可以什么都不够好，但是我不能失去善良，因为我本身就是善良将我带到世界上来的，离去善良，我剩下的是多么空虚的生命。（香草）

3. 生命线

画一条生命线，起点出生，终点死亡。在线上标示出现在的你，并标示出过去最难忘的三件事，明确将来想做的三件事情。这个活动也是我的方案设计中的一个活动，所以对这个活动还是比较清楚，但是做的时候还是会有不一样的感觉。通过我画的结果，很明显平时不觉察的事件冒出来。过去的事件以时间为横轴，将我的感受为纵轴，第一个点就是小学在外读书时整个事件以深蓝色为基调画在负轴上，并且绝对值很大，也就是表示这个事实对我影响是消极的并且是很大的，前面已经说过，平时我并不觉察到这些带给我怎样的消极的东西，在我内心占了怎样的位置，这时候通过对生命的反思它就出来了。之后就是我现在最大的愿望，能够考研成功以及和现在男朋友取得好的结果，这是我对未来的希望，也是我现在正在努力的方向。（香草）

4. 活动总结

只有认识自己了才能更好地爱自己，每个人的生命都不同，每个人的生命都是海洋里的一叶扁舟，而我们生活的空间就是那不停在流动的海洋，所有的扁舟凑在一起就是一个集体，而每个人却又是不一样的，我们不能以别人的生活方式来要求自己，也不能逼着别人按照自己所规定的模式去执行。我又想到了很多父母都很喜欢控制自己的孩子，以"都是为你好"的名义强迫孩子做不喜欢的事情，可能这不是家长的错，也许他们也是受害人，也是我们制度方面的要求就是这样，如果不这样，你就不能过得很好。总之，社会压力不仅影响了成年人，孩子也更多地受到牵连。也许这就不是我们所讲的"爱己"，因为我们受到了束缚，却没有去挣脱。（Mindy）

第一次的团体辅导做得非常的成功，通过这次活动，我加深了对自己的认识，特别是在写20个我的时候，一开始不知道怎样写自己，然后就从自己的爱好开始，从吃说到玩，在领导者的引导下，对着20个我进行分类，最后竟然发现写下了许多内在的美好的东西，我突然发现自己原来也是有那么多的闪光点，而以前竟然没有发现。（stan）

我们小组因为有的同学请假没有到，所以分享的时候大家积极性就不那么高，其实在活动的时候可以将成员较少的小组合并起来，这样就好些。（香草）

（三）总结与反思

1. 领导者总结

主题：首先确定的团体辅导主题是认识自己。我平时对自己的关注比较多，也经常反思自己，我也希望提醒大家时常反思自己。所以确定主题为认识自己，给大家提供一次比平时生活更深刻认识自己的平台，来反思自己。

热身活动："我会画"主要是活跃氛围，使大家放松。认识自己的名字也是认识自己的一部分，用不同的部位写自己的名字充满了乐趣，也可以引出"认识自己"的主题，配上欢快搞笑的甩葱歌更加有趣，大家玩得也非常开心，得到了放松，氛围也很活跃，为接下来的主题活动奠定基础。

我是谁：通过20个"我是谁"的回答，使大家尽可能多的从不同方面来认识自己，该活动也是认识自己的经典主题活动。主要是自己来深刻挖掘自己，从而达到全面认识自己。

关系树：通过绘画的方式，让大家思考重要他人对自己的评价，从他人的视角来认识自己，使自我认识减少一些主观因素，更加客观地认识自己。

生命线：生命线反映的是个人从出生到死亡的整个生命历程，认识自己的过去，察看自己的现在，展望自己的未来，让我们用发展的眼光认识自己。认识到我们不是一成不变的，曾经的我们、现在的我们、将来的我们都是不一样的，认识到现在的自己所拥有的资源，才能为未来的改变提供支撑和营养。

比较好的地方：一是做了充分的准备；二是克服了不自信的想法，放心大胆地做；三是小组同学的合作，一些建议画龙点睛；四是老师对方案的指导，使主题深入；五是同学们的配合。

不足之处：一是活动的形式过于单调，都是纸笔练习，越到后来越是感觉枯燥无味。这个问题一开始的时候也想过，但是没有拿出较好的改变形式，所以就沿用了原来的形式。二是自己太过于依赖PPT，做了扎实的准备，却让人觉得比较死板，在"我是谁"环节的个人分析中就出现了一些问题，把所有的都呈现在上面，信息太多，成员就无从下手。老师给予的建议非常好，我以后会注意，一个一个带领大家做分析，可以提高成员参与的深度，而不是一下子呈现给大家，让他们自己做。

反思：这是我第一次带团体，起初非常的不自信，觉得自己掌握不了，觉得自己就是做不好。但是上课的时候，我一站到讲台就不那么紧张了，当时想着不管自己能不能行都得做完这次活动，已经没有退路，于是就放轻松大胆地带领大家做。其实这还要归功于之前的一切准备，原来的团体辅导方案初稿有很多不足，除了大体的框架，都有做一些修改。其中老师给予我的指导最多，我相信在老师的指导下，方案基本上不会有大问题。在PPT的制作上也是我亲自操作的，选择模板、字号、字的颜色搭配等都是我按照自己的喜好准备的。我的组员在一些活动的细节上给出了很多好的建议，我自己也给自己做了很多准备，写了一些讲稿。比如：指导语、过渡语、小结。所以上场的时候就没那么慌张无措。但是自己的应变能力和现场控制能力不强，自己在这方面也很心虚，总觉得自己不能给予大家很好的反馈，或者说不知道怎么应对一些突发问题。这次活动让我感触最多的就是老师给予我的及时反馈，一周的时间准备有些紧迫，但是我自己也很抓紧时间，老师也给予我最及时的反馈，让我才得以把方案和活动做得相对还算完善。真的体会到老师的知识体系感和经验感是我目前远不可及的。小组成员给的一些中肯的建议也是非常有帮助的。以前我喜欢一个人做事,我不放心把自己的事交给别人做,因为我觉得别人做出来的东西达不到我的要求,我的东西也可能被别人改变,所以我喜欢一个人把所有的事情都弄好,这一次的合作给我特别深的印象,也足以影响我今后的发展。

还有一个收获就是,拟定一个目标,然后朝着这个目标深入挖掘,做到更精细,而不是树立很多目标,然后点到即止。我想这对于我今后的人生也是非常有指导意义的。这一次的收获是很多的,也是非常有价值的,只要我好好的吸收应用,相信在以后的人生道路上还能创造更大的价值。(蓝姑娘)

2. 成员反馈

优点:(1)整个过程非常好,从一小点出发,把这个"知"已做得比较深,挖掘了比较多深层的意识。

(2)时间把握的比较好,留给了大家分享和总结的时间。

(3)每个活动之间层层递进,让整个主题逐渐深化。

(4)热身活动很好,充满了乐趣,也调动了大家的热情,活跃了气氛也使大家得到放松。

缺点:(1)活动多是纸笔练习,缺少活动性,大家的参与性不高,兴趣也逐渐减少。

(2)领导者的引导还不够,中间还有需要改进的地方。

(3)有些活动对于很熟悉的人来说效果不是很好。

(4)指导语还不够明确,最好在一边念活动规则,一边指导同学们进行。

(5)纪律性还不够,有点吵闹。

(6)领导者对同学们的反馈不够准确。

3. 教师反馈

(1)本方案经过两轮修改,能够按时完成,作为第一个带领小组,六神五组很棒!

(2)带大家朗读团体契约,形式非常好,打开了我们集体确立团体契约的思路。

（3）"我会画"活动中，手—头—肩两个人相对，安排示范表演，气氛很好。

（4）"我是谁"活动的时间限定根据现场的成员完成情况灵活安排，建议指导语细致分步骤，用现场传达替代文字呈现，提高现场的参与度。

（5）"关系树"活动中当成员提到"没有问过亲密的人怎么办？"可以建议成员试着回家问问，现场可以通过想象完成。

（6）关于团体辅导方案设计与实施的补充建议：

组内综合考虑选择领导者；全组通力合作打磨设计方案；成员做好领导者的助手；方案目标要明确，主题和目标不宜过多；活动方式要形式多样化；指导语侧重活动感受的引导，采用类似讲课的形式而非说课的形式（跳出角色进行介绍）；活动形式不宜跟前面的团体辅导重复；提交资料格式要规范。

二、"爱"己——大学生自我悦纳团体辅导

（一）辅导方案

1. 团体名称："爱"己——大学生自我悦纳团体辅导
2. 团体总目标：使成员学习发现自己的独特性，提高自我悦纳水平。
3. 团体性质：结构式、封闭式、发展性
4. 参加对象：团体心理辅导课的全体大二、大三的同学
5. 团体地点：一教　205 教室
6. 活动时间：一次，115 分钟。周一晚 19：00—20：50
7. 团体分工：一位领导者，四名助手（"六脉神剑"组）
8. 理论依据：已有研究[1]表明团体心理辅导通过使团体成员在团体中获得情感支持、在团体中尝试积极的体验、在团体中发展适应的行为、在团体

---

[1] 肖秋萍：《团体心理辅导促进大学生自我接纳水平的实证研究》，厦门大学 2009 年硕士学位论文。

中重建理性的认识提高团体成员的自我接纳水平。

9. 团体活动计划书

表4-2 大学生自我悦纳团体辅导方案设计表

活动名称	活动目标	操作过程	时间	准备材料
轻松体操	1. 活跃课堂气氛； 2. 引入主题。	1. 呈现规则； 2. 做示范。	5分钟	PPT
作业交流	1. 交流上次活动作业。	1. 故事导入； 2. 提问。	10分钟	
我的红枣	1. 增强成员觉察能力； 2. 识别和接纳人和事物的独特性。	1. 成员仔细观察触摸自己的红枣； 2. 将小组红枣混合在一起； 3. 找出自己的红枣； 4. 分享总结。	40分钟	红枣
独特的我	1. 提高成员认识自己长处和限制的能力； 2. 提高成员对自我悦纳的程度。	1. 填写表格； 2. 组内讨论； 3. 分享。	50分钟	纸、笔
课程结束	1. 结束本次活动； 2. 升华活动效果。	1. 同学们进行总结； 2. 领导者总结； 3. 播放视频《我真的很不错》。	10分钟	PPT

10. 详案

同学们晚上好，今天由我们"六脉神剑"组带大家进行团体活动，让我们先来进行轻松地热身活动。

热身活动：轻松体操

过渡语：大家都有照镜子，我们怎么动，镜子里面的人就怎么动，可是我们都是做镜子外面的人，没有做过镜子里面的人，下面我们就来做个活动，感受一下镜子里面的人。

每位同学面向自己的同桌，没有同桌的同学可以前后进行，然后由一位同学做一组动作，另一位同学做镜子，模仿同桌的动作，然后交换，看谁模仿的最好。

故事导入：小毛驴的困惑

小毛驴和小猴共同生活在一个主人家。一天，小猴玩得起兴，就爬到了主人家的房顶，上蹿下跳，主人一个劲地夸小猴灵巧。为了得到主人的夸奖，小毛驴也爬到了房顶，费了好大劲，但是却把主人的瓦给踩坏了。主人见状，便大声赶它下来，并打了它一顿。小毛驴感到很委屈：为什么小猴能上房，而且还能得到夸奖，而我却不能呢？（请大家回答）

我很同意大家的看法，生活中我们有时候是不是也会不自觉地和小毛驴一样，盲目地去模仿别人？当自己模仿不好时就又觉得自己做什么都不行？在上周的活动中我们一起对自己有了更全面的认识，不知道大家课后的作业《这就是我》完成怎么样？有同学愿意和我们一起分享一下吗？（可能有的同学忘记了，事先在群里通知大家完成作业）

今天我们继续来进行自我意识的活动，请我的助手给每个同学分发一颗红枣。

活动：我的红枣

现在，每个同学手上都已经有了一个红枣，这个红枣就代表着自己，请同学们仔细观察自己的红枣，尽量调动一切感觉通道，如视觉、嗅觉、触觉等，观察形状与色泽，闻一闻它的味道，但是不能吃也不能做标记，然后闭上眼睛，感受红枣的表面肌理，（待多数成员停止把玩）现在大家是不是觉得很了解自己的红枣了？接下来请将自己的红枣和小组成员的混在一起，然后请大家在这么多红枣中找出自己的吧。看谁找得又快又准（如果想增加难度，还可以两个小组混合试一次）？然后小组内分享自己是怎样找到的？找到后的感觉怎样？找错了或没有找到的又是什么情况？活动的感受有哪些？

成员举手分享。领导者总结：世界上没有完全相同的两颗红枣，也没有完全相同的两个人，我们每个人都有自己的独特性，我们每个人都不是别人，而是自己。

接下来请我的助手给每个同学发一张表格，大家根据自己的情况填写一下。

我的长处	我的限制

活动：独特的我

下面请大家看看你写下的长处，它们都曾带给你怎样的成功或喜悦？把他们记录在下面，（大多数同学完成时）好，接下来再请大家看看刚刚写下的那些限制，有哪些限制是我们能够改变或者愿意通过努力改变的？用你喜欢的符号做上记号，在下面写出你打算怎样去改变；（大多数同学完成时）哪些是可以改变但自己还没有做好改变的准备？用另外的符号标识，在下面写出原因；剩下的限制，是不是确定都是无法改变的？想一想这些无法改变的限制是不是也有它积极的一面？（大多数同学完成时）请大家完成以后在小组内交流，充分发挥脑力激荡，相互补充改变限制的方法，和限制可以带来的好处。

大多数小组进行的差不多了，邀请同学在班级分享刚才活动的过程与体会。

课程总结：

（1）让同学们就本次活动谈谈自己的感悟，可以包括自己的收获、过程中发现的新问题等。

（2）领导者总结。

播放视频：《我真的很不错》，活动小组带大家一起完成手语操，升华团体辅导效果。

（二）辅导过程及成员反馈

1. 轻松体操

镜中人，这个热身活动比较成功，起到了很好的热身作用。通过这个活动，我了解到自己原来是一个非常被动的人，可能平时的生活中也能够体现出来，但是我的体会没有这一次深刻。我联想到平时生活中感情方面或者是学习工作方面我都比较被动，即使我心里非常想与一个人更近一步，但如果那个人不提出来，我一定不会体现出来。学习和工作中即使我很有想法，我也不会先提出来，让自己成为主角的感觉会使我自己感到非常紧张。（易言之）

2. 我的红枣

今天是香草他们组做的"爱"己。首先她们的第一个主题活动是辨认自己的枣,我刚拿到那个枣的时候有点不满意,因为很丑,又矮又胖的,但是领导者说要记住自己的枣,我就在想我要怎么才能认出我自己的枣呢?我想到一个好方法就是把我的枣身上的特征都赋予意义,这样就能更好地记住我的枣,然后我发现我的枣上有一个"人"字形的字,旁边还有像一架飞机样子的图案,我就想到了MH370。在我的枣底部有一些伤痕,人受了伤虽然伤口会愈合,但是还是会有一道痕迹,无法抹去。我通过这些特征仿佛看到了我的枣经历的一生,很有感触,我甚至对之前觉得我的枣丑而有点愧疚,美与丑不能仅凭外表来判断。(小倩)

我的红枣,这个活动比较新奇,先观察自己的枣,然后把大家的混一起,看看自己是否能够认出自己的那颗枣。一开始我也只是通过观察红枣的外形特点来辨识,我也的确是通过这种方式找到属于我的那颗枣。我原本不明白这跟了解自己有什么关系,通过大家的分享,我着实再次体会到什么是个体差异,我们应该尊重个体差异。同学们分享了之后,我再观察了一下自己的那颗枣,发现原来还能够从一颗枣上看出人生的哲理。(易言之)

3. 独特的我

在写独特的我的时候,我们小组都积极地参与,让我对我的组员有了一些新的认识,当香草在全班念到我写的时候,我发现刚开始班上同学都沉默,没有猜到是谁的,但是黎素素——我的闺蜜,在念第二个的时候就猜出来了,她悄悄地在我耳边说:我敢肯定就是你。让我没想到的是第二个猜出我的竟然是我们寝室的一个同学,我不喜欢她,平时在寝室几乎能回避就回避,但是她居然能猜出来,我感到很惊奇,同学们听了她的答案后最后同意她猜的,特别是最后问原因时大家都说那是我的风格——文艺范。我听了更惊奇,我自己都不知道自己什么时候有文艺范的风格了,听了他们说的,我再看看我写的,确实跟班上的其他同学风格不一样,原来同学们有些地方比我自己还了解我。真的很高兴。(小倩)

领导者让大家在纸上写下自己的独特之处,然后让同学们来猜猜这人是谁。同学们对独特的理解并不那么相同，有人写自己的外在的特点，比如头发长，有人写客观存在的特点，比如长相的独特。这里我再次体会到每个人都是独特的，没有人的思想会跟另一个人完全一致，我们要尊重个体差异。（易言之）

我的长处与限制活动让写自己的长处曾经给自己带来的快乐，限制是否能改变，应该如何改变。这个环节是整个活动中最不好的地方，做了大量的纸笔练习，还花费了大量的时间，让我感到有些无聊，而且进行到这个环节，感觉大家的参与度也不那么高了。不过这个活动本身还是有意义的，让我体会到自己还是有蛮多优点的。但是让我当时马上想出我的限制应该怎样改变有些困难。（易言之）

4. 手语《我真的很不错》

最后以一首歌《我真的很不错》结尾，起到了升华主题的效果，但是视频播放太快有点跟不上动作。（易言之）

（三）总结与反思

1. 带领者总结

每组都有一次组织团体活动的机会，这次是我们小组带的活动——"爱"己。下面我将从组织前工作、活动过程、活动结果三方面对本次活动进行总结。

首先，活动组织前工作中存在的问题。方案遴选时我们组确定了一位成员的方案，理由是该方案写得比较详细，主题比较明确，活动符合主题，格式也比较规范。但是最后在班上确定每组方案的时候，六神五组用的方案主题是"认识自己，悦纳自己"，我们组的主题和她们的很像，有成员建议大家换一个主题做，并征求老师的意见，老师建议我们的主题可以进一步细化，一个做认识自己，一个做悦纳自己，于是最后确定了我们组依然用原定方案。我觉得遴选方案不仅仅是选择一个方案，还应该取长补短，将方案做一个大致的规划，选取其他方案中好的地方。但是我们小组在遴选的时候没有很好地做到，只是选择了这个方案，没有去仔细观察它、思考它。作为家长，我觉得我在这方面没有尽到引导的责任，我应该多从大家的方案中发现亮点，让大家来发现自己的好的，补充到这个方案里面。

其次，方案的完善过程中存在的不足。我们是在"五一"节放假的三天完成的方案修改过程。放假期间大家都已经出门去了，只有我一个人在学校，没有大家坐在一起讨论的机会，唯一讨论的方法就是在网上的讨论组进行。但是即使如此，因为在外面就没有电脑，上传在群里面的方案只能用手机下载看，带来许多的不方便。再加上大家都各自做着各自的事情，缺乏一个讨论的共同时间、地点，所以基本上讨论不起来，我只能自己去做这件事情，根据老师给我的修改意见进行删减修改。在最后一天，也就是星期一的时候，我们组才聚在一起对方案进行一个熟悉、讨论，确定晚上活动时的分工等，之所以前一天晚点名之后没做这件事是因为很多人还没有来学校，没法进行。在这整个过程中我自己有一个很不足的地方，就是权力的下放问题。当时我考虑的是大家不在学校，如果给大家各自分配模块下去弄，大家没法去做，我觉得自己的保护欲太强，这样其实方案只有我一个人从中得到了锻炼，其他成员反而因为我的"保护"而受到伤害。我每次将方案发到讨论组让大家给修改意见，在当时的状况下我也预料到这样根本没人去看，所以即使有这样一个过程，也没有什么实质的作用。所以这是我作为一个组长弄巧成拙的一个地方。作为一个小团体的负责人更多的应该是去调动团体的力量，而不是让其他人得不到锻炼的机会，我觉得第一次我们组带热身的那次做得非常好，在事情之前很久我就开始调动大家来讨论，整合各方面意见，最后带领的那次热身。这一次相比就非常差了。

另外活动过程上，我们认为存在以下不足。首先是我们小组对本次活动的不熟悉，没吃透。这个问题很大程度是我这个组长没有调节好，如果我能够事先要求大家必须看透方案，到时候集中谈意见，这样我就能获得更多的意见，众人拾柴火焰高，也不会使自己那么词穷。其次是我的能力问题。我知道自己更适合的是执笔这样的幕后工作，带团体效果不好，但是我的家人都很相信我，认为我平时看起来是一个比较放得开、蛮有想法的一个人，再加上我做的方案我最熟悉，于是就让我带领，我想着也是一次锻炼自己的机会，于是就答应了。但是这个过程显得非常的约束，对同学的回答也接不上话,活动显得呆板冷场。这个控场能力不是一朝一夕就能练就的,应该需要一种感觉,需要大量的实践和总结。再次就是同学们反馈的时间控制问题。其实我作为领导者应该有纵观全局的能力,才能把握大多数人的情况,以此来控制进程,但是很明显,我没有注意到那么多,我看到还有同学用心在想,就不忍心去打断。最后是突发情况的应对。因为感觉内容太少而且活动的不够,所以在组员们的建议之下,临时加了个环节。没有考虑到有的同学很介意把自己写的公开阅读,当时我也没有讲要交上分享,所以对这个安排表示不怎么接受。这是我操作的一个失误,因为我本身是希望保留一点神秘感,最后却让大家感到不愉快。

最后是活动结果方面显示出来的问题。我们组认为这个方案本身主题是比较明确的,活动也是切合主题的。但是由于活动过程中的种种失误,从后面大家的参与度来看,大家的积极性都不怎么高。结束的时候,大家给了我们小组极大的鼓励。我们组得到了大家的宝贵意见,就刚刚的时间问题给了我们组一些建议,我们应该关注大多人的反应,根据反应做一些临时的调整。还有就是对领导者的意见、方案要多进行小组讨论提高认识水平等,以及同学们对我们组的肯定的地方,我觉得这更大的是一种鼓励,从内心讲,我对本次活动是带着极大的期望,我花了很大的力气在方案上面,"五一"节三天假期全身心投入在上面,并且我觉得这个方案也还好,但是由于我的原因使得活动实施的很不理想,让同学们没有得到进步,我的成员们也失望了,所以我还是很愧疚的。

我们组的其他成员对此进行了一些比较积极的总结,总之,我认为我们组的这次团体辅导是花了心思去做的,我们就是在这样的磨炼中成长,没有痛的磨炼不是成长,通过这次的经验教训我们组的成员都得到很大的提升。

2. 成员反馈

悦纳自我的团体辅导,我作为参与者,感觉非常的轻松,也不紧张激动。看到我的好朋友为了这次团体辅导而焦头烂额的,我感觉就像看到上次自己准备方案的时候。她和我相比最大的不同就是临场时的感觉不一样,我感觉那时候自己充满自信,觉得自己可以完成,而且不会差,一是因为准备充分,二是相信自己，三是这种场面见多了，自己也能放开。那时候真正开始领导着做的时候，就完全放开，沉着冷静面对，就算做得不好，也接受失败。第一个活动"找枣子"我们做起来很简单，非常的快速，可能是枣子难度太小，辨认起来很方便，如果按原计划换成核桃可能会找的慢一些仔细一些。第二个活动"独特的我"领导者在做的过程中，每个问题给予的时间很充裕，有很多同学都完成了，还有极个别的同学没有完成，这时候领导者在等待那些未完成的同学，忽视了已经完成的同学。所以我们对这部分时间的处理感到不妥当。还有就是领导者给人的感觉就是不自信，期望太高，有些地方处理的不太好，所以最后的结果会让她觉得很糟糕。（蓝姑娘）

总的来说，我认为这次团体辅导活动虽然在有些方面没有达到我们小组的预期理想，但是依然能够算得上是一次结构清晰、内容明确、切合主题的成功活动，所以作为第六组的成员，我也为我们小组特别是这次方案的设计和带领人香草同学感到骄傲。

以下是从我个人角度对本次团体辅导活动过程中的一些优点以及一些问题的看法和建议：

优点部分——首先，值得肯定的是，这一次香草同学设计的方案结构完整清晰，活动设计紧扣主题，无论是作为热身活动的照镜子，还是我的红枣和独特的我等活动，都能够充分让团体成员认识到自己的不同，以达到确立自己的独特性，从而接受这个独特的自我的中心思想。

其次，在活动过程中，作为领导者和协助者，我组成员都有不时地观察和询问团体成员感受并给予反馈这一点，我认为是值得肯定与需要保持得很好的做法。因为只有这样身为团体辅导活动的领导者和协作者们才能更加准确地把握团体成员的需求，从而丰富和完善团体辅导的活动以及调整活动的进程。

再次，我们小组在此次活动中分工明确，这也是值得肯定的一点。这次活动的方案设计和领导者是我们小组的家长香草同学，张同学负责 PPT 播放，小丽和杜拉拉同学负责活动规则演示和收发活动过程中所需要的道具及材料，而我负责记录活动过程。在此基础上，作为协助者的小组成员还会不时给予领导者一些反馈和建议，帮助领导者对全场更有把控。正是由这样明确的分工,我们才避免了在活动过程中出现一些不必要的混乱和差错。

最后一点是,我们小组在本次团体辅导活动中充分给予了团体成员自己思考的时间,并及时加以引导,充分调动团体成员自己成长的内驱力。这虽然在结构式团体中作用并非十分明显,但对于以后将会接触的非结构式团体辅导活动具有一定的借鉴意义。

问题部分——这里只说一下两个比较大的问题:

一是最大的问题依然是准备不够充分,作为这次团体心理辅导的带领小组,我们自己都还没有深刻理解到各个活动的主旨意义和联系,所以导致活动过程略显呆板,深刻性欠缺。二是由于缺乏经验,也导致了我们在时间上的把控有失妥当。活动内容和节奏的安排有些不合理,导致出现大家抱怨写的东西太多、时间太长这样的问题。

针对以上两点,我认为我们应该汲取教训,更加充分地利用团队的便利,加强协作,做好充分的准备,深刻理解团体活动的主题,并且加以拓展和丰富。另外,我认为我们小组的每一位成员都应该把握平时锻炼的机会,只有练的多,问题才能够少。(零崎)

3. 教师反馈

(1) 本方案经历了四轮修订,该组成员努力做到精益求精,在有限的时间内完成较好。

(2) "轻松体操"(镜像自我)活动,两人一组,选代表示范,考虑周到。

(3) "这就是我"(作业分享)环节,成员参与不够积极。原因是课后作业完成不好,建议课前对成员做些提示。

(4) "我的红枣"活动,水果的选择成本虽然低,但不是很禁得起把玩,容易变形或吃掉,影响活动效果。

(5) "独特的我"环节,请班级同学猜,对被猜者有挑战性,需要信任的团体气氛。

(6) 其他有待改进之处:进一步把握时间;助手应该协助领导者调动起课堂氛围,维持活动秩序,提醒私下交流的人投入活动(助手也需要事先培训）；回答问题指定小组或个人不可取，自愿原则很重要；领导者应熟悉活动之间的过渡语（实际操作中有重复表达的现象）；领导小组应加强团队合作，而不是由带领者一个人独立完成。

三、走进内心深处——大学生自我价值观澄清团体辅导

（一）辅导方案

1. 团体名称："走进内心深处"——大学生自我探索之价值观澄清团体辅导
2. 团体目标：帮助成员了解自己的价值观；促进成员了解自己。
3. 领导者：一位领导者，小组其他成员做助手（"315"组）
4. 团体对象：团体心理辅导全体选课学生
5. 团体地点：教室
6. 团体时间：星期一 19：00—21：00（120 分钟）
7. 团体性质：封闭性、结构性的成长团体
8. 团体活动计划书

表4-3 大学生自我探索之价值观澄清团体辅导方案设计表

活动名称	活动目标	操作过程	时间	准备材料
热身活动：击鼓传花	活跃课堂的气氛，引入主题	1. 全体同学进入活动室，每位同学在进入活动室时都会得到一张写着1—36不重复数字的纸条，作为自己这次活动的唯一编号。（让大家暂时对自己的编号保密） 2. 进入活动室后，全体同学围坐成一个大圈，进行击鼓传花活动。该活动将持续五轮，中奖的同学到讲台上，抽取一张写着一组问题的纸条，来回答纸条上的问题，并让该同学选取1—36编号中的其他任何一个编号的同学，来回答同样的问题。（将五个方面问题的纸条事先准备好放在讲台上）	20分钟	编码纸条36张。相关问题的18张纸条，自制的"花"

续表

活动名称	活动目的	活动内容	时间	准备材料
我的自画像	促使成员发现隐藏在潜意识层面的自己，对自己做出评估和内省	指导者给每位成员发一张图画纸，成员画出自己。可以随意画自己，抽象的，形象的，写实的，动物的，植物的，总之要把能代表自己内心的东西画出来。画完之后，组内成员展示自己的画，请每一位画家对他的画做解释并答疑。	30分钟	水彩笔、油画棒、纸
洞口余生	认识自己的目标与自己将来可能对社会做出的贡献	小组成员站在通道围成一个圈。为增强气氛可以拉上窗帘，关上灯。然后指导者说明：你们现在在郊外春游，你们发现一个山洞，决定去里面探险，你们玩得很happy，突然地震了，全部被困在地下洞里，只有一个出口，只可以过一个人，而出口随时有倒塌的危险，谁先出去就有生的希望，请每个人依次说出自己求生的目的及将来可能对社会做出贡献，然后大家协商，看谁可以最先逃出，排出次序。然后，全体一起讨论活动过程及自己的感受。小组内以什么为标准决定逃生者的次序？听了别人意见后自己是否修正原有的想法。	20分钟	
墓志铭	协助参加者反省个人价值观，了解人生目标	1. 很不幸洞口坍塌了，谁都没有机会出去了，现在你有机会写下反映自己一生的墓志铭，它将会刻在墓碑上，供人凭吊。 2. 墓志铭除了生年、卒年，最低限度要包括以下几点：（1）一生最大的目标。（2）在不同的年纪时的成就。（3）对社会、家庭及其他人的贡献。（4）我是怎么样的人。	30分钟	水彩笔、油画棒、纸
总结	整理本次活动的感受与收获	小组内交流本次活动的感受与收获并在班级分享。	20分钟	

9. 详案

热身活动：

首先助手发放带有编码的纸条，让大家记住自己的号，并且不要告诉其他的人。

领导者：请同学围成一个大圈，下面我们来做一个活动。这个活动可能有同学做过，叫作"击鼓传花"。助手先在黑板上"击鼓"，鼓声停下时，花在谁的手上谁就要接受惩罚，并且有机会抽一个编码的同学跟自己一起受罚

（游戏结束统一进行）。手上有花的同学进行下一轮的击鼓。

五轮下来，再由之前要接受惩罚的 10 名同学来抽取我们准备好的纸条上的问题并且回答。

活动：我的自画像（背景音乐：《我的海洋》）

领导者：刚刚大家都玩得开心吗？下面我们安静下来，一起做一个放松训练吧？（从欢快的节奏进入绘画最好插入一段放松音乐）

深呼吸放松：你可以睁开眼睛也可以闭上眼睛，当你闭上眼睛时，不受周围环境的干扰，效果会更好。请大家以舒服的姿势坐好或者站好，沿身体的中线左右分开，双脚分开与肩同宽，双手掌心微向上放在双腿上（双手掌心微向前或向上放在身体的两侧），轻轻闭双眼，用鼻子自然地吸气，用嘴巴慢慢地吐气，吐气的时候把注意放在双肩上，注意一下双肩的感觉，让双肩这种下沉的、放松的感觉蔓延到身体的更多部位。接下来每一次吸气、吐气都比上一次多一点点，慢慢加深自己的呼吸，适当的时候还可以让气体在体内稍停一下，以便气体在肺部进行充分的气体交换，让身体充分地吸收氧气，再慢慢地排出二氧化碳等废气。

慢慢地吸气，吐气，几次循环后结束放松，请大家慢慢睁开眼睛。

现在请你用一幅画代表自己，可以是写实的，也可以是抽象的。想怎么画就怎么画。

（待成员基本完成）领导者：现在大家都应该画好了，现在请组内进行一个小画展，把自己的作品展示给大家。自己解释作品的含义，小组其他成员可以提问。

请各小组派出一名代表分享活动感受。

领导者：通过对大家的分享，我们了解到有人用很写实的人物形象来代表自己，有人用某样物品或者某个动物来代表自己，有人画出了个人的成长变化，也有人画出了希望自己将来能变成的样子。有人觉得自己身上具备某些事物的某种很值得欣赏的精神，也有人画出了自己都不知道是什么的东西，但是能从这个东西里面发现自己的某些品质。通过这个活动，相信大家都对自己以及同伴有了更多的了解，同时也更拉近了彼此的距离，增进了彼此的感情。

活动：洞口余生

小组成员站在通道围成一个圈，留出一个缺口。深呼吸进入放松状态，想象……

领导者：你们现在郊外春游，你们发现一个山洞，决定去里面探险，你们玩得很 happy，突然地震了（助手关灯），全部被困在几米的地下，只有一个出口，只可以过一个人，而出口随时有倒塌的危险，谁先出去就有生的希望，请每个人依次说出自己求生的目的及将来可能对社会做出的贡献，然后大家协商，看谁可以最先逃出，排出次序。

领导者：请各组同学说一下你们组的排序，小组内以什么为标准决定逃生者的次序？（各组代表发言）

班级交流：讨论活动过程及自己的感受。听了别人意见后自己是否改变原有的想法？

领导者：当面临这种情境的时候，有的同学会理智地分析一下当时的地理情况再做出判断，有的同学会根据自身对社会可能做出的贡献来排序，谁的贡献可能更大谁就先出去，很多同学都很谦让，把机会留给别人，自己选择最后出去，因为觉得自己的体力能够多支持两天，也许能够等到救援。大家基本都有共同的一点，最先出去的同学就去找人想办法来救剩下的人。我们大多数男同学也很绅士地选择先把女生送出去，这种大无畏的精神是值得弘扬的。听了别人的分享之后，我们之前放弃逃生的同学也有了一些改变，意识到自己对于家人、爱人的重要性。最后我想说，无论你排在前面或者后面，我们每个人都有自己追求的目标和存在的价值，即使我们很渺小，我们也同样能够为社会贡献自己的一份力量，只要我们尽力就好。

活动：墓志铭

领导者：请大家再次以舒服的姿势做好，进入放松状态，跟随我的指导语进行想象，就在大家还未来得及做出决定之际，很不幸洞口坍塌了，（助手将灯全部关掉，播放背景音乐），现在谁都没有机会出去了，你们感到洞里的氧气正在慢慢减少，你们的呼吸开始有些困难了，请大家想象在这个生命的最后时刻，你最想做的事情是什么？（思考 3 分钟后开灯，关音乐）

背景音乐：寂色

领导者：现在请大家分享一下自己在刚刚想到的最想做的事情。（10分钟）

领导者：我听到许多同学讲到想要写一封遗书带给自己的家人，那么现在给你们一个机会写下反映自己一生的墓志铭，它将会刻在墓碑上，供人凭吊。现在请同学们用你喜欢的颜色设计一个属于你的墓碑，并且在上面写下你的墓志铭……（15分钟）

墓志铭除了生年、卒年，最低限度要包括以下几点：（1）一生最大的目标是。（2）在不同年纪时的成就。（3）对社会、家庭及其他人的贡献。（4）我是怎么样的人。（助手展示PPT）

领导者：现在，大家完成你们的墓碑设计了吗？现在请大家在小组内交流一下你的设计意图与思路。

班级分享：请同学分享一下本次活动或者今晚整个活动过程的感受。

总结：通过这个活动，有些同学意识到自己还有很多事情没有做，必须马上去做。也有同学体会到家人对于我们真的非常重要。我们今天在这样的情境下做出了这样的选择，将来我们走到了社会上，经历了更多的事情，阅历变得丰富了，价值观也可能发生变化，到那个时候我们再遇到这样的情况可能就会做出不一样的选择。同时也感谢大家对我们本次活动的支持与配合。最后祝福你们每个人都拥有自己理想的一生。

附：关于价值观的五个方面的问题如下：

（1）理想：a. 你现在对理想的看法？b. 你现在的理想是什么？c. 上大学后，你的理想有没有改变过？d. 在实现理想的过程中，什么是你的主要阻力？

（2）恋爱观：a. 你对大学生谈恋爱的看法是什么？b. 你觉得大学生谈恋爱的目的是什么？c. 你选择对象的条件是什么？d. 你觉得结婚的最佳时期是什么时候？

（3）爱国主义：a. 你是如何诠释"爱国主义"精神的？b. 你认为应采用什么方式提高当代大学生的"爱国主义"意识？c. 您认为，现实中，大学生的"爱国主义"精神还可以从哪些具体行动中表现出来？

（4）自我价值：a. 你认为自己价值观的确立，受什么影响最大？b. 作为大学生，你感到大学学习究竟有什么价值？c. 你认为青年人怎样才算是尽社会责任的表现？

（5）职业发展：a. 在就业与深造间做抉择时，主要有哪些因素影响你？b. 您认为对求职成功最有帮助的方面是？c. 你认为什么因素是影响您进行职业规划的最重要原因？

（二）辅导过程及成员反馈

1. 击鼓传花

"价值观澄清"的热身活动"击鼓传花"还是很不错的，活跃了氛围，也达到放松的效果，同时引出主题。（蓝姑娘）

2. 放松：我的自画像

认知自我中让我收获最大的是画一个能代表自己的图案，以及为自己写墓志铭。通过自我画像，我看到了自己的性格中个性的一面，希望能够充分发挥自己的光芒（才能），却因为自己的怯懦，很多想法还没有说出来，又把自己给圈起来，然后自己就处在一个比较小的圈子里面。有的时候我也感觉自己人际关系上面不是特别好，不过这只是体现在好朋友的数量上。（Starry night）

每一堂我们自己带的团体辅导课都显得那么有趣而引人深思，而最让我印象深刻的是《我的自画像》，记得在当时，大家有画漂亮的美女，有画滑稽的小丑，有画曾经的自己胖娃娃，也有画抽象的花容月貌，在大家精彩纷呈的解说里，我站起来想大家介绍起了我的自画像。

只能说那是一只张牙舞爪的猫科动物，像只发狠的猫咪，也像只呆萌的老虎。背景上是一整片嫩绿色，像一片草原。

我记得我向大家解释，在我的闺蜜眼里我是一只禽兽。我是一个像猫又像虎的同志，集中了慵懒的猫性和孤独的虎性。当你们觉得我像一只老虎一样难以亲近时，我内心其实像猫一样渴望与你亲近；当你们觉得我像猫一样黏在别人身边的时候，其实我内心像虎一样并没有归属。

我身后那一片孤单的草原让我显得寂寞，并且张牙舞爪得毫无意义。

又或许，森林之王的老虎本来就不应该待在草原呀！

是虎落平阳被犬欺的意思？但，我仿佛并没有被欺负，于是我一直疑惑这幅画背后有什么更深层次的含义呢？

再后来我忽然恍然大悟，一只老虎在并没有"犬"的草原张牙舞爪的吓唬不存在的威胁，那是草木皆兵的场景，是没有安全感的体现，我想，我的一幅自画像将我自己未处理的安全感问题又一次地暴露在我自己的面前。这是我需要在今后的日子里不断去解决的一个问题。（杜拉拉）

3. 洞口余生

今晚的活动"洞口逃生""写墓志铭"让我很强烈地感受到自己是那么的"薄情"，面对避免不了的死亡那刻我选择了坦然接受。可能是我自己身上的责任不重，我觉得我的爸妈没有我也不会垮掉，他们不止我一个孩子，还有其他孩子给他们慰藉，而关于男朋友如果是前半年或者前几个月，我可能会有不舍，但是也许是最近自己的原因，让我觉得没有我他固然会伤心但是还不致活不下去，他有他自己的生活，所以我的离开影响不大，既然如此我觉得死亡也没那么可怕。只是遗憾我不能看到自己的整个人生，我不知道自己未来会变成什么样子，能不能实现自我价值等。今天让我感动的是小容的一句话，她觉得有我陪着她就不那么的孤单。是的，其实有她陪着，我的安全感才会很足，才不会觉得寂寞孤独。好闺蜜是可以带给你能量的，是可以心灵相依的。我曾经渴望爱情也可以像那样，最后发现男生和女生有质的不同，也就不那样的期望。（小倩）

收获到了我应该要在自己还有时间的时候去做自己想做的事。（FQ）

死亡体验让我感到恐惧，简单地说，我害怕死亡，我害怕身边的人死亡，也害怕自己会死亡。害怕身边的人离我而去，我们还没有相处够，这一点是当我得知我爷爷的病情时最深刻的感受；害怕自己会死去，因为我还没有看够这世界的"风景"。虽然死亡是每个人必然的终点，但我并不能在我现在这样的状态下接受它。所以"洞口余生"让大家排列出去的顺序时，我不想留在最后，但我也不想第一个出去，我并不认为自己第一个出去能给大家带来多大的帮助，这也反映了我现在所欠缺的能力。当死亡的旋律响起时，我第一个想到的就是我的家人，这一刻我明白家人对于我来说才是最重要的。（菲菲）

洞口余生是尽可能快速地从一个快坍塌的洞里逃出来，让大家集思广益。大家要先说明理由，然后决定谁先出来，谁后出来。但是最后我发现大家出来的顺序和说什么话基本是无关的。因为大多数组判断出来的顺序时考虑的是怎么样才能让大家快速地从洞里逃出，大家考虑到了男女的问题，女士优先，男士殿后，还有的考虑到了人身材胖瘦的问题，由于洞口是很小的，只能容纳一个人通过，所以瘦子先走，而胖子就只有最后走了。我觉得这样判断是对胖子们的不尊重，因为生命都是平等的，不应该因为这样就让胖子后走，人都是有父母的，有爱人的。我们不仅仅要尊重自己的生命更要尊重别人的生命。（小华）

听到洞口余生时，我第一个就想到今天发生的公交车事件。因为这件事发生在我身边，而且我也经常坐公交车，我心里受到的触动很大。我有点害怕自己会遇到这种事，但是一想到这种事谁也不能预料到的。我还是慢慢地安静下来。洞口余生这个活动让我有一种身临其境的感受。当看到大家都在说自己为啥要出去或者说不想出去的原因，我不知道该说些什么，当大家问我时，我沉默了一下，我告诉大家，如果我一个人先出去了，大家都不在我身边，我会害怕。如果大家都出去了，只有我还待在洞里，我会很害怕，很孤单。我怕大家都忘记我，或者说洞塌了，我被埋在了下面。后来了，我们组还是决定采用猜拳的方式决定谁先出去或者留下。我很倒霉的是最后一个，其实我心里也预感到会有这样的结果。当我知道自己最后一个出去的时候，我反而坦然了，我相信，即使自己最后一个出去，我也不一定会死。我会用自己的力量帮助自己活下去。（东方燕子）

给我的感觉，我们都是一样的大学生，我认为自己没有对社会做过大的贡献，将来也许不会有什么大的贡献，社会缺我一个多我一个都没得什么影响，我也是这样看待我的同学的，但是我觉得我的存在对于我的家人是非常重要的，对好朋友和认识我并喜欢我、关系比较亲密的其他人也会有一些影响。除此之外，我觉得没什么让我觉得自己有多大的价值。所以我觉得大家都是一样的,没有非要先出去的理由。我们的理由都是因为家人的牵挂和难过,所以我们组采取猜拳的方式来决定。但是我觉得如果这件事真的发生了,那时候肯定又不一样了吧。在这个环节,她们控制灯光和音乐,让我们有一些身临其中的感觉,但是不太强烈,我们还是觉得很有安全感。我觉得要是当天下午能把"山洞探险"的活动改变成当天发生的"公交逃生"的话,估计效果可能会好一些。(蓝姑娘)

在洞口余生的活动中,我们并不是根据一种判断依据来断定谁先出去,谁后出去,而是谁先出去使得更多的人活下来。从这个活动中我看到的是团体的智慧,以及做事情并不是一种思路而且也并非仅仅限于用一种思路。(小丽)

这个环节我认为收获蛮多的。我们小组的大致情况是每个人都有想要活下去的愿望,没有说对于活下去无所谓的态度,本来要求的是每个人说自己必须出去的理由,但是我们小组大家出去的理由都是因为对生命的热爱,如果说必须,每个人都有自己的理由,所以我们组在这样的情况下讨论的是利益为最大原则,谁出去有更大的意义,并且我们组的成员都希望别人能够出去,认为自己可以坚持下去。领导者的本意是为了帮助我们去觉察我们内心最重要的东西,觉察自己的价值观,但是由于我们国家的集体主义文化,如果以领导者那样的表述,很多人会选择将怎样获得集体利益最大化为目标,而忘记了活动的主要目的,我认为这是为什么会导致后来目的有点偏的原因。我们小组的零崎胃痛,我们认为他应该先出去,实际上这反映了我们对于偏弱者一方的关注和偏爱,这是一种善良。然后我们选择了Z同学,因为我们觉得她长得瘦腿很长,可以很快给我们找来救兵,其次是小丽,最后是我,因为他们都比较瘦,可以方便出去,总而言之,大家都是以集体利益为最大原则。这个环节刚开始的时候,我想到的就是自己的亲人和爱人,我想若现在真的就无法逃脱这个困境,我是否会有遗憾,我觉得我对于生活很是热爱,关心自己的爱人,做着一个善良的女子,我觉得没有什么是让我会感到遗憾,难以释怀的,或许我的价值观就是做到自己内心想要的自己,无愧于自己。(香草)

4. 墓志铭

在为自己写墓志铭的时候想了好多词语，但是最后写在纸上才发现自己有些傻眼了。我也不知道这些是不是自己想要却追求不到的，或者说是不是自己现在和以后都想奋斗的目标。当我将这些写在墓碑上的时候内心其实蛮挣扎的，因为我觉得我应该写一些自己能够实现的。（Starry night）

当领导者让我们写墓志铭的时候，我真的不知道自己该写什么了，我有什么值得写在上面的，因此我把自己的生命提到了60年，对自己的人生进行了一次规划。（菲菲）

我的收获非常的多，特别是在墓志铭这个活动中，我感到了深深的惶恐，到了生命的终点才有了紧迫感，人生还有很多事没有做，还很多梦想没有完成，就走到了死亡，不由得感到后悔，虚度了很多时光。同时，也警示我要抓住当下的每一分每一秒，不要让现在的荒废成为你未来的遗憾。（小萝）

在画墓碑时，我很犹豫。我不想画。我觉得这是一件很恐怖的事。画好我的墓碑时，我一时间不知道在墓碑上写些什么。后来我还是写了一些，我把自己想的话都写在上面了。（东方燕子）

"墓志铭"的活动让我觉得自己现在还没有什么成就，但是让我明白了两件事，第一是我很喜欢心理学，并想长期在这方面发展，想要在这方面有成绩。第二件事我喜欢把墓碑镶嵌在大树上，大树让我感觉到生命，镶嵌在大树树干上的墓碑也会是美的，像大树那样美丽。在每一次活动的开始，领导者都要让我们做一次短暂的放松。我想它们可能想让我们放松，但是我觉得不是很需要，而且时间太短暂，太简单，有些弄巧成拙的感觉。（蓝姑娘）

假设自己离开了人世，我们现在为自己写一个墓志铭，当时很多同学感到不舒服，感觉这件事情很不吉利，有点沮丧，我的感觉是没什么，可能和我自己的价值观有关，我觉得活着是上帝的恩赐，如果上帝要收回，我已经做到自己想要的样子，活着的时候珍惜我的一切，要收回也不是我能阻止的，我能够接受。然后我给自己设计的墓志铭包括墓、碑文，与上所书一致，基本上都是一种坦然和对自己生命的接受，表示一种不后悔。我把自己的坟墓做成乌龟状，因为我觉得我自己的人生观就像乌龟，我也很喜欢乌龟那样的稳健，渐行渐远，不急功近利，不过分追名逐利，淡然处世。我还给自己的坟墓画了许多的花草、花瓣，因为我觉得死去的人并不希望让活着的人伤心，设计美好的画境，表达逝者对活着人的祝福，传达自己看开了、无悔地离开的，让活着的人能够幸福地活着。同时我给自己的坟前设计了一条小溪流，不带独木桥，因为我并不喜欢别人来打扰我，我希望能处在安静的环境，享受自然，有心来的人自然会想办法过来，无心的人也免了打扰。我自己在生活中也是这样的态度。（香草）

在墓志铭的活动中，我并没有想过给自己写什么墓志铭，可是还是去想了想如果自己死了那将会是怎样。当考虑到父母的时候，心里有那么一丝触动，觉得他们会伤心，所以会想着更加珍惜生命。而且也想到自己死的时候自己还有什么心愿或者自己成为怎样的人，和自己想要的人生有没有不同。想了这些，倒是觉得自己真的是死了一回了。（小丽）

（三）总结与反思

1. 带领小组总结

在听过老师的评价之后，我们小组的成员对团体辅导的结果有了改观。团体辅导还没结束的时候，有些小组成员就一直在那悲观地抱怨说偏题啦、偏题啦，但是到团体辅导结束，经过老师和同学的评价，小组成员才觉得其实没那么悲观，这其中肯定也包含了同学和老师对我们的安慰。但是我们还是很高兴得到老师和同学的认可。

活动之后小组成员都分别写了活动总结，大都认为团体辅导很成功，大家的参与度很高，并且都积极配合。活动选择也很好，契合主题，对了解自己的价值观有促进作用，虽然我们没有参与其中，但是对于有些活动我们都有很深的触动。另外，活动准备还算充分，现场没有发生什么意外状况，基本都在掌控之中。有些小组成员通过这次活动从别人分享中想到了一些自己从来没想到过的问题，让自己有了很大的收获。

当然，我们的团体辅导还是有很多的不足。纪律差是个普遍存在的问题；由于小组内事先没有完整地排演一遍，所以在活动的流程和活动的衔接方面还存在较大的问题；放松训练时间短，速度也快，没起到什么作用；洞口余生环节，指导者一次给出两个问题，让同学不知所措，没有起到很好的引导作用。

总结这次团体辅导设计和实施的经验。首先，领导小组成员的团队合作、积极参与，这点我们小组还算是可以，四次小组讨论大家都基本到齐的；其次，团体辅导目标不宜过多，一两个就好，开始我们的目标有好几个，所以几次方案的改动都有关于目标的问题；再次，在团体辅导方案实施之前，小组成员应该把方案内容排练一遍，熟悉一下流程，发现并改进其中的问题；还有就是，经验需要积累，不只是团体辅导，我们应该抓住每个锻炼的机会积累我们的经验，这样我们才可能在各种场合不至于害怕怯场影响发挥。

2. 成员反馈

今天是由我们"315"小组主持的关于价值观澄清的团体辅导。吸取前人的教训，为了不让整个过程充满纸笔联系，让大家失去对活动的兴趣，我们几乎找遍了全部有关于价值观的活动。经过多次的修改，我们终于拿出了一份能上得了台面的方案。总体来说，我认为这次的活动做得还是比较成功的，整个活动下来大家的参与度都比较高，大家的感想也很多，虽然我没有跟大家一起参与活动，但听过大家的分享之后，我同样认识到许多我以前没有想过的问题，我心里知道家人对于我自身的重要性，但是在许多活动中，我首先想到的基本上不会是家人，可能因为家人不在身边的原因，后来听到别的同学分享跟家人有关的，我就会想，我是不是对家人不够关心。我以前没有想过遇到洞口余生这样的情况我会做出怎样的选择，我自身是一个怕死的人，我都不知道自己是否能够做到舍身取义。我作为今天的领导者，有一些地方做得不够到位，在台上不够严肃，自身经验缺乏，总结不到位。在洞口余生这个活动的时候，同时给大家抛出了两个问题，没有起到一个很好的引导作用。但是我感觉自己跟以前比起来真的进步了，当然这也得感谢我的同伴的支持与合作。这次的活动让我意识到自己的进步，这是这节课我最大的收获，以后我会继续努力的。（易言之）

今天三组的活动我觉得还不错，深度还是有的。通过这个活动，我发现大家都有自己的想法。在这次活动中,我在洞口余生和墓志铭这两个活动中印象最深。对于今天的活动,我觉得三组的同学做的还是不错,虽然后来引导的好像有点偏了,但还是让大家深深地思考了很多东西。(东方燕子)

3. 教师反馈

(1) 领导者开场介绍小组成员,体现了领导小组的团队意识;

(2) 全程助手可以协助领导者通过提醒或榜样维持纪律;

(3) "击鼓传花"环节,结束时可以适度进行总结,避免突兀地进入下一环节;

(4) 放松环节设置背景音乐促成效果,指导语略显生硬,不完整;放松—安静—想象,指导语太快太多,时间短,要求不明确,建议带领者跟随指导语一起做;

(5) "画出自我"活动,需要告知绘画技术不重要,以减少成员的顾虑;

(6) 小组内部活动时,建议领导者走下讲台,了解活动情况和进度;

(7) 班级分享环节,助手要协助领导者维持好纪律,分享结束领导者最好表达谢意;

(8) "洞口余生"活动,利用了5.12的时间意义,结合实际很好;

(9) "墓志铭",内容规定可以灵活;成员的作品可以适当收集。

总之,该组经历了失败—团队涣散—团结—成功的团队成长过程,方案经过四轮修订满足实施的基本要求。在此也要感谢"六脉神剑"组上次的救场,给予了更多的准备时间。

四、源于暗示的力量——大学生自信心提升团体辅导

(一) 辅导方案

1. 团体名称:源于暗示的力量——大学生自信心提升团体辅导

2. 团体目标:让成员认识到激励暗示的重要作用;从不同角度去认识发

掘自己的积极潜能。

3. 团体辅导性质：结构式、发展性团体
4. 团体对象：本选课班全体同学
5. 团体辅导时间及地点：一次（80分钟），一教205
6. 团体领导者：一位带领者，小组其他成员做助手（"阿波罗1号"组）
7. 理论基础：艾森克自我发展理论、激励理论、需要层次理论
8. 团体活动计划书

表4-4 大学生自信心团体辅导方案设计表

活动名称	活动目标	操作过程	时间	准备材料
活力测评	首先，通过自我觉察的方式吸引大家的注意力，并且对自己现在的状态有所了解；其次，我们的活动简单、激情，能够调动大家一起来活动，而在大家的操作过程中，领导者通过一些话语的暗示，能够再次激发大家的潜力。	见详细介绍	10分钟	活力测量表若干
我有一个梦	克服焦虑和对失败的担心，扬起自信的风帆。	见详细介绍	30分钟	舒缓音乐、白纸
过自信关	让成员进一步认识到困难无处不在，激发他们解决问题的动机。	见详细介绍	20分钟	无
"无法无添"	让成员直面自己内心的缺点，并通过自我鼓励克服内心的不足。	见详细介绍	20分钟	白纸、水彩笔
团体辅导结束	总结本次活动的收获。		10分钟	

9. 活动详案

导入语：可爱的同学们、伙伴们大家晚上好，我是本次团体辅导活动的领导者阳帆，自我介绍啥的就省去了吧，大家都这么熟了，是吧？这次的团体辅导由我们一组"阿波罗1号"带领大家走进自信阳光的殿堂，我的家人就在你们的身边，来举手示意一下，好的，接下来是紧张又刺激的热身活动，你们准备好了吗？

热身活动：活力评测

将活力度量表发给所有的参与者。然后让他们在1—10之间为自己的活力打分，最高为10分。

接着，播放一些有趣的音乐，让大家快速鼓掌、拍打双臂或大腿（取决

于他们能力）1 分钟，这样做的时候，领导者同时给予激励。

指导语：课前大家都有拿到一张活力评测表对吗？现在给你的状态一个等级评分，第一感觉最好，好的，都完成了吗？下面我简单介绍一下规则，在音乐响起的时候，大家跟随我的指令完成以下任务，活动任务是快速鼓掌、拍打双臂或大腿 1 分钟，可以站起来的（音乐响），准备好了吗？好的，预备，开始……大家做得很好；还能再快些吗？如果不行了，你想在别人之前就放弃了吗？坚持住，相信你可以的，一分钟不是你的极限，你可以搞定的，快点，可以再快点，再快点，好样的……大家感觉累吗？感觉身体舒服吗？这些简单的小活动不仅能更快地给你带来快感而且可以有效地排泄掉你身体里的负能量。现在我想问大家一个问题，在刚开始的时候大家觉得快速鼓掌一分钟是不是很简单？在活动中有没有想要放弃掉的想法，哪怕是一闪而过的？在我说一些激励你的话之后，你的心态是怎样的？

让大家休息一下，然后他们重新给自己的活力打分。

领导者说明工作中做一些简短锻炼的好处。通过充满活力的体育锻炼可以提高整体的健康和舒适水平，可以作为激励的动力，并且询问大家听到暗示的话语时对自己的行动有没有产生什么作用。

将热身活动前后及团体活动后的活力水平记录下来：

活力度量表				
分值	状态描述	热身活动前	热身活动后	团体结束后
0	昏迷状态			
2	上气不接下气			
4	一般			
6	生龙活虎			
8	充满活力			
10	感觉棒极了			

主题活动一：我有一个梦（克服焦虑和对失败的担心）

过渡语：在面对挑战时，我们都会有战胜它的期望，会有想要获取成功的欲望，但有时事情的发展并不是我们所期望的，会有焦虑感爆棚，我也有过这样的时候，不过很庆幸，我们是学心理学的，有一些调节自己的小妙招，包括冥想放松法，下面有请我们阿波罗1号仅有的一位漂亮的女生L同学带领大家走进自己的未来……

放松指导语：请大家自由地呼吸并闭上眼睛。自由呼吸，心无杂念。我将带你进行一次想象之旅。集中注意力于我的语音，并感觉你的身心开始越来越放松……继续放松……

你周围是一片黑暗……你完全被夜色所包围……你感到温馨、放松和自如。集中神志于你的呼吸，轻松地慢慢呼吸。集中神志于你周围的令人舒服的夜色，在远处，你仿佛看到了一个圆圆的小物体。慢慢地、逐渐地，它离你越来越近，最后离你只有1米远；它悬挂在黑夜中，就在你的眼前。这个物体上有一个钟表，它的时针和分针都指向了12，这是一个普通的表，普通的黑色指针和普通的……白色的……表盘。

当你继续集中神志于表盘和指向12的指针的时候，你开始感到时间好像开始凝固了。现在，慢慢地，分针开始沿着表盘走动，开始的时候很慢，然后稍快，后来更快。在几秒钟的时间之内，它已转了一圈，时针现在指向1点了。分针继续转动，而且速度越来越快，因此时针也从一个数字跳到另一个数字，速度越来越快……当指针继续绕着表盘旋转的时候，你感到自己正被轻轻地拉……轻轻地被拖进未来之城……当你穿越时间的时候，缕缕的空气轻轻地擦着你的肌肤……直到最后，你开始慢下来……表针终于停下来了，整整10年已经过去了。

你向左边的远处看去，你看到在光亮的地方有个人。那个人就是你，10年后处在理想的工作环境中的你。对你来说万事如意。将你的意识融到未来的你身上，感受未来的温馨和积极。现在环顾四周，谁和你在一起？你看到了什么样的工作环境？你看到了什么样的设施和家具？周围的人们在说什么？这里有一扇窗户吗？你能看到窗外吗？如果能，你看到了什么？集中神志于你能看到的、感觉到的和听到的细节，并让自己感受未来之你的成就和纯粹的满足……

现在你感到自己又被拖进黑暗中，直到在远处，另一个场景开始浮现。就在正前方，你看到自己在另一个光明之地。这次是整整10年之后，你处于一个理想的家中，诸事完美……万事如意……你的身心洋溢着温馨、自豪的感觉……在光明之地环顾四方。谁和你在一起？你看到了什么家具？尽量集中神志于声音，让意象越来越清晰。集中神志于你能看到的、感觉到的和听到的细节，并让自己感受未来的你的成就和纯粹的满足。

当你又被轻轻地拉向黑暗时，光明之地开始暗下来……当我告诉你睁开眼睛时，你将重新回到现在，你将回忆起你美好的未来形象，那些美妙的成就感和满足感将在心中留驻……好了，慢慢地、慢慢地，睁开你的眼睛，你又回到了现在。

放松结束，请参与者记下意象中的某些细节，并写下一个简短的计划，如何从现实到意象中的理想状态。

最后，就想象和为激励做规划的重要性展开讨论。

相关讨论议题：（1）在光明之地你看到了什么？

（2）当看到这些形象的时候，你感觉如何？

（3）你睁开眼睛之后，成就感和满足感还延续吗？

（4）展望美好的未来怎样改进了你的生活？

主题活动二：过自信关

过渡语：在我们的国学里有句话我觉得很好，在此与大家共勉：尽人事，听天命。我们把自己的功课做好就好，至于结果，我相信你的每一天过得都很充实，结果一定不会很差。除此之外，学会自我探索，通过自身的认识去发掘自我的价值，不失为一条通向成功的捷径。我想，每个人都有一道自己的心门，胆怯、自卑的人将它紧锁，而只有勇敢、自信的人才会从容地通过。我这里也有一道门，不知道大家能不能顺利通过。

请大家按小组站在一起，围成一个圆圈；大家轮流站在圆圈里面，当有人站在里面，其他人围成一个没有缺口的圆；

站在里面的人，要自信坚定地说："我是×××，我凭×××来过关，现在请求开门。"大家要尽量想一个可以一次性过关的理由；

合格的过关，掌声鼓励；不合格的打回去，并告诉他为什么不合格，让他重来。

当每个小组都完成之后，领导者请大家回到座位，并请大家自主起来分享小组内的活动情况及自己的感受。领导者可以适当提问，诸如：

＊刚刚小组内有没有一次请求就得到大家一致通过的人，为什么？

＊有没有多次都通不过的人，为什么？

＊自己是凭什么理由通过的？

＊当自己通关之后，内心有什么感受，是否收到激励？

主题活动三：无法无添

过渡语：在刚才的自我探索的活动中不知大家是否了解到了在积极的心态下可以帮助我们更好地完成活动，在接下来的时间里，我将带领大家体验一下心的旅程，下面有请我的队友给大家分发白纸，接下来我讲一下活动的规则，不清楚的可以提出来，我会予以解答。

活动规则：（1）每个同学拿出画有心形图案的纸，并在图案里面写上三个字：我无法……要求每个人至少写出三句，如"我无法做到的……我无法实现的……我无法完成的……"

（2）再反复大声地读给自己和周围的同学听；

（3）要求每位同学把自己原来所有的"我无法"三个字划掉，全改成"我不要"，重新读；

（4）要求每位同学把各自的所有"我不要"三个字划掉，全改成"我一定要"，再次读；

（5）请同学自愿谈刚才活动环节的感受和体会，并把最后的版本（即自己的暗示语）大声地念出来。

（二）辅导过程及成员反馈

1. *活力度量*

这个热身活动刚开始还不错，感觉持续的时间比较长，大家都觉得有点尴尬。如果天气冷的时候进行，效果会更好。（东方燕子）

活动进行起来感觉手都拍麻了，但是还是觉得不太符合我们的口味。（蓝姑娘）

热身活动是拍手一分钟，我自己觉得这有偷懒的嫌疑，因为热身活动有很多，与自信心能挂钩的也能找到，用拍手一分钟不合适的原因有这样几个：

上次曲老师带我们做过这个，并且是 15 秒左右，结果我们都觉得自己很惊讶，由于上次的惊讶，这次当他说实际只有 45 秒左右时，大家的感觉都不深刻；并且这个活动是大家都做过的，活动性不强，热身结束大家都感觉有点累。（香草）

2. 冥想：走进未来

在这个活动中，领导者有很多的细节没有注意。比如指导语的语速、对内容的熟悉程度等。但是在这个活动中我还是有所感受，我幻想出自己未来美好的画面，但是当领导者叫我们回来的时候，我感觉一切又回到了现实。（东方燕子）

冥想结束了，自己感觉很困很想睡觉，在进行的时候也是睡意朦胧，对于冥想内容更是不记得，在回答问题的时候一头雾水，非常茫然，我也没有觉得自信心有提高，觉得那时候的情景不太适合做冥想。（蓝姑娘）

我觉得自己在想的时候不能跟上节奏，想着想着就想到其他的地方，偏离了主题。其实这个活动还是很好的，通过冥想来走进自己内心，看看自己真实的想法。（香草）

3. 过自信关

在"过自信关"环节我觉得自己没找到策略，我不应该最后一个过关，因为那个时候大家都过完了没有什么顾虑，就更难放我过关，在这个关卡我也看出了自己的不自信，我努力地让自己看起来有自信，但是连自己都说服不了，怎么能说服别人呢！通过这个活动我明确了自己还需要加强的地方，我也不知道自己到底凭哪一点通关，说明对自己在别人心中的作用还不明确，也或者自己在团队中没找到自己的位置。（小倩）

通关这个环节大声说出自己的名字和自己的优点来给我的感受最深，原本不怎么自信的我，要做到成功通关感觉有点难，最重要的是，让我大声说出自己的优点我真的不好意思，但是为了完成这个环节，我尽量让自己表现得很大胆，告诉自己我很自信，最后以我最勇敢的理由通关了，但其实我并不认为自己足够勇敢，要变得真正的勇敢，我还需要不断努力。（易言之）

我觉得这个活动还是不错，大家从这个活动中或多或少的都找到了自己

的一些长处。但还是领导者的问题，对细节地方没有注意，导致后面让大家分享自己的想法时，效果不怎么好。（东方燕子）

一个类似有点轰炸的活动，这个活动我觉得也非常好。让每小组手拉手围成一个圈，每一个成员必须讲出自己与众不同的优点，并且能够说服小组所有人放他出去。这个活动之所以好，就好在让自己说出自己的优点，对那些不善于发现自己优点的人来说，别人怎么发觉他的优点夸奖他，他都觉得是敷衍是讽刺，而让他自己说自己的优点，他也许就要乱说，反正就像是随便说说的感觉，然而这样让他自己说，并且说出来的必须是事实，让所有人都认为是这样，这样的话他就必须认认真真去思考，在回答以后还能被大家所肯定，这就是一种阳性强化，对于正确的行为给予鼓励，也就是觉察自己真正存在的优点，对于那些不是优点随口说出来的大家不让通过也就是忽视，这样的方法是极好的。而且有些人其实是有优点但是总认为没什么了不起，但通过这个活动，就会发现，原来在这方面别人都比不上我，同时也会打击某些空穴来风的自信心爆棚的人，帮助他们正确认识自己，觉察自己。（香草）

闯关活动的时候，我很难想出自己有哪些很突出的优点，能使我顺利通关，但是我觉得那句通关词"我是×××，因为我……所以我要通关"对我有一些振奋的作用，越是大声地喊出来，越有感触。（蓝姑娘）

4. 无法无添

在最后一个活动"我无法……"中我发觉自己的心态还是很好的，我首先想到的是人类无法改变的，比如我无法让时间停止等，我也没觉得因为无法改变时间而痛苦，我觉得这是事实。这个环节可能因为设置的问题使大家后面出现了一点问题，没有往主题走，收获不明显。这些也让我吸取教训，等我们做方案的时候就要注意这些活动规则的介绍。（小倩）

让大家画桃心，并在里面写上很多个我无法实现什么的，这个活动领导者在指引的时候出现了一点问题，导致很多同学没有领悟到这个活动的目的。（东方燕子）

第三个活动"无法无添"中"我无法……""我不要……""我一定……"

我们参与的时候写的东西和主题确实不太符合,以致后面都很不愿意写。比如"我无法割舍我的家人""我不要割舍我的家人""我一定要割舍我的家人"。让我觉得自己偏题很远。我觉得我们在参与的时候还是应该做符合主题的事情,思维也需要向主题方向靠拢,而领导者在引导的时候也需要领导我们向主题靠拢,指导语要清晰。领导者不自信,对自己小组的团体辅导方案也不自信,总是强调让我们不要太期待,有可能是卖关子,但结果好像真如他说的那样,但是让我感到有一些意犹未尽,好像还在期待下一个活动,让我们觉得振奋和眼前一亮,但是直到最后结束都没有期盼到。他们好像成功地吊了我的胃口。(蓝姑娘)

最后一个活动就是写出三个我无法,之后改成我不要,再改成我一定。这个活动被认为是失误的、不好的,因为我无法的内容不能改成我不要,有的在改了以后反而会增加自己的自卑心理或者消极的情绪。但是通过这个活动我也发现不一样的东西。(1)现实生活中总觉得自己什么都不够,缺很多,而且很多事情难以做到,但是真的要写我无法,我觉得没有什么事情是我想要做却我无法做到的(指积极的愿望)。(2)我无法这里我写的都是我无法做得不好的事情,如无法欺骗自己,我无法抛弃家庭,我觉得这反映了一个事实,没什么事情是真的无法做到,真正没办法的是放弃自己拥有的,放弃自己已有的会让自己心痛。(3)其实我拥有的很多,现在还没有的实际上通过自己努力是可以得到的,我真正无法得到的也许只是我觉得付出与收获的比例让我不愿意去做。(香草)

(三)总结与反思

1. 带领小组总结

优点:

(1)引导者在活动中表现出来的真诚、自我暴露,并在过程中树立一个不断自我激励的榜样;

(2)能够让团体成员有不同的收获,使其在活动过程中发现自己的优点,能够找到自身的需求。

（3）部分活动能够激发团员们的共情，让他们积极参与到活动中，并在活动中感受自己的成长。

（4）组内成员分工明确，每个人都发挥了自己的能力，有成长有收获。

不足之处：

（1）方案详细程度不够，在引导语、总结语上面还存在很多问题。

（2）热身活动目标不明确，同时活动选择，没有注意场地、气候等因素。

（3）领导者在引导过程中使用了一些消极情绪用语，如"大家不要对这次团体辅导抱太大的期望"；领导者由于是第一次带领团体辅导，情绪紧张。

（4）组内交流太少，组内成员的想法没有得到统一，在工作分工完成之后，没有将方案内容跟领导者进行交流，影响了领导者在方案实施中的发挥。

（5）在方案预演中对发现的问题，认识不够，没能更好地完善方案。

（6）主题与受辅对象的需求针对性不是很强。

（7）冥想主题时间把握差强人意，活动衔接不恰当。

（8）活动氛围前后差距大，有明显冷场的现象。

（9）"无法无添"活动存在较为严重的偏题，其中有引导原因，在引导前没有对所写的内容进行一定的描述。

2. 成员反馈

我们组带团体辅导的时候，是蒲公英师兄做领导者，他没什么经验而且不够自信，或许在其他组是不会让不自信的人去带领的，但是我们组为什么选择了他呢？因为我们组其他五个成员都已经带领过班级团体辅导了，只有蒲公英师兄没有带领过，所以把最后一个这样的机会给他了。他在台上的时候我们也是极其紧张的，因为能明显感觉到他的紧张。索性没让我们失望的是他坚持下来了，而且非常坦诚地说了自己的感受。所以我还是很为我们组感到骄傲的。（婷婷刘）

经历过上次我们小组带领大家做团体辅导，虽然我们小组做得很糟糕，但是我明显感觉到了我们小组在经历了这么一个失败后的小组凝聚力得到了很大的提升，大家彼此都理解和信任了，不管活动带得有多么糟糕，至少我们小组的每一个人都得到了成长，这也是这个课程的最终目标。尤其是我，以前根本就不屑跟他们一起活动，但在经历了上次带领活动之后，我现在愿意与他们一起参与活动，分享我的感受，因为我们是一家人。（海穹）

  从小组团体辅导主题的确定上来讲，我们小组可以说迟迟确定不下来一个主题，各抒己见，最终我们才选择了自我激励这样一个主题。不过在分工上我们还是很明确的，收集资料，找活动，做PPT的，各有各的事，我因为整个"五一"假期回家办助学金的事，第一次没弄好还跑了第二趟，到我这里就是个主持的了，而且总的来说，时间很赶啊，我是周六的时候才看到我们小组的完整方案吧，我没有不做准备就能在台上滔滔不绝的本事，我需要时间准备！但都赶到这里了，还能怎么办？硬着头皮上吧！当然，我也很想带一次团体辅导，成不成功不重要，如果不从可能浪费大家时间的角度来说，对我也是一种体验。而我们团体辅导之后，给我最大的一个感受就是，我第一次这么贴切的感受到了桑代克三大学习定律里面的准备率了。作为领导者，我关于这次团体辅导所做的准备非常欠缺。真的是各方面的欠缺，在时间上，我拿到团体辅导方案的时候已经是星期六了，我知道这也怪我，在之前的团体辅导准备活动中都没有参与而跑去做其他的事，当我知道接下来这个周就要带的时候，都要惊呆了，我觉得时间太紧了；在内容上，我的欠缺还表现在关于团体辅导内容的了解上，这一点之前也都有提到，其实在最终落定的团体辅导方案之前，初稿我也有看过，但当时我没有意识到是自己去带，我以为会让我做其他的事情，也就没有对那个方案多加注意准备；而最大的问题，最大的欠缺，出现在对自我的认识上，我对自己太过于自信，我还对这一次团体辅导的效果抱有侥幸心理，结果败得一塌糊涂。一直以来我把很多事情都看得过于简单，都有侥幸心理，总想着说不定就怎么怎么样，不知道天高地厚，还不好好做准备，失败了也好。观念的改变也需要慢慢来，这是失败的一个开始，或者说是我最切实感受到的失败的第一次，也是我知道自己几斤几两，开始知道认真准备的一个开始！（蒲公英）

  本堂课是由第一小组带领的关于增强自信心的团体辅导，领导者的真诚是我们最赞赏的，但是说实在的，这次团体辅导并不成功。首先感觉很多段子在凑时间；其次热身活动快速拍手一分钟放在这里似乎有点太过牵强；再次是大家连一分钟热身都没做到；最后每个活动的衔接都不连贯，中间大段大段的总结无法提起成员们的兴趣。不过还是有很好的地方，领导者的自我暴露让大家感受到他的真诚，活动本身也具有一定的启发意义。这次活动让我认识到，我是真的进步了，我真的有找回一些自信，希望以后我能彻底摆脱自卑的阴影，变得真正的勇敢。（易言之）

这一次的团体辅导是由第一小组的同学来带领的，整个活动总体来说还是可以，但是中间也出现了一些问题。总之，这个活动有好的地方，也有值得进一步改进的地方。这个活动的目的是自信心训练，但好像领导者的自信心也不是很够，因此，我觉得以后我们做团体辅导的活动时一定要准备充分，并且也要把胆子放大一点，这样下面的同学才能更好自我成长。（东方燕子）

作为一个不合格的参与者，我也需要反思，我觉得我在参与的时候不是很认真，没有尊重别人的劳动成果，而对自己的帮助也不大，在以后的团体辅导中我需要改进，克服这些不好的毛病，要尊重别人，就像我想要别人尊重我那样。（蓝姑娘）

3. 教师反馈

（1）PPT做得很漂亮、生动。

（2）打破了本次课程以来都是女生做主的历史，第一次男生做领导者，声音洪亮。

（3）"活力度量"表格打分，分值表示不清，活动前、活动中、活动后，最后没有呼应，不了了之。

（4）"鼓掌1分钟"活动，当天气温比较高，不适合热身。

（5）"走进未来"冥想约7分钟，放松指导语节奏稍快。放松后的讨论有些突兀，建议有节奏抛出问题，必要时用PPT补充，先给大家思考的时间，然后再讨论。讨论时间要充分且不宜过长，随时关注进展。

（6）"过自信关"活动，发掘自信的资源，效果非常好！小组围圈，场地较开阔。一次性过关的理由是什么？玩得high，意义如何引导？过关者的成功经验是什么？没通过的原因何在？团队的标准是什么？标准的依据是什么？自信心提高了吗？

（7）"无法无添"活动，指导语不是很清楚，有跑偏现象。

（8）结束时总结一大段有些偏离主题，涉及自我暴露的部分效果好。

（9）该组交初稿最晚，且待修改的地方较多；中间更换过主题，实施前一天才交第二稿，很多细节未敲定，小组合作后期才进入状态，上课前5分钟还在集体演练，也算临阵磨枪。领导者传递信息的语气不够自信，自我总结中有所反思，充分的准备很有必要。

五、来自星星的"我"——大学生自信心训练团体辅导

（一）辅导方案

1. 团体名称：来自星星的"我"——大学生自信心训练团体辅导
2. 团体目标：本团体希望通过为组员营造一个真诚、尊重和温暖的氛围，帮助在校大学生认识自我，引导组员发现自己更多的优点，寻找、摆脱自卑的束缚，找到自信的依据，建立理性的自信系统。
3. 团体性质：结构式、封闭式、发展性
4. 团体对象：团体心理辅导全体选课学生
5. 团体地点：一教205教室
6. 活动时间：一次，120分钟
7. 团体分工：一位领导者，四名助手（"sun-flower"组）
8. 理论基础

（1）阿德勒的理论

阿德勒认为，人天生就有一种自卑感，这种自卑感促使个人不断地追求优越。他认为自卑情结的发现是个体心理学的重大贡献。对抗自卑感的主要方法就是"补偿"，即力图补偿自己的不足，克服缺陷以求达到优越的目标。由于补偿方法的不同，儿童形成了"生活方式"，即在生活中不断加以总结、归纳和概括，逐渐固定下来，形成一套特殊达到目的的行为方式，以此作为

对付环境的基础。在阿德勒看来,各种心理疾病或障碍都是"生活的失败",是由于错误的生活风格导致的。而错误的生活之所以产生,是由于个人专注于夸大了的个人优越感并缺乏足够的"社会兴趣"。如果一个人缺乏对社会的兴趣和与他人的合作精神,而自己的生活目标又遇到困难不能达到,人的心理就不平衡。

(2) 埃里克森的理论

埃里克森认为,青年期主要面临的问题和困惑是自我同一性,同一性混乱具体表现为自我认识不全面、不客观,自我目标不明确,自我与环境适应不良,由此导致了自我认识偏差、自卑、人际关系不良、生涯规划不明等一系列迷失性问题。因此这一阶段的主要发展任务就是建立同一性和亲密关系,即帮助青年人认识自我、了解自我,思考自身角色和责任,以及自己与周围环境的关系,确认自己的正确位置和发展方向。

(3) 马斯洛的理论

尊重的需要可分为自尊、他尊和权力欲三类,包括自我尊重、自我评价以及尊重别人。与自尊有关的,如自尊心、自信心,对独立、知识、成就、能力的需要等。尊重的需要也可以如此划分:渴望实力、成就、适应性和面向世界的自信心以及渴望独立和自由;渴望名誉与声望。声望为来自别人的尊重、受人赏识、注意或欣赏。满足自我尊重的需要导致自信、价值与能力体验、力量及适应性增强等多方面的感觉,而阻挠这些需要将产生自卑感、虚弱感和无能感。基于这种需要,愿意把工作做得更好,希望受到别人重视,借以自我炫耀,指望有成长的机会、有出头的可能。显然,尊重的需要很少能够得到完全的满足,但基本上的满足就可产生推动力。这种需要一旦成为推动力,就将会令人具有持久的干劲。

自我实现的需要是最高等级的需要。满足这种需要就要求完成与自己能力相称的工作,最充分地发挥自己的潜在能力,成为所期望的人物。这是一种创造的需要。有自我实现需要的人,似乎在竭尽所能,使自己趋于完美。自我实现意味着充分地、活跃地、忘我地、集中全力全神贯注地体验生活。成就感与成长欲不同,成就感追求一定的理想,往往废寝忘食地工作,把工作当成是一种创作活动,希望为人们解决重大课题,从而完全是吸纳自己的抱负。

9. 团体活动计划书

表 4−5　大学生自信心训练团体辅导方案设计表

活动名称	活动目标	操作过程	时间
热身活动	让同学们放松	放松训练	5 分钟
比一比	让参赛成员看到自己的长处，体验成功，呼应主题。	1. 每组派出一位成员参赛。 2. 每组参赛人员就位后，领导者再说比什么，例如： 比长：比手臂、上衣、头发等； 比短：比手指头、裤子或裙子； 比高：比声调、手抬起的高度； 比大：比眼睛、手掌等； 比多：比身上的饰物、穿的衣服、身上的扣子等。（也可以比一些性格特征或者人格特征，如温柔、坚强、可爱、倔强、活泼、大方、文静等） 3. 计算每次比完的输赢，输的接受惩罚，内容由赢者定。	10 分钟
人类进化论：小蟑螂——鱼——小鸟——猴子——人	让同学们体验到成功和失败。然后呢？我觉得生活中体验的成功与失败比这个要深刻得多。有些活动环节中会安排输者不仅不能前进可能还会后退。这个活动的意义，一是体验成长的不易，随时可能面临失败；二是影响成败的因素有偶然也有必然，从成员的总结中引导大家认识到我们越积极争取，多付诸努力和行动，成功的机会越多。	1. 每个队员在初始时的角色均为小蟑螂，每个人的任务就是必须努力由小蟑螂进化为人，其过程经过与鱼、小鸟和猴子，进化一级的方式是与同类生物做剪刀石头布，赢者进化一级，输者则需继续寻找，直至进化为人； 2. 最后若剩下无法进化的"生物"则须接受众人的惩罚：用身体表演剪刀石头布； 3. 组织同学们谈感想。	10 分钟
自信心训练	增强成员的自信心	1. 小组成员派出代表； 2. 让成员代表从准备的纸条中抽出一张，并按照上面的情境准备； 3. 让每组进行表现； 4. 表演结束后，领导者引导全体进行分享。	50 分钟
团体结束	巩固团体效果	总结团体过程与收获	10 分钟

10. 详案

引导语：今天是我们四组给大家带来的活动，今天我们的活动主题是"来自星星的'我'"。我们每个人都会发光发热，希望通过我们今天的活动能让同学们发现自己的光和热。下面进入我们的主题活动一："人类进化论"，我先讲一下活动规则……通过刚刚同学们对活动的分享，我想有的同学体验到了成功的喜悦，有的同学也尝到了失败的味道，在我们的生活中有成功也有失败，一个人不可能所有事都是成功的，也不可能所有事都是以失败为结局，所以我们要正确地看待成功与失败，不能因为一次失败就一蹶不振，从此消沉下去，我们不管成功失败都要对自己充满信心，相信自己的潜能。

下面进入我们的第二个活动："我可以"，活动规则如下……

同学们分享了自己的感受，我想说的是，有时候我们可能会畏惧在大家面前展示自己，因为担心自己万一不够好而被耻笑，其实有些时候只要我们勇敢一点，你会发现只要你去做了，根本就没自己想象中的难，而且即使结果不理想你也会收获很多。

下面是我们的最后一个活动，情景扮演，每个小组可以在下面的情景中选择一个来表演，每组参与的人数尽量多一些。

通过今天的活动我想大家或多或少都有一定的收获，当然我也有收获，感谢大家今天的配合。

附录：模拟情境材料

情景一：你一直暗恋一个人但是你们的地位悬殊很大，此时你准备向 ta 表白，但是……最终你成功了。

情景二：你平时很内向很自卑，你参加了班上的一个集体活动担任了一个小角色，获得了老师和同学的认可。

情景三：平时你非常的胆小，与人说话都会脸红，但是现在老师让你组织班上的庆"五一"的活动，此时你会……结果你顺利完成了任务。

情景四：你的好朋友一直很自卑，他们很羡慕你的自信，你会怎样帮助他获得自信……

情景五：你们小组有一位同学因为脸上有胎记，而很自卑，你作为班长让他开朗、自信起来，你会……

（二）辅导过程及成员反馈

1. 放松体操

并没有太大的内心体验，只专注于身体上的抱紧与放松，没有注意内心

的感受。（小乙）

与以往的热身活动有所不同，有他们小组的人带领着大家一起来，这样效果会更好。并且，他们的内容也比较新颖，加入瑜伽在里面。（东方燕子）

热身活动的那些肢体运动也是我们在以前的团体辅导中未曾尝试过的，只是觉得活动的幅度有点大，教室的空间太狭小。然后廖二娃同学要求我们使劲地伸展自己的身体，可能是平时很少运动吧，所以做了以后觉得有些酸痛，但在那样的地方和氛围下还是很开心的。

廖二娃先是请 W 同学上台，由一个一个单独的动作，引导台下的同学们进行身体的舒展，感受身体的呼吸，像瑜伽一样，尽量伸展自己的关节，在 W 同学的倾力带领下，我们都很能感觉到身体舒展时的感觉，一种舒适。我觉得值得一提的是廖二娃引导的过程，他把每个动作都拆分开来，中间会添加引导词：下面这个动作一定会让你感觉到飞一般的感觉等，并且语气很坚定、自信，让每个听众都感觉每个动作都会带来平时不一样的感觉。在这样一种积极的暗示下，每个人都会真的感受到他所说的那样的神奇效果。（香草）

2. 比一比

其实我也很想上去比一比，但组员们都讨论猜测他们会比什么，而猜测到的方面我都没有优势，心里有些小失落的，并没有得到自信心的训练提升，相反有些受到打击的感觉。其实在这个环节设计上，个人认为可以让同学自己展现自己的优势，提升自信，可以叫同学对自己某一优势提出来，让其他同学来挑战，这样能帮助同学们更进一步了解自己的优势，提升自信心。（小乙）

在这个活动中，每组都要派一名代表上台比长或比短。我们小组很倒霉，每次去比都失败了。导致我们小组的信心有点降低，但我看别人还是很不错的。在这个活动中，我发现每个人的长处是不一样的，有的人头发长，有的人腿长。只要我们能够把自己的长处好好发挥，我相信自信心便会随之而来的。（东方燕子）

比长短的活动，我们都在半知情的情况下去参加，所以有的时候也会笑料百出，比如在比头发长短的时候某组派了男生去，然而那时候的活动规则

不成熟,他最终就被比拼下去了。(蓝姑娘)

先不告诉大家要比什么,请每组派一名同学上去,与其他组派出的成员进行比较。比长比短,比大比小。虽然有的人觉得这个活动不公平,有的觉得开始没有讲比什么设计不合理,等等,但是我觉得这个活动与主题还是非常切合的,尺有所短寸有所长,如果一个人必须带着必赢的心态去比,好像不赢就是难以接受的,那这个活动更是合适,挫一挫这样的气焰。本来这个世界上就没有必须一定,以这样的心态去生活,非常不可取,可能会导致激进或者退缩两种极端的生活态度。比一比有的赢在坚持,有的赢在运气,总之赢不赢是一种结果而不代表什么。(香草)

3. 人类进化论

因为对此活动很有兴趣,所以我自己积极性很高,看见大家的参与度与积极性也很高。在活动开始每人拥有三张牌,在最初的三盘划拳我就把自己手上的筹码输得精光,成为"小强",但内心并没有觉得自己输了、输得彻底,反而觉得自己当"小强也不错","小强"是很坚强的动物,也很可爱。而领导者喊"小强"都上台时,才发觉自己的同类好多,感觉找到伴了,心里有种自豪感,希望自己也像"小强"一样顽强,勇敢地生活下去。(小乙)

这个活动是以扑克为基础,通过猜拳的方式来获得别人的扑克牌,当自己的扑克牌到达7张及以上则进化为人类。而自己很倒霉,没猜几次就没有牌了,我突然感觉自己很失落,但是我看到别人都成为人之后,心里的感觉很复杂。后来,通过继续猜拳让我成功进化时,我突然心情又好了,自信心又回来了。(东方燕子)

我觉得我是很自信的那一种,就算有时候遇到不自信的情况,也会说服自己,看到自己短处的时候还要看到自己的长处,我明白自己的短处和长处,所以不拿自己的短处与别人的长处相比,有时候在自己不自信的时候也会用自己的长处来安慰自己,毕竟自己也不是那么差。然后在小强变成人的活动中我三次划拳就输光了手中的三张牌,一直是小强,没有升级过。两次团体辅导中都有划拳的活动,但是每一次我都没有赢,我很疑惑,是运气问题呢还是技术问题?

每个人拥有3张扑克牌,代表小强,每个同学需要去和别的同学猜拳,赢了可以获得一张,输了就要给别人一张,每得到一张就会升级,得到7张就可以变成人。在活动过程中,我是每次都难以超过5张,每次赢了一张就感觉我终于离人类进了一步,一种非常高兴期盼的心情。当我期盼着能获得更多卡片来变成人的时候,就会迫不及待找下一个人来猜拳,往往这样的时候都会输,把已有的卡片输出去,我就会沮丧后悔。在这个过程中间,我发现当有目标足够吸引的时候,我也是成就动机蛮强的。我非常想变成人,所以会去追求赢,主动和别人猜拳,而不是被动的,这种追求成功的动力大于害怕失败被动应战,所以我觉得当目标足够吸引我的时候我还是个有成就动机的人。因为在平时我是个害怕失败的人,一般不会去参加什么外部活动,因为害怕被拒绝所以不主动交朋友,害怕事情做不成功而拒绝做事情,所以我以低成就动机命名自己,但是通过这次的活动,我发现,当目标足够吸引我的时候,我会努力去争取胜利。虽然到最后我也没有变成人,并且很多同学成功了,但是我也没有想象中的那样情绪变得糟糕,还是比较接受这样的结果。并且将失败归因于运气,本身猜拳靠的是运气,而不是努力,在平时的生活中,我可以用我的努力完成自己制定的目标,所以我觉得我应该给自己寻找合适的目标,用吸引自己的方式去解释这个目标,这样的话,我就会喜欢这个目标从而去为获得成功努力。(香草)

4. 情景表演

在本次活动的讨论时小组成员都各抒己见,发挥自己的想象力,我又发觉自己的一个优点(有创造力)。其实在活动交流过程中,如果自己用心挖掘,会发现自己身上有许多闪光点,发现原来自己这么优秀,这也是个提升自信的过程。(小乙)

特别是在情境剧中,对一件事情来说,站在别人的角度和单纯地站在自己的角度来看是完全不一样的,很多时候,我们就是为了自身的利益或者是自己视角的狭隘,看到的一面很局限,换个角度站在别人的角度看问题,可能对这件事情会有个更全面客观的认识。(小萝)

在这个活动中,我们小组很幸运的抽到了第一个。通过我们小组的思维碰撞,我觉得我们小组的创新还是可以的,看了其他小组扮演的还是不错的。后来听四组的人说最担心的是这个活动,我本人觉得其实大家的想象是无限的。只要给我们一个主题，我们就能无限发挥。总的来说，这个小组的活动是很不错的，特别是领导者的热情很到位，所以我一直坚持会写方案不一定能带得好活动，这就是正面的教材。通过这个活动，我也发现了，要想获得自信，准备和勇敢是必不可少的。只有你做好充分准备，再加上一点勇敢，结果会出乎我们的意料。（东方燕子）

关于自信的团体辅导活动的情景表演，一个不太爱表现的同学被委以重任，组长作为主角登场，我们近乎于是临场发挥，所以角色里都带着个人的感情色彩和性格特征。组长平日里表现得开朗活泼，但我感觉他的内心可能是脆弱敏感的，并且不太会表达。在表演中内向的同学被赋予了活动的主导权之后，她的语言和行为表现变得骄横跋扈，甚至是嚣张地说："我是这次活动的×××，所以你们要听我的。"这变得有一点脱离了预设的剧情，所以只能改编往回拉。不知道作为主角的组长后来有没有仔细去揣摩这个剧情里面投射进去的个人意志。这让我想到了狱警和服刑人员的那个实验。（杜拉拉）

（三）总结与反思

1. 带领小组总结

热身活动：肢体放松训练

领导者通过几个简单的肢体动作，要求大家跟着领导者的指导语尽自己最大的努力最大限度地配合领导者完成各个肢体动作。动作虽简单，但在活动的过程中能够使每一个同学得到放松。当然，在热身活动中，投入的越多，自然收获就越多。

主题活动一：比一比

每个人都是独特的，我们在不同的方面可能存在不同的情况，这些不同的情况可能是我们的劣势，或许在不同的情境之下有可能是我们的优势，所以我们不能不战而败，拿出自信与勇敢，不抛弃，不放弃，就算机会渺茫，也要敢亮剑。

机会总是留给有准备的人，但在成功的道路上，可能布满荆棘，即使之前我们屡屡受挫，也要勇往直前，活出自信人生。

主题活动二：人类进化论

活动场面一度混乱，可能对其他教室的同学产生一定的影响，但这是课程活动的需要，火爆场面还是在我们的预料范围以内。

对于成功进化的同学：在活动过程中，少部分同学是顺风顺水一路成功进化成人类的，大多数中途都有遇到失败的经历，但我们必须要有成功的信念，拿出信心和勇气，努力奋斗才能成功进化。

对于没有成功进化的同学：我们仍然可以感受成长的快乐，即使我们最后没有进化成功，但我们也有自己的价值，帮助别人成长，享受助人的快乐，做一只快乐的小蟑螂。

主题活动三：情境扮演

情境扮演的过程是我们最不能很好把握的一个环节，之前我们就担心随着大家的自由发挥，表演与主题相差太远，导致我们的领导者不能很好地把我们的主题再引导回来。事实却是大家都很认真地完成指定情境或完成自编情境。在整个过程中，我们要求每一位小组成员都参与进来，我们考虑的是如果只派部分代表参加的话，会让我们的部分同学少了一个机会，大胆表现自己的机会，今天的主题就是自信心训练，不敢勇敢表现自己的同学正是今天应该收获最多的同学。

在情境过程中，他们通过不同的情境，展示出通过朋友的帮助增强自信，走向成功。在针对这个活动总结的时候，也有同学提到了，通过这个活动，他正在感受一些以前做得不够的地方，也许以前的他们就很优秀，只是他们不敢相信自己，没有意识到自己其实是可以的，因此我们要自信，相信自己！

最后的总结中大家也给我们提出很多宝贵的意见，例如我们在每一个活动结束后与下一个活动开始前的这一个过渡中没有做得很好，我们可以在活动总结后设计恰当的衔接语句，让下一个活动出现的时候不会显得那么突兀。另外就是我们的活动名称也是在一路变化，从"自卑与超越"到"一颗闪亮的星"再到现在的"来自星星的我"，中途我们对方案进行过几次修改和调整，但由于时间的关系，真正在一起演练却一次完整的都没有成功，这是我们做得不够的好地方。最后就是关于我们的领导者，L同学，他是一位充满激情的同学，他的教学方式也是激情洋溢式的教学，在他的课堂上想要走神都是有一定的难度，但是如果换一个领导者可能效果就没有他那么好了，所以他在这次团体辅导活动中表现也是相当棒的！

本方案最终采用 Z 同学的个人团体方案，感谢她对本次活动提出了我们奋斗的方向和目标。

此次团体辅导活动的顺利进行，是我们第四小组全体同学齐心协力，团结协作，共同努力的结果，感谢大家的努力与付出！

2. 成员反馈

我自己带领了"自信心"活动的团体辅导方案，这个方案是由黎素素同学来写的，经过我们小组的多次谈论最终展现给了大家。十分感谢老师对我们团体辅导方案的指导，也感谢同学们对我领导团体辅导的支持！本次活动不足之处在于在一个活动完了以后，我没有引导大家进行深入的思考主题，我们活动的主题没有被大家领会到。（廖二娃）

这次是我们带的团体辅导，现场的效果令我觉得很满意，是我之前没有想到的，对于这次的方案大家都付出了很多，之前大家这个过程中我们有过很多的想法，因为上周有一组做了自信心训练，我们就担心大家厌倦，而且确实自信心不好做，我们不可能因为那短短的几十分钟就让一个人充满自信，自信是一个长期的积累，需要时间。所以在中途的时候我们就想过换题，当决定换题的时候我们又发现要临时再想一个新的方案显得时间不够，最后大家就决定把原来的方案好好改一下形式，不能换题。而且在中间我们也换过领导者，让我担任主带，后面的详案是我的想法，但是由于种种原因我退缩了，还是让廖二娃去主持，我主要负责改方案。其实通过这个活动我觉得每个人都有自己的风格，有的人喜欢临场发挥，有的需要事前全部准备，就像之前我担心廖二娃会把场面搞得太浮夸，而最后我发现或许这就是他的风格，他有那个根据临场决定的自信。通过这个活动我们小组更团结了，我一直觉得我们小组比其他小组都要有凝聚力，因为我们小组里的每位成员都愿意坦诚相待，有什么样的想法也愿意与大家分享，所以在这个团队里会觉得安心。这个活动是我们小组共同的结果，我们每个人在这个作品里都有明确的分工。

最后我觉得曲老师真的很细心很负责，每次给老师的方案都会发现很多问题,但是说实话也会让我在面对老师的时候有些压力,虽然这次现场的效果不错但是我知道给老师的方案做得不好,没有达到老师的要求,或许就像老师所说的,一个活动不仅是要看它现场有没有效果还要看这个效果能维持多久,对个体的影响有多深。(小倩)

还有就是在我们小组带团体辅导的过程中,我的感触也很深。从最开始每个成员自己做方案,到选方案,到不断反复完善方案,再到制作PPT、试讲,一直到最后真正带团体辅导,这个过程我们小组成员不断磨合,想法的整合,分工合作,我们每个人都在付出,同时也都在收获。我学会了怎样做方案,了解了实施方案的各个细节,但是我最大的收获还是体验到小组合作的力量,明白了怎样协调团体成员,怎样整合不同成员的不同想法,怎样让每个成员的特长得到最大的发挥,从而使效率最高。(黎素素)

领导者非常激情澎湃的领导本身就是自信的体现。当同学分享感受时,领导者总会提到"自信"二字,当分享的同学听到后立马就昂首挺胸,这虽然不能说明他说的话具有这样的魔力(可能会有同学的配合),但是我们至少可以发现人在自信时的状态,那必然是昂首挺胸、精神振奋的。生理和心理是相互影响的,既然提到自信有这样的躯体反应,那我们在不自信的时候,是不是可以要求自己把头抬起来一点、背挺直一点、嘴角向上一点,这样我们会不会变得自信一些。在站上讲台发言或是领导活动时会有紧张焦虑,担心自己表现不够好,被其他人笑话,但是当你站上去的时候,这种紧张焦虑的情绪就会很大程度地减少,随着活动的进行,你根本就不会意识到紧张这个问题。我们总是在行动之前就不断地怀疑自己,给自己施压,把自己变得不自信,只有我们勇敢地向前迈出去,才能克服这种心理。(菲菲)

我觉得廖二娃带领的团体辅导在气氛上是所有小组中最好的。但是也有不足,由于他情绪太高涨,会导致学生们把注意点放在了他身上而不是团体辅导的内容上。(Clown)

整体感觉印象深刻。第一,是因为在参加了几次团体心理辅导后产生了一些疲劳效应,然而他们的每个环节的活动都很新颖,让参与者有种耳目一新的感觉,大大提高参与者对本次团体心理辅导的兴趣,更加专注于活动,用心体验;第二,是因为领导者的正能量,廖同学本身就很有气场,说话能吸引周围人的关注，而且他在活动中做引导语时，语调有高有低能抓住参与者的注意力，而且他说话幽默风趣，给活动增添了许多色彩。每个人都是一颗闪亮的星星，就看自己怎么去挖掘欣赏，如果总拿自己的短处去比别人的长处，那么自己会越来越自卑。遇见未知的自己，多去实践探索，发觉自己优点，悦纳自己，做个快乐自信的人！（小乙）

其实整个活动下来，带领者的引导让我感觉每个活动都是热身活动。领导者的热情着实让我佩服，但是如果不是他来带的话肯定又达不到这样好的效果。印象最深刻的就是小强变成人的活动，我是一路顺风地变成人的，成人之后还想往上爬，多赢一张就沾沾自喜，后来输了一张就不敢再继续了，因为害怕输了就成不了人了。我体会到的不是跟自信有关的信息，而是感受到自己的懦弱与胆小，害怕输。人们都说有输必有赢，失败是成功之母，但是我就是怕输，输了之后我的自信就会受到打击，如果连续输的话，我以后肯定就不会再干类似的事了。这个活动让我体会到自己身上的这个劣根，我非常需要克服和改变的一点，至于应该怎样改变，我想这是一个值得深思的问题，我应该多尝试失败吧。（易言之）

今天第四小组的自信心训练的团体辅导活动我个人觉得还不错。至于他们的一些缺点，我觉得领导者引导和活动之间的衔接还需要改进。其他的我觉得还是很不错的。（东方燕子）

在廖二娃同学带领的自信心训练是非常棒的，他个人也是很有号召力和感染力的，很能激励我们，在整场活动中大家的情绪都非常的高昂。这一次团体辅导带给我最大的感触就是领导者的魅力还有活动内容上的安排比较符合我们，比较有趣，我们在活动中得到成长，变得更加自信。（蓝姑娘）

3. 教师反馈

（1）方案不详，实施前对评估方案设计带来难度。

（2）领导者出场不拘一格，闪亮现身，很有创意，并能够调动气氛，成员配合好。

（3）背景音乐声音略大，有些煽动性。

（4）强调活动的新颖，一定大家都没玩过，很好地调动了好奇心和参与度。

（5）比一比，发现身上的与众不同，活动有吸引力，纪律好；比长（头发、腿）、比大（手掌）……为成员发现自己的长处提供了丰富的视角，获得积极的分享：每个人都有优点，要在相对环境中比，要坚持寻找。

（6）人类进化论，场内一片喧闹，建议强调非言语交流。请 7 张及以上的上台分享，获得"方法＋努力"的正能量；请 3 张及以下的上台继续 PK（以不同的身体动作表示剪刀包袱锤），最后剩下一人表演节目，观众起哄，有些收不回来（惩罚的方式转移了注意力，偏离了主题）。

（7）通过角色扮演很多伙伴感同身受，体会到夸大自己的缺点跟别人比较会带来自卑，学会发现优点，从细微的地方着手。

总之，领导者收放自如，活动安排动静结合。建议团体辅导中无须过多强调活动是否做过，活动的新颖尽可能做到，倒是需要提示心理学的活动都是些工具，不是一次性的，即便曾经有成员做过，不同情境下和心境下参与会有不同的收获。

六、信任之旅——大学生人际信任团体辅导

（一）辅导方案

1. 团体名称：信任之旅——大学生人际信任团体辅导
2. 团体目标：提高团队凝聚力，形成一个团结、互助、高效的团体；增强团队成员的归属感，团队成员之间的信任感。
3. 领导者：一位领导者，小组其他成员做助手（"向阳花开"组）
4. 团体对象：团体心理辅导课的选课同学
5. 团体地点：一教　205
6. 团体时间：星期一　19：00—20：50
7. 准备材料：A4 纸、眼罩、装 1/4 水的塑料瓶、书本
8. 团体活动计划书

表4-6 大学生人际信任团体辅导方案设计表

活动名称	活动目标	操作过程	时间
热身活动：电波的速度	放松大家心情，活跃团队气氛，让大家以一个愉快的心情继续后面的活动。	1. 所有成员手拉手围成一个圈； 2. 随意在圈中选出一个人，让他用自己的左手捏一下相邻同伴的右手，问第二个人是否感受到了队友传递过来的捏手信号，这里我们称之为"电波"。告诉大家收到"电波"后迅速地传递给下一个队员，也就是要快速地捏一下下一位队友的手。这样一直继续下去，直到"电波"返回起点； 3. 告诉大家将用秒表记录"电波"跑一圈所需时间。然后大喊"活动开始"，并开始计时； 4. 告诉大家"电波"传递一圈所用的时间，鼓励一下大家，然后让大家重新再做一次电波传递，希望这次传递能更快一些； 5. 让队员们重复做几次电波传递，记录下每次传递所用的时间； 6. 等大家都熟练起来之后，变更"电波"的传递方向，使电波由原来的沿顺时针方向传递变为沿逆时针方向传递； 7. "电波"沿着新方向被传递几次之后，再一次让队员们逆转"电波"的方向，同时让队员们闭上眼睛或是背向圆心站立； 8. 在活动快要结束的时候，为了使活动更加有趣，悄悄告诉第一个人同时向两个方向传递"电波"，而且不要声张，看看这样会带来什么有趣的效果。	10分钟
增强团队成员之间的信任感（信任考验）	体验信任他人，自我信任以及集体对自己的重要性。	领导者让成员对下列3个事情分别在量尺上选择对应的一点（量尺上有几个点：1. 永远保密；2. 父母；3. 恋人；4. 闺蜜；5. 老师；6. 室友；7. 同学；8. 朋友；9. 熟人；10. 邻居；11. 随时公开）。3个事例分别是：1. 当你和你朋友发生矛盾时，你最愿意向谁吐露你的苦恼；2. 你对他人不好的评价；3. 自己身体出现了一些比较隐私的疾病。选择完成，小组内分享。	35分钟
考验团体内的沟通配合以及团体协作能力（蒙眼者背绑腿者）	让团队成员体验到沟通，互助、协作对于一个团队的成功至关重要，从而增强团队凝聚力。	1. 以小组为单位，任意从各小组选举两名成员参加活动，背的人为蒙眼者（用纱巾蒙住眼睛），被背的人为绑腿的人，为蒙眼者指路，穿梭在教室的过道以及座位之间（绕着教室走一圈）； 2. 小组之间进行比赛，以抽签的方式决定出赛顺序，一组轮空直接进入决赛，其余六组两两一组进行比赛，以最先穿越障碍到达终点为胜出，进行决赛。	55分钟
活动总结	升华团体情感，增加团队成员之间的交流。	1. 成员之间信任的重要性； 2. 小组协作的意义。	10分钟
实施情况及注意事项		1. 蒙眼者蒙眼时一定要督促严格遵守规则； 2. 领导者严格把握时间节奏。	

9. 详案

热身活动：电波的速度

领导者：请同学们围成一个圈，开始我们的热身活动——电波的速度。具体的活动规则是……（同时呈现在 PPT 上），若有不明白的，可以提出疑问。（助手展示 PPT）你们是否都明白了？

同学分享活动收获和感受。领导者总结（事先思考活动目的，现场回应同学的分享）。

总结过渡："电波的速度"象征着快速与激情，蕴含着一种正能量。我希望大家把你们的这种正能量传递给你们身边的每一位队友，让我们带着这种正能量进入接下来的主题活动当中。相信大家已经看到了，我们的第一个主题活动叫作"信任考验"，规则是……（同时在投影上呈现）。有问题吗？没有的话现在就拿起你们手中的纸笔，开始行动吧。

活动引导：我看到大家基本都完成了，下面请各小组成员之间进行交流，说说你们自己的看法，认为这件事情可以告诉谁，在量尺上找一点（量尺上有几个点：1. 永远保密；2. 父母；3. 恋人；4. 闺蜜；5. 老师；6. 室友；7. 同学；8. 朋友；9. 熟人；10. 邻居；11. 随时公开）。你们为什么会选择他们作为倾诉对象。

发现：（1）同样的事情，每个人的选择不尽相同。（2）经过刚才的讨论，你们对团体内成员间的信任有什么发现？团体内有哪些因素会阻挠彼此间的信任，为获得别人的信任有什么办法？请每个小组写下营造自己组内信任度的具体措施。

总结与过渡语：通过这个活动，大家对自己信任他人的原因有了一个更深层次的了解，从而可以采取有效可行的措施来增强自己的团队信任。

都说实践出真知，接下来，我们安排了体验式活动，看看大家通过认真参与会取得哪些"真知"？这个活动的名称叫"蒙眼者背绑腿者"。活动是以小组为单位参加，每组派四名代表，具体的活动规则请看 PPT（展示出来）。首先给各组一分钟的时间，讨论出由哪四位成员来参加此次活动。本小组其他成员负责设置障碍（书、塑料瓶）。

活动总结：在这个惊险的活动当中，参赛的队员都存在一定的缺陷，然而，即便如此，但仍能到达终点，其中肯定有你们各自的"妙招"。接下来，有请成员分享，你们是怎样到达了目的地，实现了你们的目标的？没有亲自参加这次活动的队员，你们又有什么感想，又或者是扮演什么样的角色，为什么会推荐他们四位队友参加本次活动？

我们今天的活动就到此为止，请同学们回顾今天的整个活动，谈谈自己的感受。

总结：通过刚才的分享，我知道大家对信任又有了一个全新的认识，也更加明确了团队中信任的重要性。希望大家在今后的团队中能够主动融入团体，积极营造团队信任氛围，增强团队凝聚力和协作能力。

（二）辅导过程及成员反馈

1. 电波的速度

在热身活动的最后一轮中"电波"向两端传递，却只有一边一直传下去了，而另一边只传了几个人，就因为接收"电波"的同学觉得方向跟之前不同，因此判断为前一个同学传错了，没有选择信任前一个同学，导致活动失败。这只是个活动，但生活不是活动，在生活中不是很多人就是这样的吗？总是吝啬于将信任交给别人，而完成一个任务的时候又多数时候需要团队的力量才能做到，这种时候不信任就将直接导致任务失败。（小K）

热身活动通过电波传递更加增进了同学之间的感情。（易言之）

这个活动虽然与信任好像没什么关系，但是八组还是做得很不错，动了脑筋的，这个热身活动整体还是不错，但由于在规则方面没有介绍清楚，导致中间出现了很多的小插曲。还有就是很多细节的地方没有注意，这也是我们小组甚至是每个小组都出现的问题。（东方燕子）

2. 信任考验

帮助自己觉察到自己与哪些身边的人信任度更高，其中包括永远保密、父母、闺蜜、老师和室友等。活动中有三个事例，而且事例之间还有递进的关系。在三个活动中，我第一个和第二个选的是闺蜜，第三个是父母。因为我觉得闺蜜一般都与自己有很多的共同点，而且相处的时间很多，有时间来倾听自己的困扰和烦恼。最后一个关于身体的问题，我认为身体发肤受之父母。如果自己身体有毛病，我一般先会和母亲讨论，如果事情很严重才会和父亲讨论。这个活动也可以投射出我们与他人之间的关系。（东方燕子）

3. 蒙眼者背绑腿者

后来的"蒙眼者背绑腿者"的活动给我的体验是既有欢笑，又有挫败感，还有点自责。欢笑是大家共同的，在这个活动中所有人都很开心，教室里笑声一片，我当然也是其中之一；挫败感并不是来源于我们小组第一轮就被淘汰，而是我们连走完全程都没有做到，始终觉得有些不完满；在活动结束后有很多同学调侃我们小组没有优势，是因为腿短，我也比较赞同这一点，但从另一个角度来看，我们小组有两个男生，刚好男生背女生的话，应该可以把劣势弥补回来一些的，而小组其他成员刚开始讨论的也是这样的方案，不过按那样的话我就会成为被背的人之一，而我心理上比较不能接受被除了男朋友以外的男生背，因此我极力反对，最后坚持要由我来背另一个女生，最后就变成了男背男、女背女的模式，从一开始不顺到最后。其中我背着海蓉失败以后重新开始的时候，我还没做好准备海蓉就为了节约时间一下往我背上跳，一下把我压得蹲下去了，因此她以为是我没力气了，执意要换她背我，虽然最后我们还是失败了，但这个小细节让我觉得挺温暖，并且到最后我们小组的成员都没有人怪我，我很感谢我们小组所有的成员，同时也带着一些自责。这也使我认识到自己心理上有些无伤大雅的小问题。（小K）

我需要完全信任对方才能完成任务，在整个过程中确实很累，但是我们小组的成员都在鼓励我，给我提示，最后在我和我们小组成员共同的努力下，我到达的终点，虽然没有超过别的组，但内心还是充满着幸福和喜悦，也再一次的验证了我是"女汉子"的这个事实。（李稚再）

最后一个蒙眼者背绑腿者的活动很好玩，大家都很high，蒙眼者信任绑腿者所以愿意听绑腿者的指示，绑腿者信任蒙眼者，所以放心让蒙眼者背着他走，这个活动更加增进了我们家庭成员之间的感情，也让我们深深体会到信任的重要性。（易言之）

在比赛的过程中，大家都很幸福，都想为自己组争光。但是由于很多配合以及组员搭配问题,有些小组发挥了自己成员的优势取得了胜利,有些小组由于都是女生,导致结果不是很好,但大家还是玩得很开心。我从我们小组的配合中,体会到了信任。我扮演的是蒙眼者,追梦扮演的是绑腿者。虽然第一轮取得了胜利,但我自己还是在比赛的过程中出现了一些问题,比如一闭眼,方向感就变差,害得追梦被我背得撞来撞去。但是她还是没有怪我。我体会到了团体的凝聚力,团队之间的信任。本来我还是有点怕自己不能成功,我一直是一个喜欢做好准备的人,如果感觉自己没有准备好,我一般不会做。在这个活动中,我鼓起勇气,在活动中虽然有磕磕绊绊,但还是比较成功地走完了。在这个活动中,我勇于挑战自己。我感到自己在这些活动中或多或少的有了些成长。(东方燕子)

在信任之旅蒙眼者背绑腿者的活动中,我们都很团结,分析了现实情况,我主动请缨做绑腿者,因为我最瘦。当时情况很不好,我们组都是女生,在体力上就会稍稍逊色其他组,但我们并不畏惧,团结一致。考虑到家长身体状况,我们就让她休息,但当时我们组员有人穿着高跟鞋不方便,家长想去,我就不顾形象了,把鞋子给了师姐,光脚上阵。我们赢了进入决赛,这个结果我们都很意外,大家都非常高兴。这应该就是团队的力量吧。(追梦)

(三) 总结与反思

1. 带领小组总结

我们小组受命在17周带领团体辅导活动,我们的主题是"信任",在整个活动过程中,热身活动效果没有达到,主要是由于我们取消了逆时针传递,让大家存在定式,觉得只有顺时针方向才传递,所以在最后的双向传递中没有达到预期的效果;接下来在"信任考验"的活动中,我们在量尺的卡点上存在歧义,也就是同学们反应的在"闺蜜"这一栏中,我们没有考虑到男生的感受,应该填上"兄弟"这样的卡点,这一环节的活动效果还是不错,曲老师也建议假如能够在最后写团队信任建设的措施时,让每组的成员把规则写在大纸上,组内成员可以商量着来装饰这张纸,并在教室里展示,这样的效果可能会更好;在蒙眼者背绑腿者活动中,大家都很积极参与进来,但是控场的部分做不好，我们在讲规则的时候下面的同学们都很混乱，我们这组的同学都在下面提醒大家，但是仍然混乱。同时在规则上我们的考虑也是有点缺陷，没有充分考虑好两组相撞的局面，最后对活动效果产生了一定的影响，这也是由于活动场地的限制。我们之前也有考虑到室外进行但是由于是晚上的课，不好在室外操作，也没有找到合适的空旷的教室，最后不得以改变操作条件和规则，最后在室内进行。所以建议以后有这样的课程活动可以在室外进行，这样就不会受到场地的限制；最后就是在总结方面，在蒙眼者背绑腿者之后应该安排一个放松训练，让大家好好放松一下再进行最后的总结，这样效果可能会更好。

我们在最后这一周做团队信任建设和凝聚力建设是有一定的意义的，因为这学期的团体辅导课就要结束了，我们希望大家走出这个团队之后，也能更好融入以后其他的团队。最后大家增强团队成员之间信任和团队凝聚力的方法非常好。比如建立团体共同目标；走家串户，增加成员之间的了解；与别的团体进行竞争，等等。这些都能够实实在在地增强团体凝聚力，这都是大家思想碰撞的结果。蒙眼者背绑腿者的活动之前，有个小组反映她们组的女生太多，在这个活动之中有客观的劣势，但活动结果的第一名竟然就是这个小组。这就说明了团队之间的协作竟然可以战胜客观的劣势，这便与团体辅导主题相呼应，更能进一步增强团体内凝聚力。在整个活动中大家充分参与到活动当中（特别是在蒙眼者背绑腿者这个环节中），同学们都很积极出谋划策，希望自己团队能够夺得第一名，把所有同学的注意力和热情都拉进了活动当中，这样也就更进一步达到了我们主题活动建设的目的。

最后，我们这组的成员在做这个团体辅导活动中，大家都很团结，积极地思考方案，补充活动小细节，为活动做充分的准备。每位成员都充分发挥了自己在小组的作用，我们在带领这个活动的过程也是我们小组成员凝聚的过程，谢谢老师给我们这样的一次机会。

2. 成员反馈

自信心是我所缺少的，现有的一些优点，有时候已经不能激发自己的自信了。或者说我发现自己认为的优点或许在别人眼里面不是我的闪光点。而通过活动找到自己在别人眼中的闪光点，通过发掘自己一些潜在的优点来重新建立自己的自信体系。让自己更加有动力。个人觉得自信心的建立是一个很漫长的过程，虽然在整个活动过程中我有感觉到自己想去表现自己的冲动，并且被引导者的能量带动，但是在活动结束后这种自信心飞速增长的感觉瞬间就没有了。一个好的引导者对于团体辅导来说具有很大的作用。他能让团体成员感受到他的能量，并跟随着这股能量积极地进行自我探索。同时在团体辅导过程中引导者的适度自我暴露会使团体成员更加投入团体活动，增强团体辅导的整体互动性。（Starry night）

我认为信任这个主题还是比较难的。我认为最后这个活动很不错。只有前面介绍规则时大家急于想办法获胜，没有认真听领导者介绍的规则。总的来说，八组做得很不错。毕竟大家都是第一次，我相信，这些在以后都会成为我们宝贵的财富。（东方燕子）

在静听雨落带领的信任之旅团体辅导中，我发现闺蜜对于我来说很重要，很多事情我都是和闺蜜分享而不是父母、亲人。在我的心里闺蜜是最值得信任的，而且她不会像父母那样用他们的眼光来看待我告诉她的事情，也不会像父母那样用他们的身份和生活经验来要求我做选择，所以我更喜欢闺蜜，我们是亲密的平等的，我也信任她，很多事我都愿意和闺蜜分享。在蒙眼者背绑腿者的活动中，我因为腰部有伤所以没有背我的组员也没有被背，但是看到她们那样努力的时候我也感到很激动，与他们融合在一起，同时我也相信她们能完成这项活动。虽然我们没有得到最后的胜利，但是为她们进入决赛而高兴。这次的团体辅导让我印象最深的就是这个活动，但是收获最大的便是对于信任的人的选择，我以前没有那么深刻地认识到闺蜜在我心中的分量是这么重。（蓝姑娘）

3. 教师反馈

（1）"电波的速度"环节，现场秩序比较乱，领导者未将活动规则表述清楚，指导语不熟练，而且需根据现场情况调节。例如，传递方式太温柔，或不一致，没有统一信号，有些同学没感觉到；请结束的同学示意，不可操作，请发起信号的同学示意可操作；从单向直接过渡到双向，难度提高太快，成员感觉不知所措，事先顺向、逆向分别练习后操作会好些；提问问题一次性抛出太多，语速太快，表达不清楚。

（2）"信任考验"环节，规则没有做成课件，而是画在黑板上，后面同学看不清。

（3）"头脑风暴"环节，目的是带领团队梳理营造团体信任度的具体措施，形式过于单调，仪式感不够。用大白纸画，效果会更好。

（4）蒙眼者背绑腿者环节，接力形式考虑到场地限制，线路设计很有创意；成员光着脚、用心调整策略，交换角色，很投入。

（5）总结中带大家重温经典语录，很好。例如，困难的经历不定什么时候就会带来好处，成为财富。

第五章
督导下的课外拓展实习

一、高三学生考前辅导工作坊实操训练

（一）战前动员与培训

提出要求：端正态度（充分准备，合理期望）、设定目标、明确对象、具体化任务、落实行动。

根据班级特点安排辅导人员：一共31个班（小尖班6个；特尖班3个；补习班12个；平行班10个），平均1—2名同学负责1个班，1名同学负责信息采集工作。

（二）辅导方案设计集锦

表 5-1　高三考前班级团体辅导方案设计表

活动名称	活动目的	活动内容	活动时间	准备材料
热身活动	领导者与班级同学建立融洽关系，班级团队建立和谐的气氛。	领导者自我介绍、活动主题介绍（请同学选择或者补充：直接提问或纸条）、带领热身活动一二，见下文具体环节说明。	15分钟	根据具体选择的活动而定。以下同。
小组建设（根据需要）	增加成员参与度，营造小组氛围。	分组建立团队，选择适合的小组建设活动，见下文具体环节说明。	10分钟	

续表

活动名称	活动目的	活动内容	活动时间	准备材料
主题活动	通过团队互动帮助成员提高应对当前问题的能力。	根据同学提出的或选择的主题展开，参考下文具体环节说明中的备选主题方案。	50分钟	
总结	整理升华本次活动意义。	小组交流、大组分享活动收获并互相祝福。	15分钟	

具体环节说明：

1. 热身活动备选方案（可以选择以下1—2个活动用于热身环节）

（1）十巧运动。（两手食指相碰—虎口平击、小拇指相碰、虎口交叉、手腕相碰、十指交叉、左拳击右掌、右拳击左掌、手背相碰、搓揉双耳、手掌心对搓6次至微热捂双眼，眼球左右转动6圈、鼓掌）

（2）手动体动操。（来学习嗨，来活动嗨，我们一起来成长嗨。我很快乐，我很快乐，我真的真的很快乐。）4个字、8个字组合的口号都可以的。

（3）鼓掌一分钟，评出击掌大王

（4）青蛙跳水：（活动规则）所有人围成一圈，每个人只限于说一个字。"一只青蛙跳下水，咚；两只青蛙跳下水，咚咚……"

（5）放松按摩：敲自己头、揪自己耳朵、捏前面人肩、捶前面人背、拍前面人的背各十六拍，然后向后转重复一次。

（6）兔子舞。（要考虑教室空间和音乐准备）

（7）……（大家可以集思广益，提供热身活动方案）

2. 小组建设活动备选方案

（1）招牌动作。（成员依次用一个动作代表自己，其他成员模仿）

（2）和你一样。（成员依次说出自己的一个特点，具有同样特点的其他同学呼应，方式任选，可以举手、鼓掌、握手、拥抱、向圈内一步走等）

（3）名字的故事。（用自己喜欢的方式写下自己的名字，在小组中讲述自己名字的故事：谁给起的，个人赋予的意义）

（4）……（大家可以集思广益，推荐小组建设活动）

3. 主题活动备选方案。（以下主题活动用于热身、小组建设环节之后，可

根据受辅班级的特点与需求选择主题，最后安排相应的结束环节）

主题一：我是复读生——复读生高考前自信心训练团体

（1）小组内交流复读近一年来自己所经历的困难和不如意，目的是宣泄负面情绪，发现共同性，体验被接纳，增强归属感。

（2）两可图的展示与交流，提高学生多角度看待事物的意识和能力。

曾经，出国潮刚热起来的时候，有一句话很流行："如果你爱一个人，送他去纽约，因为那里是天堂；如果你恨一个人，送他去纽约，因为那里是地狱。"

如今，这句话似乎也可以用在高考上。在很多人眼里，似乎过了高考就是天堂，否则就是地狱。

其实，很多事情并不只有极端的黑白两面，人生更是充满喜怒哀乐、酸甜苦辣的各种滋味。

（3）小组内通过脑力激荡提出复读生的优势，并记录在纸上，在班级交流。

主题二：让梦想照进你的六月——高三学生考前情绪辅导团体

（1）想一下自己遇到的情绪失控的情境，小组内交流。

（2）了解情绪产生的机制：故事联想（路边捡钱，心爱的手工被人毁坏，后来知道对方是蒙眼者），感受情绪的变化，引出情绪的 ABC 理论。

（3）小组内成员各举一个自己处理情绪的事例，或成功或失败；成功的互相学习，失败的试验一下认知调整的方法。（ABC 理论的运用）

主题三：轻轻松松话高考——高三学生考前压力管理辅导团体

（1）提问怎样才能让气球飞得更高更远？

答案：必须充气——人也必须有压力才有动力。

请用气球的大小来评估自己的压力大小。（暂放一边可能后面会用）

中间会出现吹爆现象——人承受的压力不宜太大，每个人的承受度是不一样的，当感觉压力超出自己的承受能力，需要及时进行调整。

总结：适度的压力是有益的，就像我们必须借助大气压力才能呼吸，压力是我们生活中普遍存在又不可避免的必需品。我们要学习与压力交朋友，接纳自己的压力，那种毫无压力的状态不可能也不健康。

（2）写出你目前的压力来源，保留适当部分，超额部分通过下面的练习进行打包或者释放。

（3）情绪打包：现在我来帮需要的同学做一个"打包"练习。请你闭上眼睛，慢慢调节呼吸，让它非常平静，身体放松。你慢慢想象，在你内心找到一个保险箱，然后整理烦恼、痛苦、压力，包括想旅游的兴趣，还有讨厌这种紧张学习的心境，把这些都理出来，然后一个一个地把它们放进保险箱，关上门，锁上，把钥匙从窗口扔出去。当然如果你要更形象一点，可以拿个纸团在手中，在想象扔钥匙的时候，就把这个纸团扔出去，就好像把糟糕的情绪扔掉，把引起你学习负担的东西扔掉。尽可能扔到最远的地方。

当我们打包了一些目前可以暂不处理的问题，只留下考试的压力，这对我们来说刚好合适。

备选：爆破气球，释放压力

（1）请成员将目前最烦恼的事情写在气球上，将气球吹大。

（2）然后由领导者发号施令，大家一起用自己喜欢的方式弄破气球

当我们释放了一部分烦恼，只留下对我们来说适合的压力，就可以以最佳的状态去迎接高考了。

主题四：挑战疲劳期——高三学生应考心理辅导团体

（1）测试1：符合自己情况的打钩，不符合的打叉。

①一开始复习，我马上能进入状态；

②看见书本、习题，我从不感到讨厌；

③在理解、记忆上，我感到不费力；

④今天的复习计划我总是抓紧去完成；

⑤我相信自己的学习能力。

完成后每个题统计一下打叉的人数，多，说明处于疲劳期，很正常，也很普遍。

（2）测试2：四幅图，依次提出要求进行分割。见图5-1。（可以画在黑板上）

均分为二	均分为三
均分为四	均分为七

图 5-1

（3）鲨鱼和小鱼/大象和小树的故事——僵化的经验导致对失败僵化的归因，不是能力问题，而是能力能否正常发挥的问题。

（4）克服疲劳期的方法——"加减乘除"心灵体操："加"是先给自己加五分钟热身，有时候不能进入学习状态，可以通过擦擦桌子、整理文具等活动热身，目的就是现在要开始复习了，让自己的心安定下来；"减"是在一小时中减去五分钟，站起来走到窗前呼吸点新鲜空气，转转头，伸伸懒腰，甚至唱唱歌（把心里的压力转化为躯体的能量释放出去），这样等你回到课桌前脑子就特别清醒。"乘"就是如果你已经学习到觉得非常没意思、非常厌倦、非常头疼的时候，可以找几个比较要好的同学，互相提问，这样会觉得有趣得多，这叫结伴复习。可以讲给家长听，获得理解和支持。"除"就是当你面对不擅长的知识时，可以把它分解成一段一段，每段五分钟到十分钟就能解决。目标分解，及时强化。

4. 结束环节备选方案

（1）激励留言卡

①所有成员围成一圈，给每位成员发一张彩纸，对折形成两页，在内部折线处（两页中间）用彩笔画一个心形，在心形中间写上自己的名字，然后在小组内依次传递。

②每位成员都围绕着心形写下自己对其他成员的祝福和鼓励。

③每位成员在封面写上一句激励自己的话。

④每位成员在小组内轮流大声念出对自己激励的话。

⑤领导者简短总结本次活动。

（2）手拉手齐唱或者手语表演励志歌曲（根据自己需要准备音乐）。如《我相信》《我的未来不是梦》《真心英雄》等。

5. 放松指导语

如何保持内心的空明状态的放松训练：你可以慢慢闭上眼睛，放松自己，尽量放松，把手放在两个膝盖上让自己坐舒服，想象头顶上的灯光，慢慢照亮了你，不仅照亮了你的身体，也开始慢慢地照进了大脑，你感觉到舒适，感觉到放松。这束光慢慢地往下，你看到你的身体、你的肩、你的手也在放松，当它把你全部照亮的时候，你就真正地放松了。这束光能看到你的内心，有很多很多的烦恼、很多很多的情绪，当这个光照过来以后，这些烦恼就消失了，这些情绪就舒缓了，你真正感觉到自己内心也在放松……好吧，睁开眼睛。可以一个人只花五分钟练习，只有你心境平和时，你的智慧、你的创造力才会展现出来。

6. 其他方法集锦

客观来讲，唱歌、大声说话或者喊叫，主要针对压抑，而不是紧张。喊叫唱歌，或者大声地跟别人说话，故意把嗓门提高，用这种方式来释放由紧张带来的压抑感，一般都比较有效。

从医学上讲，情绪会通过慢跑等这样的躯体运动消耗掉，如果没有时间去慢跑或游泳，拍打是一个非常好的被动放松方式。父母跟孩子之间可以进行轻轻的有节奏的拍打，拍打周身十分钟或者五分钟。一定要有节奏，需要把皮带解开，如果皮带很硬，就要把它抽掉，把鞋也脱掉，把紧身的东西都放开，这样才有效果。躯体和行为是互动的，如果肌肉放松了，大脑的紧张度就下降了。

还有一种方法就是跺脚一分钟或者 30 秒，老师带领大家跺脚，也可以放松。

高考临近，如果从知识上去提高，已经非常有限，最后阶段拼的是心态。首先在你的内心独白里，一定要把"我不行"三个字先去掉。把自己想象成一个胜利者（有句名言：如果一个人把自己想成一个失败者，这个人的失败就在眼前；如果一个人把自己想成一个胜利者，这个人就会成功）。你现在觉得很担忧、很恐惧、很紧张、很焦虑，是因为以前的消极经验让你产生负面情绪。坦然接受再次失败（想象一下，假如今年高考失败了，你会怎么办？）——做好应急预案也可以把复习变得有趣一点,有一个考生,他把高考看作奥运会,把各门功课看作运动员,他自己就是运动员的教练,负责制订训练方案,从被动变成了主动。及时表扬自己,进而情绪、心态和学习兴趣都发生变化。

(三)勇敢面对挑战与成长(学员实习手记)

首先是上午的团体心理辅导,我是一个人带一个平行班。在去之前,感觉有些压力,所以做了两套方案,准备在去了之后依照学生的实际情况再做决定。我针对每一套方案都做了较为充足的准备,后来在实际的操作中,证实了在活动之前做充足的准备是非常必要的。在团体辅导最开始,我带领同学做了热身活动,刚开始的时候有些紧张,好在同学们都比较支持和配合,在热身活动结束后,我基本上已经平静下来了。在主题活动之前,我给同学们做了压力测试,结果证实绝大部分同学没有特别大的压力,所以我选择了以自信心训练为主的团体辅导方案。从这个事件中,我学到做事前要做好充足的准备,不能把所有的筹码放在一个方案上,要准备计划B,以应对突发情况。(黎素素)

走进教室,班主任对我们的来意进行简短的介绍后,就把课堂交给了我和另一位同学。面对着一百多位特尖班的同学,心中不免忐忑。做了简单的自我介绍后,同学们也报以热烈的掌声,我也提升了自信。接下来,我带领同学们做了一个简单的热身训练——十指操,同学们顿时热情高涨,很好地活跃了课堂气氛。再接下来,通过PPT为同学们展示了一张压力测试图,这个测试与我们的预期有很大的差距,这张压力测试图可以根据图形的滚动情况,测出被试者当下的压力大小,压力越大者滚动越快速,反之则越慢。不知道是投影仪投影的图片不太清晰的缘故还是同学们在今天这种场合下压力减小,他们大部分同学看到的是一张静止的图片……这跟我们事先的估计差别有点大,我们对这张图片做了简短的分析介绍以后,继续为他们呈现了一些心理学的两可图片,并配以引导语:当我们看图片时,我们并不是对同时作用于感觉器官的所有刺激都进行反映,而是选择一个或几个刺激。这些被选择的刺激就是知觉对象,其他没有被选择的就成了知觉背景。当我们在别人的提示下重新审视这幅图时，又可以看到另一画面。借此，我们告诉同学们凡事都有多面性，从不同的角度看都会看到不一样的风景。本次活动的不足之处是，同学们博学广识，我们在 PPT 上展示的一系列心理学图片，他们都曾涉猎，所以这个环节缺少了一定的新奇感，也施与了领导者很大的压力，我们如何指导才能使同学们更透彻地理解此次活动的目的和意义，而不是简单地普及专业知识，成为我的一个思考点。

气球爆破活动，目的在于让同学们找出自己现阶段存在什么样的压力、烦恼。以一种形象的方式鉴别自身压力大小，从而爆破气球，释放压力，使自己保持良好的心态。轻松参加高考，这个活动让我见识到了同学们的领悟能力，当他们拿到气球，看到标题的时候，就猜出了活动步骤和目的。不过他们还是密切配合活动，严格遵守活动规则。

"猜猜我是谁"这个活动请同学们首先在纸上写下 20 条自己的特点或是优缺点，然后让其他同学猜出是谁，旨在让同学们更深入了解和认识自己。其实要想真正地了解自己，通过自我探索的方式并不全面，加入旁观者的看法，能够更加丰富对自我的了解与认识。此项活动，同学们积极性颇高，猜测时，大都没有很快地猜出对象，究其原因，是在明确目标时，应单一有指向性，不应包括诸如特点、优点、缺点等过多内容。有的同学写出的优缺点很宽泛，诸如我很善良、我很孝顺等个人特征不是很明显的词语应加以限制。这次活动，让作为指导者的我明白，不管什么活动，都应提前演练，否则很难达到预期效果。

"生命线活动"之前，我带领同学们进行了放松训练，希望同学们能够在平和的心境下深入探讨自己，可是由于多媒体故障，放松音乐没能顺利播放，使同学们没有达到预想的放松效果，也使得后面的活动受到一定的影响。在活动中，请同学们在纸上画出一根线段，表示自己的生命长短，再分别标示出过去让自己感到伤心和快乐的三件事，未来生活中最想完成的三件事以及完成的时间，活动旨在让同学们明白什么是自己最重要的东西，澄清自己的价值观。

最后，活动结束了，我们带领同学们做了一项"我相信我能行"的自信心训练，希望同学们能相信自己，信心满满地参加高考。（豆豆子）

首先很感谢这次能够有去南溪一中进行考前心理辅导的机会，虽然自己也有上团体心理辅导，可是从来都是看别人的方案，被他人辅导，自己亲身去辅导别人还没有尝试过。我想自己虽然是上过团体心理辅导，但是还是有自知之明的，觉得自己的能力不够，所以还是带一个平行班比较合适。可是却临时和一位师姐被分到一组去带尖子班，得知这个消息，我瞬间就紧张了，因为怕自己控制不住场面而且自己比较胆小吧，真的有学生在讲台上哭起来了怎么办？而且最重要的是我怕自己知识掌握不过关，所以在给他们做团体心理辅导的时候怕给他们带去了错误的信息，然后达不到最初的目的。实际上是怕自己把这件事给弄糟了，在自己没面子的同时也让我们专业抹黑吧！虽然这样，但还是想鼓起勇气去试一次，就算丢脸也想自己去做一次。可是在我自己坚定信心的时候，师姐一直没有给我方案，最后给我的是一份PPT，我当时就懵了，因为听说他们那几乎没有多媒体，而我自己做的方案还没有打印出来，当时是又惊又慌的。所幸这些问题后来都解决了，转念一想其实我不但不信任自己，同时也不信任师姐，所以才会这样吧！想通了，我觉得自己也没那么紧张。在进教室之前练习了一下指导语就昂首挺胸进去了。上午的班级团体心理辅导的流程大概是放松活动、"一元五角"、"烦恼气球"、展示心理学图片、"人际同心圆"、收尾活动（兔子舞、你真的很不错、如果感到幸福你就拍拍手、我相信）。首先是大家的参与度很高并且都很配合，他们很热情，最后还把他们的班主任拉进来一起活动了。他们告诉我们他们的班主任是学心理学的，估计是这样，平时也很关心他们的心理健康，所以他们整体的心态显得比较健康吧！总体来说，虽然我们的知识还不是很懂，但是我们确确实实给他们做到了放松，这次的团体心理辅导也取得了不错的成果。（HL）

去南一中之前我在活动方案的设计上显得很慎重，一方面因为他们是高三的学生，另一方面是因为复读班是个区别于应届生的群体。作为一名过来人（复读生），我想尽自己的力量把这次的活动设计漂亮，带领漂亮。方案是做自信心还是解压或是其他主题，我自己都思考了很久，最后还是确定用提升自信心这个主题，因为他们经历过一次高三，经历过一次高考，对高考的焦虑感不会像应届生那样强烈，还有，把自信心提升了，焦虑感也会随之而下降。

一开始的热身活动让他们一分钟拍手认识到自己的潜力是无限的,接下来做了一个放下心中的"障碍"的活动,让他们明白心中的障碍很多时候是自己臆想出来的,放下心中的"障碍"才能轻松上考场。同时,让他们写下现阶段自己心中的障碍,然后让他们揉成一个纸团投入纸盒中,旨在学习放下和打包压力。第三个环节是展示了一些图给同学们看,意义在于引导他们说出作为复读生的优势。第四个环节是让他们每个人在便签纸上写上对自己和同学的美好祝愿,利用一张大纸贴在教室的墙上,每次看到这些美好的祝愿,是对同学们的一种激励。最后还是介绍了一些放松的方法给他们,比如腹式呼吸法,冥想,等等。(李稚再)

我一个人被分配到小尖班,听说一个班有 70—80 个人,还挺担心的,做了很多准备,方案熟悉了一遍又一遍。可当我去到现场时,内心的紧张感瞬间消失了。我还记得,当时有个 23 班的小姑娘来接我去他们班,让我内心感到非常踏实。在那之前我还非常担心自己一个人突然来到一个班,面对陌生人不知道怎样做自己介绍。现在好了,我被这个小姑娘带到他们班,安全感急剧上升,紧张感全无。我一踏进教室就面带微笑地向他们打招呼,他们以热烈的掌声欢迎我的到来,看到他们一张张可爱而不设防的脸,我感到很亲切。在上课前,和他们聊了下家常,让他们自由问答,拉近和他们的距离,以便后面团体活动的开展。

热身活动我带着他们做了下大雨活动,刚好那天早上的天气温度也很低,我以天气作为引导词引出今天的热身活动,效果非常好,在我的引导下他们自己说出了形象的下雨,并展示出了中雨、大雨等拍手形式。紧接着做了一分钟鼓掌,让他们大胆预测自己一分钟击掌数,实践验证,评出击掌大王,指出他们的潜力无穷。在主题活动时,让他们伴随着柔和的音乐思考自己考前、考中、考后的想法并写在纸上,以及可能导致的好的和不好的结果,小组分享并帮成员指出不合理想法,帮助成员解决困扰。在这个环节实际所花的时间远远超出我的预想,大家写得非常认真,我不愿意也不忍心在限定时间打断他们,就让他们自由发挥,结果这个环节花了一个小时左右。我问有没有人分享时,大家都比较沉默,在问了两三次后,僵局终于被打破,一个高大的男生自愿起来分享。从他的分享中，我能感受到他是个非常勇敢，主动性很强，有自己的想法的孩子，不过目标有点混乱，他想学旅游管理，同时还想着法学，想去一个成都的二本又不愿放弃去厦门的一个专科。我鼓励他，用分析两种选择利弊的方法进一步探索自己的内心，无论哪种选择都意味着对另一种的放弃，做好承担选择的责任，通过自己的努力去实现自己的愿望，相信他能够获得想要的。在他分享后，大家还是比较安静，我鼓励他们放松点，最后没办法我想找个女汉子，没想到班长是个男生，很给力，起来分享了。班长是个目标十分明确的人，想去成都的二本校，自信心足，但似乎有点后悔自己浪费了之前的青春，眼泪在眼眶里打转，但他强忍着，似乎是为了维护他男人的尊严，最后还送给大家一句非常有鼓励性的话。我鼓励他，你正用你的青春做着18岁重要的转折点，你之前的时间都是在为六月做准备，感觉得到你是一个有目标的人，六月是你的成功月；他也自我鼓励，用不同的颜色在纸上写上大大的"聂文力，加油！"继他分享后，同学们心中的界限似乎放下了许多，接连几个女生自愿分享。她们有为了不让亲人失望而努力的，有为了自己未来的生活而努力的，总的来说心态都很好，信心比较充分。在接下来的放松中，效果还不错，大部分同学在音乐和我的指导语的伴随下，都感觉很放松。由于时间的原因，最后一个激励留言卡环节比较粗略，他们都不太愿意和同伴拥抱来说出对对方的鼓励。但此时此刻的氛围已经非常好了，大家都放开了拘束。我想如果在时间比较充分的情况下，我让他们写留言卡效果应该会更好。最后我以激励的歌曲，带领大家以唱歌的形式结束了今天的活动，大家很放松，放下了以往的束缚，有的站上了桌子，有的折着纸飞机放飞，有的手拉手一起唱，大家都离开了自己的座位。（追梦）

先说说准备吧。因为是前期分配的问题，我们的方案改了几次，最后定下来之后，我们又连忙开会讨论怎么具体实施。而我也找了很多资料，并且打印了出来，为的是把我的想法全面地展示给搭档。因为是文科实验班，我们采取的是放松加认知的方案。考虑到考前一个月再进行认知疗法可能成效不大，但是我的想法是他们既然是文科实验班，应该都是些思维十分活跃的学生，在活动过程中，他们可以积极地讨论，甚至辩论。这对增强他们的自信心，锻炼文科考试需要的辩证思维都是有意义的。在我们讨论的过程中，也进行了简单的分工及排练。开始由搭档带大家进行热身活动——大风吹——而我在旁边做着示范并跟着大家一起进行。接下来是我带大家做的冥想放松，效果可能不是很好，因为有一些艺体生反映听着我的声音会很想笑，没办法，关公面前耍大刀啊。不过我自己观察，大部分同学还是很认真很投入。团体辅导中有一个状况，就是我们在进行气球宣泄时候，虽然我们预料到有些同学会把气球吹破，还想了调侃的话，但是没预料到的是班上有一个同学骨膜不能受到太大声音的刺激，结果这个活动弄得她很难受。我们也及时做了调整，那些有意或无意把气球弄破的同学也收敛了，虽然这是一个极小概率事件，但还是给我上了很好的一课，任何事情即使你事先做了很充分的准备，即使连调侃的语句都想到了，但是还是会有那么多的意外可能出现。而这个时候，只有冷静的随机应变，减少伤害。（Junglee）

我们带的是文科特尖班，两个人一起带，由我和李同学一起。之前觉得两个人一起相对会比较轻松一些，但是后来发现两个人风格不同合作起来并不是那么满意。首先我们在方案上就产生了分歧，最后经过讨论大家都各让一步，在方案中融合了两个人的意见。我想这应该就是我去南溪一中之前的收获吧。有些时候我们和自己搭档或同伴意见不合的时候，最好的方式并不是听从其中某一个人的意见，应该融合大家的意见，取优去劣，将团体的不利因素转换为自己的有利条件。

做团体辅导的时候我最担心的就是带动不了气氛，但是一进教室我就知道自己的担心真的是多余的。同学们很热情，也很配合。我们做得好的地方，我觉得是带动了班上的氛围，在讨论的环节大家都积极地发言，表达自己的观点；还有就是指导语和总结语做得还不错。做得不好的地方就是有些地方不熟练，导致过程并不流畅，这也提醒我们在我们给别人做团体辅导的时候自己应该也必须了解活动的流程和意义，这样才能更好地去引导别人。我们班的那些学生都是翘课来的（班主任让他们上课），所以来了很多人，也处于围观状态，有些人觉得不好在同学面前说出口的东西都压制了，不过也有同学很大胆地表达了自己的困惑，问题多集中在压力、情绪情感和人际交往这三方面。（婷婷刘）

在去之前古老师就给我们施加压力，说别人以后考的学校会比我们好，让我去之前就很紧张，心想人家会不会因为我们就被学校没名气看不起，当时有这个担心，所以和大家一起反反复复地改方案，找出一个个细节问题，以及活动的设计与衔接。没有想到的是，他们那里有多媒体，我自己准备的东西都在电脑里面，顿时就有点被动了，我选择的热身活动也是他们已经做过的，大家积极性不是很高，也没有人愿意分享，当时我没有考虑好替换的活动，结果并不好。破冰活动是用自己的身体写名字，这是团体辅导的时候做过的，当时明显的感觉就是他们没有我们放得开，可是他们的参与度还是挺高的，活动结束以后还请上台表演者分享了他们的感受，有点不顺利的就是刚开始的时候音乐出了一点问题。接下来，就是复读生的优势，让他们分小组讨论，然后组员指定组长来回答，其实他们的答案都很接近，但是每个人的表述方式又不一样，每一位组长回答完毕的时候我们都鼓掌通过，当有一个男生说"我们有一颗强大的心脏和一颗勇敢的心"当时全班都震动了，然后就是热烈而持久的掌声，当时我自己都忍不住为他鼓掌。我也根据他们的回答总结了复读生的优势，然后分享了自己的故事，给他们鼓励。下一环节就是放松训练，我觉得整个活动最成功的就是这一点，当我缓慢念着指导语，他们慢慢进入状态，放松下来，然后跟着我一起回忆自己这一年来为高考做的努力，最后有一部分女生都哭了，我切切实实地感受到那种能量。当他们睁开眼睛，准备让他们写下此刻心情的时候才发现我还没有传白纸给他们，这有点影响，不过当时氛围很浓，进行得还是比较顺利。大家都在很认真地写，可是却没有多少人愿意在班上分享，于是我只有让他们好好保存着那张纸，支撑着他们走向高考，在感觉到自己走不下去的时候拿出来看看。通过转换引导词，让他们开始关注这一年陪伴自己一起战斗的战友，用另一张纸写下对战友们的祝愿，也可以是自己，当时就只是安静地放着背景音乐，其实是可以像前面那样，用一定的语言来描绘场景，不过又害怕打乱他们的思路。在前面引导词里面可以加一点描述。由于时间的关系让他们下课以后再给那个人，给他一个惊喜。大家一起合唱《怒放的生命》，可惜没有弄到歌词，大家都只会唱高潮部分。事前准备不够！最让我感到不舒服的是刚开始有个女生很不配合，活动的时候她也缺少兴趣，最后放松冥想的时候，她眼

泪都止不住。同样一个男生刚开始也是这样，最后他写的很认真。（小小婷）

去南溪一中之前，一想到自己是一个人带一个班，就很紧张，担心自己明天带不好，给他们带来消极的影响，所以就在去的前一天晚上，把要说的话也都写了出来，这样心理就稍微踏实了点，在第二天去的路上又在默默地背自己的稿子，就这样怀着忐忑的心情来到了自己要带的班级里，还没进去，就听见里面欢呼一片，刚开始的时候还是有点紧张，可是十分钟之后，这种紧张就消失了，在教他们做"我很不错"手势的时候，他们都很配合我。接着是一分钟的鼓掌热身，然后我准备了两个活动，一个是爆破气球，一个是激励卡片，但是这两个活动都做完的时候，还剩了很多时间，这一点是我自己准备的不够充分，这次也算给自己一个警醒，在下次做团体辅导的时候一定要做好充足的准备和备选的方案，活动提前结束的另一个原因就是，有的同学做完了，就开始到处乱走，我为了让那些同学将注意力转移到活动上来，就缩减了他们自己讨论的时间，进行下一个项目，这也是我做得不好的地方，没有顾及大家的情况。在剩下的时间里我给他们放了歌曲《不要以为自己没有用》，他们给我的反馈，说感觉很有意义，我还给他们做了放松训练，他们给我的反馈是句子太短了，刚有感觉就停止了，我把放松指导语写在了 Word 文档里，他们大多数的人都抄了，当看到他们干别的事情不配合我的时候，我感觉内心很失落，当看到他们配合我的时候，我感到很开心，在整个团体辅导的过程，我感觉还是很开心的，他们有两个唱歌好听的同学，还给我唱了歌，现在想起来，心中还是会有满满的幸福，在上午团体辅导的过程中，让我感到最大的收获就是，又多了一股自信的力量储存在内心深处，有时候不要把事情想得太复杂，而不敢尝试，就让自己大胆地去行动，结果可能会出乎你意料的好，还有和他们相处，让我有想当老师的渴望，我喜欢自己给他们带来积极的影响。（W2T）

最开始我准备带领补习班的团队辅导，因为我自己也补习了一年才考上一所二本院校。后来我听说特尖班需要考验人的气场，因此在进行选择的时候我第一个举手报名进行特尖班的团队辅导。我特别希望将自己学习到的团队辅导、现场气氛调节把握、领导能力、组织能力等应用到实际的操作当中。我和我们班何同学搭档，由她来做 PPT，我来进行讲解。她做好 PPT 以后，我们在去的前一天晚上进行了简单的演练。我在之前没有看过 PPT，熟悉以后我便开始了。我自己的思路是，特尖班的同学大多学习成绩较好，我过去的目的只有两个：第一，他们平时的学习已经十分辛苦了，我需要带领他们进行放松。第二，利用我的个人经历树立他们的自信心。

按照我个人的思路，我不设任何说稿，按照 PPT 进行临场发挥。进入特尖班以后，我应用自己惯用的开场白赢得了全场的掌声。十指操的热身活动立刻将气氛调动了起来，我自己也站到了板凳上嗨翻全场。接下来的活动按照 PPT 展开，中间自己在进行活动时出现了错误，马上用现场跳"甩葱歌"的方式进行解决。最后，我用另一种带动全场的方式结束我的团队辅导，赢得全场掌声。出来以后，大家反映我像是在做"传销"一样，全场都是一种嗨翻的状态。（廖二娃）

我阴差阳错地带领高三平行班的学生，学生不多，但很闹腾。起初，我先给他们做了一个放松训练，但是有一部分人还是不配合，要么在自己的位置上看书，要么和别人打闹。过后，我意识到他们是在对我这个陌生人进行阻抗，不愿意相信我，不愿意听从我的指挥。但是我告诉他们，今天我是来带领他们做有趣的活动的，是给他们带来快乐的。今天上午，高三、高四（复读生）的同学们都会放下手中的课本，全身心投入活动中。听了我这些话，同学们基本上都参与到活动中来。我准备了两个 PPT，由于大部分同学都没有接触过心理学，所以大家的参与性都很好。最吸引他们的是心理学的两可图，还有就是配乐的"如果感到幸福，你就拍拍手""兔子舞"和集体牵手高歌"我相信"。特别是当男女之间牵手搭背不好意思时，我都参与到他们的活动中，做好示范，让他们放开自己。结束时，我问了大家对于今天活动的感受，他们回馈我的是玩得很 high，很快乐。（LX）

我的班是复读班，原本猜想的是班里的学习气氛会很浓，也会显得很压抑，实则不然，整个团体活动做下来，气氛都很活跃，班里的同学也都很用心地在按照我的指导语去进行活动。开场准备了热身活动，先是想做一分钟鼓掌，听说他们已经玩过这个活动了，又加上之前了解的信息有些错误，我是自带电脑过去的，这时候热身活动还没找出来，于是我就把话题引到他们第一次玩这个活动的情景，让他们回顾了一下，同样达到了我想要的预期效果,既再次增加他们的信心也为我准备热身提供了一点时间。热身活动是用肢体写自己的名字,我先分的小组,小组成员确立之后,我让他们用拥抱或者握手的方式欢迎自己的组员,增加小组组员之间的亲和度。活动结束之后小结,自我分享,引入我是复读生这个主题,小组内分享这一年的喜和忧,在最后有个小插曲,班上一位会跳舞的同学上台为大家跳了两段劲舞,班上掌声不断,因为看到了大家都很兴奋和快乐,我并没有阻止她,之后表示感谢引入面对压力大家有怎样的小妙招,大家讨论我归纳,并推荐了一些简单的方法,介绍了冥想放松,因为刚开始我的搭档被隔壁班的老师叫走了,这个环节原本是她的任务,还好准备了其他的录音,救场了。之后玩了一个头脑风暴,让大家从迷糊中醒来,并让大家积极开动脑筋,考验他们的发散性思维,联想到在做题时不要死脑筋,要善于从不同方面思考,气氛也挺活跃,班上的同学在小组里推荐了一个唱歌很好听的,于是,顺应民意,我又增加了一个小组之间的歌唱比赛,之后,班上同学要求再玩一些活动,又加了一个可怜的小猫,每个小组推选一名组员当小猫,结果有点混乱,好在过程中大家体验到了快乐,完了之后,及时收住,小组内写激励留言卡,分享,最后我予以总结,珍惜友情,与同桌拥抱或者握手,感谢他的陪伴,结尾请了两位同学领唱《我相信》,结果大家不太会唱,于是乎,班上同学要唱班歌,跳舞的那个同学领唱的《千年等一回》,快乐地结束。(嘀嗒)

  本来是怀着忐忑的心情报的名,由于自己的一些性格原因,怕自己会搞砸,所以在团体辅导的前几天还是有一些的焦虑的。后来,随着方案的不断完善,自己心里也有了个大致的流程,后来也就没那么紧张了。刚进到教室的那一刻特别紧张,随着热身活动的开展自己也渐渐进入状态,越发熟练和积极。总体来说,团体辅导取得的效果是不错的,同学们都很积极地配合我的工作。不过,问题还是有的。在进行的过程中,由于自己的疏忽,小组的分组过程显得特别乱,最后是在班长的帮助下才顺利分好了小组。这个是自己很大的失误。还有就是在活动的交流分享中,还没有充分调动同学们积极分享交流的积极性,大家在涉及分享体验感受的时候都比较被动,这一点是我不愿意看到的。我觉得应调动每组的竞争意识,让小组进行比赛发言,小组得分最低的有相应的惩罚的话,全班的积极性应该是可以提高的。还有最重要的一点,我觉得自己做的很不好,就是过分去干涉某几名学生的不配合。其实,当面临这样的问题是,我觉得自己应该采取忽略的态度,不应该把精力过多地放到他们身上,毕竟要顾全的是大局。还有就是过多地把自己的情绪表现了出来,我记得有个学生对我说的是"师姐,你想生气又不敢生气的样子真搞笑,估计把你憋坏了"。所以,在这方面我还需要更多的改进。(XHW)

在向他们做了简短的自我介绍后,我给他们做了一个简单的热身活动:一分钟拍手活动,同学们都很配合,顿时教室里想起了雷鸣般的掌声。接着我开始分组,由于他们刚好80人,所以我将他们分为10个小组,每个组8人。可能是第一次正式带团体辅导吧,我有点不知所措,分组开始显得有点混乱,我努力让自己保持镇静,想着第一次老师给我们分组的情况,我马上进行调整,果然有效,很快他们便分好了小组。

我今天活动的主题:首先,我让他们各自在我给的A4纸对折一侧写下临近高考他们所面对的问题、心情等,然后在小组内相互传阅、讨论,写出他们小组成员共同都面临或者认为急需解决的问题,最后以小组为单位各派一位成员将讨论的问题在班级交流,当听完所有小组的问题后,让同学们分享感想。在这个环节同学们写出了高考前自己主要面临的问题,大概有复习没有效率、觉得压力大、焦虑、紧张、失眠、想要放弃等。但是,也有的同学表示不感到焦虑、不紧张……我之所以让他们小组传阅、讨论目的就是想让他们明白,这个阶段他们的那些问题都是正常的,不只是自己有这样的问题,其他人也有,从而减少他们的焦虑。

其次,我请他们在纸的另一侧写下自己刚刚写下的问题解决办法,然后小组讨论各自办法的可行性,针对刚刚小组讨论的问题,讨论出解决办法,最后全班交流。其实,大家针对自己的问题都有各自的解决办法,如听歌、运动、大吼、逛街、看小说等。

最后,我请他们在纸的背面各自写下高考前最想对自己说的一句鼓励自己的话。主题活动后,我组织他们做了一个小活动:青蛙跳水;最后全班齐唱:《我相信》,整个活动结束。

整个活动除了开始我不怎么满意以外,整个流程自我感觉还是很不错的。

相比在二中而言，一年的学习让我成熟、稳重、淡定了不少，不管是在气场上还是在理论知识上，我觉得自己的进步很大。（巧儿）

（四）经验与感悟分享（学员实习总结）

从整个团体辅导的过程中，我感觉到了我自身存在的不足，感觉能量气场有些不够，不能很好地控制全场，虽然同学们都按照我的指导在认真地做，但是还是存在个别同学不在控制范围内。还有就是经验不足，在活动节奏的把握上有些不足，前面活动用的时间有些长，因为时间的限制，后面的活动就显得有些仓促。还存在着感染力不足的问题，在组织同学们分享的阶段，主动发言的同学不是特别多，也是我自己在引导方面做得不够好。通过这次团体辅导，我发现高三学生对以活动为主的团体辅导更感兴趣，其原因可能是他们现在比较压抑，希望通过活动来发泄一些自己压抑的情绪。总之，这次带团体辅导活动，给我增加了经验，让我有机会将平时学到的理论知识运用到实际操作中，这对我来说是一次很大的成长。（黎素素）

此次辅导为自己积累了丰富的经验。其实在准备辅导活动过程中，存在一定的焦虑，担心自己经验不足，学生不配合会使场面陷入尴尬，影响辅导效果，等等。但是正是因为自己的经验不足，针对此次辅导做足了功课，如详细的方案设计，还提前与同伴进行了演练，预想了各种突发状况，解决方法，等等。虽然最后，活动还是有一些瑕疵，但是大家都受益颇深。（豆豆子）

那一天的东西很多很多，我也不能全部记叙出来。虽然心理学的学生应该养成记录的习惯，但是我觉得这是很多常见的高考问题，而其中涉及隐私的东西我也有其他的记录。整个叙述也穿插着感想。希望下次还能有更多好的机会。（Junglee）

这次南溪一中之旅真的是收获挺大，最大的是大大提高了自己的自信。因为在去之前自己对这次活动是相当不自信的，预想了种种尴尬的场面，不过庆幸的是最后都没有发生。

上午做团体辅导觉得精神很振奋，可是下午做个别咨询的时候觉得好累。

真的感觉做个体比做团体要更消耗能量，而且是一堆个体要挨着做。而且感觉接受太多别人的负能量对于现在的自己是吃不消的，我们还需要加强自身能力，更加教育我们以后要注意理论的学习，因为实践是需要理论指导的。要想真正的帮助到别人，自身得理论过硬。

最后他们反馈给我的是他们觉得做了之后觉得轻松了不少，帮助挺大，而且非常喜欢我们。他们也给我们老实地说了他们的想法，刚开始听到我们自我介绍所来自的院校有些失望，可是最后结果并没有让他们失望，也没有让我们自己失望。我想，对于我自己，这次经验是成功的，也期待下一次做得更好。（婷婷刘）

通过QQ联系，我问了一下他们的感受，他们觉得整体挺不错，互动很精彩，希望活动可以再多一点。还有人说，整体还行，就是中途因为多媒体的因素有点影响心情。我想多媒体确实是情报出错，准备不足，当然也有紧张的原因，具体操作也还可以，就是活动设计的时候一定要多选几个备用活动！（小小婷）

下午做个体咨询的时候，主要遇到就是考试焦虑、失眠、模拟考试不理想引发对高考成绩的担心，还有就是来咨询的5—6个同学都谈论到父母给自己带来的无形压力，他们都是因为家长对自己太宽容了，不给自己施加压力，还劝着他们要放松，从而引发他们对考试更加焦虑，感觉要是考不好就对不起父母，我跟他们反馈的就是上次曲老师给我们培训时提到的策略，学会和父母沟通，告诉父母自己真实的感受……下午做个体辅导的时候，自我感觉还是很好，没有紧张，只是专心地听他们想要解决的问题，然后自己在脑中组织自己的语言。这是第一次给高三的学生做个别辅导，感觉还是很好的，在看到他们对问题的看法上有所改变时，听到他们给我的反馈，又让我内心多了一份充实感，感觉帮助别人是一件很快乐的事情。有一点不好的是，一个同学刚走，另一个同学就来了，自己还没梳理完头绪就进行下一个，所以这个转换的过程有点慢。整体还是很好的，我自己在这个过程中也得到了成长。（W2T）

我存在的问题也暴露了出来：

（1）普通话始终是我的"硬伤"，如果我能够把普通话说好，也不会出现中间思维短路的现象。

（2）虽然我是让大家都嗨了起来，但自己专业知识还存在许多的不足之处，比如遇到一个强迫症的同学我无法进行解决，最后只能交由古老师解决。

（3）在上午的过程中，没有让何同学发挥自己的一些优势。十分感谢她在一些情况下帮我解决了现场问题。

（4）没有解决他们学习上遇到的实际问题，很多东西都停留在了表面。这可能与开始的团体辅导思路没有全面考虑相关。（廖二娃）

下午的个体咨询，我是在二楼进行的。我感觉二楼相对一楼更隐蔽一点。我发现来访者更喜欢一对一，而不太喜欢自己同时面对两个咨询老师。可能他们心中有一点防御，不希望自己的隐私被太多人知道。

我一共接待了7位同学。在面对每一位来访者向我走来时，我都以微笑示意，并做出了开放的手势。首先问的就是"你有什么问题我能帮到你的"？我觉得这是我给别人以无条件接纳的第一步。

其中有位男生，坐下第一句话就是"姐姐，我们能敞开心扉地谈谈吗"？然后接着说"我是不是真的有强迫症啊？刚才下面有位咨询姐姐说我反复去填涂机读卡是有强迫症倾向"。原来他很怀疑刚才他人的诊断，也更加怀疑自己，想得到一个否定的回答。经过我的一再追问，原来这位来访者读的是特尖班，成绩也是位列前茅，只是曾经有一次因为自己填涂机读卡的问题，自己成绩考得很差，心里很难过，所以以后都非常谨慎。通过这件事我想说，其实在咨询过程中，在没有具体了解事情的情况下，不要给来访者乱贴不好的标签，这样不仅不会帮助他们解决问题，反而在他们心灵上留下深深的伤口。（LX）

在这次团体辅导中，我的感觉是班上的同学都很开朗，也很看得开，经历过一次高考的洗礼过后，带给他们应该是更能清楚地认识自己，我所能带给他们的更多的是在紧张的学习中多感受到一些快乐。我在这次活动中的不足是对时间的把控和要多准备一些备用，在语言表达上尽可能简练，普通话还需要练，继续努力！（嘀嗒）

在专业知识方面自己真的欠缺太多，特别是在一对一的辅导中，自己的这种缺点暴露无遗，分析出了一点原因但提不出切实可行的办法。以致自己像个打酱油的到处跑，没信心辅导好别人，反正就是能不辅导就不辅导。对于自己的这种不负责任的表现我表示很羞愧。还有一点就是自己的表达能力还有待进一步提高。所以，我觉得我们的理论知识和实践经验还需要不断地提高和丰富，这样在面对一些人的问题的时候我们才有信心去相信自己能够做好。（XHW）

整个下午的个案咨询中我一共接待了四个同学，有两个是有关考试紧张的问题，一个关于人际关系的，还有一个是关于学习效率以及和父母关系的问题。以前没有亲自接触过单独的辅导，所以这次单独辅导让我深感理论知识的不足以及实际操作的欠缺，很多问题在咨询课上我们讨论了再讨论，强调了又强调，那些知道要避免的错误在实际操作中还是不经意的就犯了。（巧儿）

在去之前我很后悔，如果我早没有报名我就不会那么手足无措，就不会那么忙着要去设计方案，把头都想大了，就不会在去的车上那么紧张，唉！反正是各种后悔，后来我感觉很好，我记得刚进教室的时候，同学们就热烈地鼓掌，然后我就带他们进行了一次考前放松训练，其实倒不如说我带他们玩了2个小时，他们私下跟我说他们从来没有玩得这么嗨，那个时候我感觉很高兴，可是在带领的过程中还是有很多的问题，比如我没有能够第一时间地解决个别同学的问题，我承认那是我能力之外的东西了，于是我认识到了自己能力的不足，知识的储备不够，而且让我很郁闷的就是在冥想的时候他们竟然都没有什么感觉，我尽量表现得让他们喜欢，总体来说，我在课上感觉不怎么好，然后和同学讨论了他们的情况之后我感觉好了点，后来在看到反馈的时候我又觉得不爽了，总的来说，我可能更在乎别人的看法而不是自己的努力。（飞哥）

我在对南溪一中的学生进行考前辅导的过程中，我主要是根据他们的特点来解决问题，在辅导过程中，有各种各样的问题，例如考试焦虑、寝室人际关系等。考试焦虑问题居多。

关于考试焦虑，通常我先给来访者解释考试焦虑的概念，并且对其进行心理教育，内容涉及考试焦虑的自我训练方法和应试技巧等。如（1）端正应试动机，减轻心理负担；（2）做好充分准备，形成良好地应试状态（如物质准备、体能准备、知识准备、心理准备等);(3) 冷静处理怯场。当考生意识到自己怯场时,其一是安静下来,暂停阅卷答卷,稍做休息,转移注意力,停止有关考试的强制性回忆。其二是应用"调整呼吸法",当遇到极度紧张的情绪时,停止有关活动,全身放松,做深而均匀的呼吸。其三不要在考试前的 30 分钟内做高度紧张的复习,可以选择做一些积极的准备活动。(4) 系统脱敏法:主要是诱导来访者缓慢地暴露出导致神经焦虑的情境,每当出现这种情境时,利用心理的放松对抗这种焦虑情绪,从而达到消除神经症焦虑的目的。应试技巧有:(1) 充分做好考前的准备工作,包括物质、知识、体能、心理准备等。(2) 做好答卷前的前沿性事项。(3) 全面浏览考题,统筹考试全局。主要是了解试卷的分量、题目的难易程度、确定答案的先后顺序和时间分配等。(4) 审题要稳。答题前要细心认真审题,明确题意和答题要求,以免答非所问或遗漏问题。(5) 答题时,要处理好质量和速度的关系。(6) 注意不同题型的解题策略,答题时既要考虑简明扼要,又要避免过于简单。(7) 对试题答案无法确定的题目,要冷静分析,仔细推理,必要时可以做合理的猜测。(8) 保持卷面工整美观,增加隐性得分的可能。(9) 重视复查环节,把好最后一关。(10) 科学把握时间,不必提前交卷。

以上这些来源于我在四中做的心理辅导以及在心理健康辅导课上所学的东西,我想会对他们有一定的作用。

另外,还要让他们学会克服自卑感,学会用平和的心态正确面对高考,也学会承受压力。对于高三阶段学习的艰苦性缺乏必要的心理准备,当他们面对困难时,极有可能会产生退缩、逃避的心理,学生很可能常常在"能不能坚持"和"要不要放弃"的犹豫中摇摆不定,势必对他们保持心理状态的基本平稳造成极大的障碍,不断地给予他们鼓励和心理支持。此外,帮助高三学生学会正确认识和应对生活和学习中过重的心理压力。学生心理压力的来源,主要有父母家庭对学生较高的期望、学生不恰当的自我期望、学校及社会的期望、同学们之间的人际压力等,对各方面心理压力形成正确的认识,学会正确应对这些压力,是一种必需的能力,特别是在高三备考这一特殊时期,对稳定他们的心态,保证他们的复习备考质量,有着举足轻重的作用,他们必须学会帮助自己调整心态。学会给自己缓解和施加压力。对高三而言,

压力力求适度，培养一颗平和之心很重要。（Mindy）

此次辅导丰富了我对高三学生的认识：

（1）自卑心理严重，自信心不足。进入高三年级以后，学生由于基础的差异性，包括高中学习习惯的养成导致学生在这一阶段产生两极分化。强烈的失落感使一些同学极其自卑，信心不足，丧失斗志，失去学习的积极性，功课将越落越多。

（2）过度考试焦虑。高三学生承受的学习压力比高一、高二要大得多，父母老师对他们的期望、要求都比较高。学生容易忧心忡忡，患得患失。考试焦虑是在一定的应试情境激发下，受个体认知评价能力、人格倾向与其他身心因素制约，以担忧为基本特征，以防御或逃避为行为方式，通过一定程度的情绪反应所表现出来的心理状态。适度的考试焦虑，对唤起大脑皮层的兴奋，集中注意，活跃思维具有积极的作用，但过度的焦虑则会导致学生认知能力降低，干扰正确的分析和判断，影响学习成绩，并对身心健康造成潜在的威胁。考试过度焦虑的原因多集中于父母、老师期望过高，学生自己对自己的要求过高、急功近利等，当然也不排除其他因素。

（3）喜欢表现自己。高三成绩分化之后，有些学生自卑，却特别要在老师、同学面前表现得非同一般，急欲让别人觉得自己的不可小觑。他们会在班主任规定进教室的时间不进教室，或者故意在教室里大呼小叫，或者故意在老师提问时三缄其口，表现出对其他同学的藐视。

（4）性意识萌动，对爱情方面特别感兴趣，关注异性，容易产生感情问题。

（5）进入迷茫期和学业倦怠期。在最后这一阶段，由许多同学不知道该怎么复习该怎么面对未来，甚至产生厌学心理。

文献梳理得到的调节考试焦虑的建议：

（1）摆正心态，调整动机水平。刚刚升入高三的时候，很多学生都给自己定下了奋斗目标，有些学生还暗暗下了决心："一定要考上某某大学。"对于高考来说，目标明确当然是对的，但当这种目标内化成学生的一种不可抗拒的过强动机的时候，它就会对复习带来不利的影响了。因此在这一阶段，最重要的是提倡学生摆正心态，将考试动机调整到合适的水平。针对老师和家长对于高考重要性的强调，心理辅导方面能够做的工作是反其道而行之，适时地为学生减压。我们可以向学生介绍耶克斯—多德森定律。这个定律所描述的是动机与效果之间关系。动机是直接推动学生学习、考试的一种内部动力。它的强度与效率的关系是倒"U"形曲线关系。动机太高或太低都不能引起大脑皮质最佳的工作状态，从而也不能得到最佳绩效，动机的中等程度的激发或唤起，对学习具有最佳的效果。动机过弱不能激发学习的积极性，在一定范围内，动机增强，学习的效率也随之增加，直到达到一个最高点，超过这一点，动机强度的提高会造成学习效率的降低。并且，动机的最佳水平随任务性质的不同而不同。在比较容易的任务中，工作效率随动机的提高而上升；随着任务难度的增加，动机的最佳水平有逐渐下降的趋势，而在难度较大的任务中，较低的动机水平有利于任务的完成。在我给学生们讲述这个观点的时候，有学生提出了疑问：为什么强动机反而会带来学习效果的下降？成语中不是说"破釜沉舟""置之于死地而后生"吗？道理也很简单，当某种动机过于强烈时，就会在大脑皮层形成一个占主导地位的兴奋中心，这个兴奋中心会在人脑活动的过程中处于优势地位，从而会对其他区域的活动产生抑制作用。这就会妨碍正常的思维活动，当然会对学习效果带来不利的影响了。

造成考生心理压力过大的原因是多方面的，有的是因为家长过分加压造成的，也有的学生自身的完美主义倾向所致，所以仅仅向学生讲解了动机与效果之间的关系是远远不够的，对于部分心理压力过强的学生，则要运用心理辅导的有关技术和方法，采取个别辅导的方式，找到成因，并帮助学生加以调整。

（2）摆脱不合理观念，增强自信。不合理信念通常有三个特征：

第一，绝对化要求。即是以自己的意愿为出发点对某一事物认为其必定会发生或不会发生。这种信念通常是与"必须"和"应该"这类字眼联系在一起的。比如有些学生会对自己有诸如"我必须在每一次考试中都取得不错的成绩""我不应该考不好"等这样的要求。怀有这种信念的考生，就很容易陷入情绪困扰。因为客观事物的发生、发展都是有一定规律的，不可能按某一个人的意志去运转。某一个个体不可能在每一件事情上都获得成功，即学生在某一次考试时成绩不理想是很正常的一件事情。在心理辅导的过程中，要帮助学生改变这种极端的思维方式，而代之以合理的思维方式，以减少他们陷入情绪障碍的可能性，帮助他们认识这些绝对化要求的不合理之处、不现实之处，并帮助他们学会以合理的方式去看待自己成绩。

第二，思维绝对化的学生往往还伴随着人格上的完美主义倾向，要求自己每一门学科、每一次考试都必须尽善尽美，一旦有一次失误，又常常会犯"过分概括化"的毛病。过分概括化是一种以偏概全的思维方式，就好像以一本书的封面来判定一本书的好坏一样。以一次成绩的下降，来评价自己的学业水平，甚至评价自己的个人价值，得出自己"一无是处"、"一钱不值"、是"废物"等结论，其结果是导致自责自罪、自卑自弃的心理的产生以及焦虑和抑郁的情绪。

第三，有"糟糕至极"的想法。这是一种认为如果一件不好的事发生将是非常可怕的、非常糟糕、是一场灾难的想法。有这种想法的学生很容易过分夸大某一次考试的后果，一次考差了，就认为糟透了、糟极了，甚至引发"考大学没希望了"之类的想法。而当一个人沿着这种思路想下去时，当他认为遇到了百分之百糟糕的事情时，就会把自己引向极端的不良情绪状态之中了。这个时候，要通过与不合理信念辩论的方法来帮助学生认清其观念的不合理，进而放弃这些不合理的信念，通常我会请考生问自己这样一个问题："我是不是有充分的、合理的证据说明自己真的完了？"

（3）放松心情，预防疲劳。三模以后，最需要做的一件事情就是引导学生放松心情，预防疲劳。疲劳的典型表现有大脑发晕、注意力分散、打瞌睡、作业速度明显减慢、错误率提高、思维混乱等。这是考生在连续紧张学习一段时间后，自然发生的体能衰退的现象，这是人体防止能量过度消耗的一种保护性反应，也是一种需要暂停学习，进行调节休息的信号。

休息时间紊乱、学习内容过多过难、心理压力过重、学习方法不当、学习动力不足、营养不合理、不良的学习环境，都有可能引起学习疲劳，如果漠视这种现象，严重的还会导致神经衰弱。神经衰弱的学生会备感疲倦，一些让人分心的联想或者是回忆不断地闯入脑海中，让人厌烦，可又挥之不去，注意力难以集中,思维活动缺乏效率。

咨询师可以适时地向学生介绍一些预防学习疲劳的方法。比如我们可以控制好自己的睡眠时间,在学习的间歇也可以闭目养神,还可以在感到疲劳的时候去散步、打球和进行一些轻微的体力劳动,甚至与别人聊聊天,也可以达到休息的目的。在组织复习的时候,还要注意各科学习时间的排列和搭配,做到文理相间、抽象性为主的学科和形象性为主的学科交替、脑力活动与体力活动交替、内容多的与内容少的学科交替,使神经活动得到调节,这样,大脑皮层的神经细胞不仅不会疲劳,而且还有相互促进的作用。

(4)学会运用积极的心理暗示。暗示是普遍存在的心理现象,在一切人身上皆可见到,暗示的特别功效在于,它不仅影响意识,还能影响潜意识,调动并控制生理反应。在考试前,如果总是担惊受怕,总是问自己"考不好可怎么办?"那你就总也摆脱不了焦虑的困扰。坚定地告诉自己"我一定能行""我有信心考出水平""我有能力考出水平""今天的精神真好,我一定可以考好""没关系,无论考试结果如何,那将不会是最后一次"。每天面带微笑地打开课本,笑是人充满信心的表现,笑是人快乐的表现,笑和自信的体验是一致的,是和人的自信相互促进,充满信心使人微笑,微笑使人信心增强。考生经常微笑,内心就会自然滋长自信的体验。走路的时候昂首挺胸,让自己的步伐坚定有力,适当地加快一点速度,都是一些积极的心理暗示。
(若绾)

根据这次的南溪之行,我个人总结对高三学生心理辅导的几点体会。

首先,对学生进行考前的心理调节。随着考试,特别是高考临近,学生们的紧张感加强,心理上也容易出现偏差。根据考生的学业水平、心理素质等方面的情况,把考生大致分为不同类型。不同类型的考生,其表现的心理问题各不相同,出现的心理偏差也因人而异,必须具体问题具体分析才能见效。

一类是尖子生,他们基础扎实、天赋较好,有好的学习方法和学习习惯,成绩较优异。一般情况下,考上本科有十足的把握。但也不能太大意,不能在赞扬声中丧失警惕,骄傲自满,造成心理松懈,致使审题失误,忽视细枝末节。提醒他们在保持旺盛斗志的同时，要时刻保持大脑的清醒，脚踏实地搞好系统复习和重点复习，认真查漏补缺，防患于未然。

另一类是成绩和心理素质都较差的学生。他们基础差，学习不得法，学习意志薄弱。对于考大学，自卑感很重。解决这类考生问题的关键在于树立自信心，以激发和克服其缺点，让他们对自己的学习情况反省思考，吸取教训，沉住气，搞好最后的复习，消除自卑心理和气馁情绪，做好最后的冲刺。

另外，要教育学生正确面对心理挫折问题。在学生的学习、生活中，总会遇到这样那样的问题，遭遇到各种各样的挫折，这可能会对学生的心理造成消极影响，使之感到沮丧、失意、无望、一直消退，甚至绝望等。我认为，学生心理挫折产生的原因很多，既有社会、家庭、学校和周边环境等外部因素，又有诸如生理及心理等内部原因。心理挫折是一种主观感受，若学生对挫折的忍受力不强，往往会因为受挫折而导致消极反应，这不但对学生本身不利，而且对学校、家庭、社会也有害。如何引导受挫折学生战胜自我，从挫折中解脱出来，我认为可以采取以下方式进行疏导：帮助学生提高思想认识，正确看待挫折；帮助学生树立正确的人生观和期望心理；正确对待受挫折学生。对学生的缺点错误若处理不当，也会造成人为挫折。如果学生因一时犯错，教师不分缘由就责骂学生，会使学生产生逆反心理。这类问题，应先弄清楚事实的真相，缓解挫折因素，再晓之以理，方能取得良好的效果。学生受挫后，心理十分脆弱，特别需要关怀与体谅，应给予真诚的帮助。不能冷嘲热讽，应及时理解、谅解与宽容。提供机会，让受挫学生释放情绪。因为太多负面情绪的积压，会增大学生的心理压力，适当的宣泄很有必要。（静听雨落）

团体心理辅导这门课程完美地结合了理论和实践两方面，我对它的兴趣一直比较大，可能是因为有实践的机会吧。可是同时我也意识到如果只是一味实践，没有理论作为基础，会走很多弯路。现在回想起南溪一中的那次辅导，自己就因为理论的薄弱而做得不够好，因为有些活动自己没有尝试过，所以并没有预料到会有突发情况的发生。在吹气球的活动中，一个学生的气球爆了，而班级中恰巧有一个女生耳膜是经不起那种强度的分贝，当时就哭了。虽然我立即解决了这一突发状况,但是这个突发状况的发生还是让我意识到了一些问题。在给别人做辅导前自己就需要清晰地了解这个活动的流程、理解这个活动的意图和预想可能突发的状况。在团体辅导班级中也不乏有这类领导者,因为没有事先做过该活动而导致场面较为混乱。这也给了我一个警示,凡事做好充分准备,即使可能有些准备最后是不必要的,这既是对参与者的负责,更是对自己的负责。(婷婷刘)

南溪一中的团体辅导,让我认识到:首先,在团体辅导之前要做好充分的准备,比如材料要事先备齐,不要到了用的时候才想起买或者是借,有些同学就是到了那边才去买,所以时间比较急,自己也比较紧张;团体辅导的方案要事先备好,不然到时不知所措。其次,团体辅导实施的时候要有自信,要相信自己能行,按照自己的方案一步一步地走完这个过程,当你做完时候你会发现其实没那么难,没那么恐怖。把自己学到的运用到生活中也不是那么容易的事,下午的个体辅导就让我深有体会,当学生们把他们的困惑告诉我的时候,我也只能用一些很普遍的道理来跟他们讲解,这使我认识到善于运用知识需要以不断实践为基础,学了不会用就等于没学,学以致用很重要。(拥抱)

南溪一中的考前辅导是一次重要的转折,是自己第一次一个人带团体,而且对象还是高三的学生。压力很大,可是做下来之后,发现自己的收获还是蛮多,最大的就是自信心和自我价值感的提升。第一次把自己学的东西应用于实践,第一次凭借自己的专业走出校门,当收到别人感谢的信息时,那种油然而生的喜悦让我久久不能忘怀。(小小婷)

在南溪一中的团体辅导中,我感到慌乱和失败。热身活动环节做得还是不错的,感觉效果还是很好,达到了目标效果。在后来的主题活动中,采用的是合理情绪疗法,让他们写出了不合理的认知,然后小组讨论怎么把不合理的转变为合理的认知,我觉得写的时候大家都还是认真写了,小组讨论的时候感觉就是各自聊天去了。为了改变这一状况,我当时就把小组讨论改变成一个小辩论赛,正方题目是"高考失败了,我们没有前途",反方题目是"高考失败了,我们有前途",正方有一个女同学表现非常突出,她坚持认为高考失败就没有前途。后来我就让她们正反方互换，我想通过这样的方式让她们明白高考的真正含义，明白高考对我们有一些重要性，所以我们要努力、坚持，同时也明白高考不决定我们的一生，高考失败我们还是有前途的，让她们减少焦虑和压力，正视高考，沉着应对，不卑不亢。在释放压力、扎气球的时候，我觉得大家都玩得很开心，但是那些气球爆炸的时候我感觉到了它的不安全性，以后需要注意气球的威力，不能随便使用在团体辅导中。放松冥想的环节，因为时间的关系就没有进行，只是向大家介绍了一下有哪些放松方法。最后总结的时候感觉自己也没有总结好，可能是当天自己在班上一直处于慌乱的状态吧，同学们也很闹腾，感觉没有秩序很混乱，让我感到无助和压力。最后以一首《真心英雄》结束，里面的歌词很不错，对他们有一定的激励作用。（蓝姑娘）

（五）来自受辅对象的反馈

活动结束后我们分别在当天及事后 10 天先后借助团体效果评估问卷和访谈法邀请受辅学生及校方有关人员对团体辅导的效果进行了反馈，以下信息由受辅单位提供。

1. 在团体中我们学到了一些小技巧，比如缓解紧张、压力的方法，在平时都可以用到，感觉比较实在。这样的活动，对高三后期的学生来说还是很有帮助的。

2. 给了我们倾诉的空间，紧张情绪缓解了很多，对心理承受能力较差的同学很有实用价值。

3. 给了我们一种正向的指引力量，作用时间因人而异。

4. 班级团体人数较多，很难顾及每一个人（比如性格较内向的学生）。

5. 感觉领导者准备很充分，但是没有临场经验，比较生疏。

6. 感觉在活动的过程中放松了，但结束后比较根本性的问题还是存在。

二、小学生"自我悦纳"系列班级辅导实操训练

"悦纳自我",即愉快地接纳自己。悦纳自我是自我意识健康发展的重要标志。悦纳自我的前提是正确地了解自己。悦纳自我的核心是以平常的态度(平常心)对待自己。不以己悲,不以己喜。悦纳自我的关键是认可自己,包括认可个人的生理、环境和个性的缺憾。悦纳自我的目的是不断地发展自己,完善自己。

本系列团体辅导以南广小学二年级9班学生为辅导对象,团体规模54人。领导者组建带领团队,一名主带领者,根据主题活动特点,招募培训具备团体辅导知识和能力的同学担任助手。每周五下午2:30—4:00,在校活动室开展,性质为结构式、封闭式、发展性。

(一)问问"我是谁"——小学生自我意识团体辅导

1. 团体总目标:引导学生从多方面关注自己,引发学生了解自己的兴趣,从而正确地认识自我。

2. 理论基础:自我意识是一个人对自己身心状况以及周围事物关系的认识和体验。自我意识的发展过程是个体不断社会化的进程,也是个性特征的形成过程。小学生自我意识包括对自己的认识、对自己的评价、对自己的态度等。

小学生的自我意识不是头脑中固有的,对自我的认识也是从比较模糊逐渐趋向比较清楚,从比较片面逐渐趋向多面,从主要依靠成人的指点逐渐趋向主动积极。问学生"你是什么样的孩子"?低年级学生往往只能说出一两个答案,而且多与能力有关,多是成人经常说的。高年级学生特别是经过训练的学生则能说出二三十个答案,内容涉及能力、性格、学习、品德、与人交往等多方面。小学生对自己的认识影响着对自己的评价,认识不清楚,评价就可能不准确;认识较片面,评价不可能全面,其正确性也不会高;认识被动,评价也势必受别人左右。小学生对自己的认识和评价决定着对自己的态

度,只认识缺点的孩子,对自己的评价往往是消极的,对自己时常持有否定的态度、不满意的态度,靠别人的指点才能认识自己的孩子,其评价常常是摇摆不定的,对自己的态度也时常依据他人对自己的态度。

从发展的角度看是这样,从问题的角度看也是这样,大多对自己不满意的学生或多或少存在自我认识的问题,存在自我评价的问题。因而自我意识辅导必须从引导学生正确认识自己开始。

3. 团体活动计划书

表 5-2　小学生自我意识班级团体辅导方案设计表

活动名称	活动目标	操作过程	时间	准备材料
大风吹	活跃团体气氛;同时让成员发现自己的特点,关注自己。	领导者讲解规则、然后进行活动、分组建立小团体。	10 分钟	
我是谁	提高成员全面、客观、动态认识自己的意识和能力。	完成至少 13 个"我是谁"的问答,然后小组和班级分享,猜猜被抽到的成员是谁。	35 分钟	印有 20 个"我是谁"的 A4 纸、笔
说说我自己	让成员从多方面了解自己,认识自己。	由动画人物做榜样,配合小组领导者指导成员进行自我介绍,然后请几位自愿向全体成员介绍自己。	35 分钟	喜羊羊、懒羊羊、灰太狼面具(教具)
总结	巩固活动效果;结束本次团体活动。	由每个小组派代表分享活动感受与收获(自愿);领导者总结;布置家庭作业。	10 分钟	

4. 活动详案

导入语:同学们你们好,我是来带领你们做活动的老师,你们可以叫我小兰老师。你们喜欢做活动吗?那下面我们就来做一个小活动。这个活动叫作大风吹。

热身活动——大风吹

首先由小组领导者布置好凳子,围成一个内圈一个外圈,内圈 20 人,其余的围成外圈,助手协助尽快完成。完成后组织同学们都坐下来。

指导者在圈内讲解活动规则。(同学们仔细听,下面的活动是这样的,等会老师要喊口令,老师喊:大风吹啊大风吹,同学们问:吹什么?老师说:

吹啊吹啊，吹到戴眼镜的同学，这时候，所有戴眼镜的同学就要离开自己的位置另外找一个位置坐下，没有戴眼镜的同学就坐在自己的位置上不能动。如果老师喊大风吹啊大风吹，吹啊吹啊，吹到戴红领巾的同学，这时候所有戴红领巾的同学就要离开自己的位置，另外找到一个位置坐下。听明白了吗？下面我们来做一个示范。如果谁最后一个找到自己的位置，或者还坐在原来的位置上，就要给我们表演一个最擅长的小动物的叫声哦。大家互相监督哦。

总结：同学们，在刚刚的活动中谁每次总是很快能够找到位置，能和老师讲一下吗？怎样尽快找到位置呢？需要注意听口令、动作要快，更重要的是要充分了解自己的特点，清楚自己的特点的同学就能很快的完成任务。

附：按照座位的顺序进行分组，每组6人，共分为9组。然后由各小组领导者带领小组成员去小组领地。

活动一：我是谁

过渡语：同学们，今天老师要带大家认识一个人，这个人与我们朝夕相处，你笑他也笑，你哭他也哭，你眨眼睛他也眨眼睛，你做什么他就做什么，你们猜猜这个人是谁？那个人就是我们自己啊。你们认识自己吗？认识多少呢？那我们现在就来看看大家有多么了解自己，跟着老师的提问和指引，大家快速写下答案吧。

领导者提问：

第一个问题：你是谁？同学们，请你们写下我是（例：爸爸妈妈的女儿/儿子）

第二个问题：你是谁？我是（南广小学的二年级学生）

第三个问题：你是谁？我是（听话的孩子）

第四个问题：你是谁？我是（学习努力的孩子）

第五个问题：你是谁？我是（爱劳动的人）

第六个问题：你是谁？我是（喜欢唱歌、跳舞的人）

第七个问题：你是谁？我是（一个将来想当科学家的人）

第八个问题：你是谁？我是（脾气很好的人）

接下来就由小组领导者带领小组成员自己再写出至少5个答案，看看哪些是刚刚还没有写到的，写得越多越好。（由小组领导者带领小组成员进行我是谁的活动，小组领导者引导成员从能力、性格、学习、品德、与人交往等多方面去思考"我是谁"。）

小组领导者随意抽一份成员的答案，注意不要说出名字，大家试着猜出该成员是谁并分享猜对和猜错的原因；得到确认后，大家对该成员的材料进行补充。

团体领导者从每一个小组抽一份答案，然后由全体成员猜猜成员是谁。

班级分享：分享对本活动的认识和收获

小结：很多时候我们都没有认真地观察自己，仔细了解自己，通过这个活动，我们从各方面更全面地认识了自己，发现了平时未曾注意的某些方面的特征，这是一个很好的开端，也希望同学们在平时的生活中多关注自己，使自己更加全面了解自己，更加深入了解自己。

过渡语：大家都熟悉喜羊羊、懒羊羊和灰太狼吗？那你们能告诉我，他们有哪些特点吗？（回答结束后再引入主题）同学们，今天我们请来了喜羊羊、懒羊羊和灰太狼到我们这里来做客，现在先请他们向我们介绍自己。让我们鼓掌欢迎他们。

活动二：说说我自己

两名助手出示动画人物面具（如喜羊羊、懒羊羊、灰太狼）然后向学生介绍自己。

喜羊羊：同学们，大家好！我是喜羊羊，生活在青青草原上，我很勇敢，敢于和灰太狼做斗争。我友爱善良，小伙伴们有什么事，我都会热心地帮他们解决。

懒羊羊：同学们，大家好！我是生活在青青草原上的懒羊羊，我和喜羊羊是好朋友。我比较懒，什么事都由小伙伴们帮我解决。我最喜欢的事就是睡觉。

灰太狼：我想吃羊，经常会去威胁到他们的生命，我总是失败；但是，我始终坚持，屡战屡败，屡败屡战，我的口头禅是：我一定会回来的。

领导者问学生"你能像我们的喜羊羊、懒羊羊、灰太狼那样介绍你自己吗？"请小朋友借助刚才完成的自我描述向小组成员介绍自己。包括自己的姓名、家庭、性格特点、喜好以及其优缺点。（小组领导者辅助小朋友们完成。）

有哪些同学愿意向我们大家做自我介绍呢？（如果有很多就各小组分配适量的，如果没有或很少，就让小组领导者鼓励小组成员，每小组一个代表，向全部成员做自我介绍。）

领导者需要适当引导孩子做出自我的评价。如：我是一个喜欢帮助别人的孩子。小朋友们有什么困难找我帮忙，我都会帮助他们。领导者：你真棒，总是能够帮助别人。那小朋友们，是不是很喜欢找你玩呢？帮助别人是你身上很好的优点，我们要把它保持下去，好么？

小结：刚刚同学们介绍自己都介绍得很好，他们从多个方面来介绍自己，看到了自己不同的特征品性，希望同学们学习使用这种方法保持对自己的探索，帮助了解自己。

课后作业：同学们，你们知道自己在爸爸妈妈和朋友、老师的眼中是怎样的吗？请同学们在课后当一次小记者，采访自己的好朋友、父母，让他们说说看，在他们眼中的你是什么样的，下次活动时我们一起分享。

附录1：故事《小马过河》（五个助手角色扮演讲故事）

马棚里住着一匹老马和一匹小马。

有一天，老马对小马说："你已经长大了，能帮妈妈做点事吗？"

小马连蹦带跳地说："怎么不能？我很愿意帮您做事。"

老马高兴地说："那好啊，你把这半口袋麦子驮到磨坊去吧。"

小马驮起口袋，飞快地往磨坊跑去。跑着跑着，一条小河挡住了去路，河水哗哗地流着。小马为难了，心想：我能不能过去呢？如果妈妈在身边，问问她该怎么办，那多好啊！可是离家很远了。小马向四周望望，看见一头老牛在河边吃草，小马"嗒嗒嗒"跑过去，问道："牛伯伯，请您告诉我，这条河，我能蹚过去吗？"老牛说："水很浅，刚没小腿，能蹚过去。"

小马听了老牛的话，立刻跑到河边，准备过去。突然，从树上跳下一只松鼠，拦住他大叫："小马！别过河，别过河，你会淹死的！"

小马吃惊地问："水很深吗？"松鼠认真地说："深得很哩！昨天，我的一个伙伴就是掉在这条河里淹死的！"

小马连忙收住脚步，不知道怎么办才好。

他叹了口气说："唉！还是回家问问妈妈吧！"甩甩尾巴，跑回家去。

妈妈问他："怎么回来啦？"

小马难为情地说："一条河挡住了去路，我……我过不去。"

妈妈说："那条河不是很浅吗？"

小马说："是呀！牛伯伯也这么说。可是松鼠说河水很深，还淹死过他的伙伴呢！"妈妈说："那么河水到底是深还是浅呢？你仔细想过他们的话吗？"

小马低下了头，说："没……没想过。"妈妈亲切地对小马说："孩子，光听别人说，自己不动脑筋，不去试试，是不行的，河水是深是浅，你去试一试，就知道了。"

小马跑到河边，刚刚抬起前蹄，松鼠又大叫起来："怎么？你不要命啦!？"

小马说："让我试试吧！"他下了河，小心地蹚到了对岸。

原来河水既不像老牛说的那样浅，也不像松鼠说的那样深。

附录2：20个我是谁？（省略）

5. 实施总结与反思

这是我和团队成员第一次对小学生做团体辅导，在班主任老师的管理下学生们显得比较有纪律，也还是规矩，不过才开始时我对班主任的威严有些不以为然，我觉得她太严肃，把孩子们管得太死。后来我才发现她做得很好，也很有必要这样做。

这次团体辅导还是完成得比较好，开始的时候同学们很有纪律有秩序地进入活动室。在每个活动环节孩子们认真参与，收获很多快乐和开心，分享的时候也是非常积极的，虽然有时候并不能贴近主题，但是经过提示引导还是能达到活动的目的。小学生与高一学生（曾经辅导过的）相比，更加纯真、开放、积极主动，更能体验快乐。

整个团体辅导学生的纪律并不是很好，我曾学着班主任拍三下手，但是声音不够响亮，不足以把学生的注意力吸引过来，尤其在班主任离开的那段时间，场面就有些混乱了，我自己也开始慌乱，我的助手也是第一次当助手，我们的配合还不是很默契，所以一度纪律感觉比较差。学生们思维比较天马行空，很多时候并不能好好地跟着老师的指导走，要把他们的思维拉回主题上也需要花费一些时间。记得在同学们猜同学名字的时候，有人说那位同学是狗，我第一反应告诉他和其他的人，"那位同学说的是你像狗狗一样忠诚，是大家的好朋友"；因为某同学长得比较壮，所以有人说他是猪八戒，虽然我心里当时想的是他像猪八戒一样壮以及猪八戒所具有的优点，但是我当时只重复了他是猪八戒而没有再说其他的。第一次带领小学生团体辅导，经验比较少，所以在把控时间上存在很大的不足，以至后面的活动进行得比较仓促，并没有很深入的挖掘。在回答问题的时候学生们比较积极，基本上都在举手，在选择回答问题的学生上，我总是习惯性地选择最积极主动的，正面面对我的，忽略了很多在我身后的小组，这一点今后可以有意识地调整。

（二）人才竞聘——小学生自我认识团体辅导

1. 团体总目标：引导学生从各方面认识自己，认识自己与他人的差异。

2. 理论基础：自我意识是一个人对自己身心状况以及周围事物关系的认识和体验。自我意识的发展过程是个体不断社会化的进程，也是个性特征的形成过程。小学生自我意识包括对自己的认识、对自己的评价、对自己的态度等。

小学生的自我意识不是头脑中固有的，对自我的认识也是从比较模糊逐渐趋向比较清楚，从比较片面逐渐趋向多面，从主要依靠成人的指点逐渐趋向主动积极。问学生"你是什么样的孩子"？低年级学生往往只能说出一两个答案，而且多与能力有关，多是成人经常说的。高年级学生特别是经过训练的学生则能说出二三十个答案，内容涉及能力、性格、学习、品德、与人交往等多方面。小学生对自己的认识影响着对自己的评价，认识不清楚，评价就可能不准确；认识较片面，评价不可能全面，其正确性也不会高；认识被动，评价也势必受别人左右。小学生对自己的认识和评价决定着对自己的态度，只认识缺点的孩子，对自己的评价往往是消极的，对自己时常持有否定的态度、不满意的态度，靠别人的指点才能认识自己的孩子，其评价常常是摇摆不定的，对自己的态度也时常依据他人对自己的态度。

3. 团体活动计划书

表 5-3　小学生自我认识班级团体辅导方案设计表

活动名称	活动目标	操作过程	时间	准备材料
"萝卜蹲"	活跃团体气氛；同时让成员发现不同职业的特点，关注自己特长。	领导者讲解规则、然后进行示范、学生活动。	10 分钟	写有"职业"的头饰 3 组
人才竞聘	让学生明白什么是"人才竞聘"。	老师介绍"人才竞聘"，并请各摊位工作人员简介招聘条件，安排 2 位助手示范。	20 分钟	
模拟人才竞聘现场	让成员在了解自己，认识自己基础上，认识到自己的独特之处。	每个小组的领导者，设置一个"摊位"，并出示相应的岗位要求。学生自由的进行竞聘。	30 分钟	各岗位的要求
总结	巩固活动效果；结束本次团体活动。	由每个"摊位"派出代表进行活动分享；领导者总结。布置家庭作业。	10 分钟	

4. 活动详案

导入：同学们，很高兴跟大家再次相遇在我们的团体活动中，今天由我，小陈老师，带领大家继续做自我认识的团体活动。老师先带大家做个活动，这个活动的名称叫"萝卜蹲"。

热身活动——萝卜蹲

老师宣布活动规则：每个同学扮演一个角色（一种水果），扮演萝卜角色的同学念"萝卜蹲，萝卜蹲，萝卜蹲完，苹果蹲"，并做出相应的动作。扮演萝卜角色的同学动作做完后，扮演苹果的同学必须立刻跟上，并念"苹果蹲，苹果蹲，苹果蹲完，香蕉蹲"。同样做出相应的动作。扮演香蕉的同学立即跟上，如此往复。

助手们示范，在示范的过程中引出"注意事项"：
（1）不许回传；（2）反应慢的同学或传错的同学将出局；（3）最后剩下的三位同学获胜。

结语：同学们，刚才我们玩的"萝卜蹲"活动好玩吗？老师看见很多小朋友玩的都很高兴，完成得非常好，不知同学们对上周小兰老师布置的作业完成得怎样？

回顾上期内容：分享上周五小兰老师给大家布置的家庭作业（请几个小朋友来分享一下）。

上周我们从自己的爱好、特长以及自己的兴趣等多方面认识了"我是谁"，更加了解了自己。今天的活动我们会有什么收获呢？答案将在课后揭晓。

活动：人才竞聘

今天我们和大家一起继续认识自我之旅。现在我们把教室布置成一个"人才市场"，"人才市场"里提供了多种不同的工作招聘摊位，请你们根据自己的兴趣、特长以及工作的要求，去参加应聘，给你面试的老师会问你一些相关的问题，如果你的回答或表现使得面试的老师还满意的话，你就可能被录用。在应聘时，说出自己应聘的理由、应聘的条件、应聘的优势。最后我们看看有哪些同学成功应聘到适合自己的工作了。

下面我们请各个招聘摊位的工作人员先简单向大家介绍一下他们招聘人才的条件（各个助手分别简单介绍自己所负责招聘的工作情况，并有2位助手示范应聘）。

接下来同学们开始行动，紧张有序地寻找适合自己的工作，有问题请咨询场内的服务人员（安排助手在场内服务，并负责维持秩序）。

（1）让每位学生根据自己的情况，去应聘相应的岗位，说出自己应聘的理由、应聘的条件、应聘的优势。

（2）不同的工作岗位需要对应聘者进行"考试"：有书面考试、口头考试、操作考试、情境考试。注意形式、内容及时间（总时间、每个面试的时间）。

（3）统计信息，宣布招聘结果。

（4）请成功和没有成功的同学代表交流经验和感想。领导者总结（为什么成功，为什么没成功。今天设定的岗位有限，今天没找到不等于没有适合自己的，世上的岗位千千万，我们可以课下继续寻找）。

小组派代表分享今天活动的收获和感受。

领导者总结：这次活动在上次认识自己的基础上，我们更好地了解了自己跟其他人的差异。特别是通过今天的"人才竞聘"活动，帮助同学们学会如何根据自己的优势和长处寻找适合的工作岗位，希望大家在以后的生活和学习中，也能充分发挥自己的长处，扬长避短。

课后作业：找到合适岗位的同学想办法在课余时间体验一下角色生活：当一次"老师"，做一次"警察"，当一回"消防员"，当一次"画家"……回家给爸爸妈妈汇报自己的"工作"情况，说说自己的"体会"；没有找到的同学课下继续探索（可以邀请信任的人帮忙）。

附录1：岗位设置

★歌唱家应聘条件：

1. 嗓音要好；

2. 学过音乐，有一定的声乐基础；

3. 舞蹈功底；

4. 有毅力，吃苦，坚持不懈的品质；

5. 唱歌充满热情。

★画家应聘条件：

1. 喜欢画画，并且擅长画画；

2. 能吃苦，很勤奋；

3. 有创新的能力，会审美；

4. 身体健康；

5. 了解一些中外美术的历史；

6. 喜欢别出心裁进行创作。

★教师应聘条件：

1. 要有强烈的责任意识；

2. 要有无私奉献的精神；

3. 端正的工作态度；

4. 要有不断学习、进取创新的精神，勤于学习充实自我；

5. 表达能力要好；

6. 要心胸襟宽阔、乐于助人，具有合作精神。

★警察应聘条件：

1. 热爱祖国，关心集体；

2. 尊敬师长，孝敬父母，具有高度的责任心和正义感；

3. 具备良好的心理素质，身体健康；

4. 遵守法律、法规符合规定的其他条件。

★消防员应聘条件：

1. 喜欢消防事业，乐于帮助他人；

2. 有丰富的消防知识；

3. 勇敢，不怕困难；

4. 身体健康；

5. 机智、灵活，遇事冷静，善于思考。

6. 相关知识问答：

（1）教学楼起火时如何脱险？

（2）妈妈炒菜的时候，油锅着火了，你应该告诉妈妈怎么办？

（3）这个标志我们经常在什么地方能看到？

（4）说说以下标志的意思。

（5）在逃生时，身上着火怎么办？

★演员应聘条件：

1. 有自信心，性格大方开朗，喜欢表演；

2. 有个人才艺，有较好的表现能力和理解能力；

3. 勤奋好学，不断提高自身的表演水平；

4. 外貌有特点，形象气质佳，普通话标准；

5. 善于与人交往，能与他人合作表演。

★医生应聘条件：

1. 自身的身体素质良好，爱卫生、爱干净；

2. 做事态度严肃认真，沉稳，不马虎，耐心仔细；

3. 热爱生命，珍惜生命；

4. 乐于助人，甘于奉献自我；

5. 有一颗善良的心。

★运动员应聘条件：

1. 热爱运动，身体健康；

2. 乐观开朗，心理健康；

3. 有一项自己擅长的体育项目；

4. 每天都坚持进行体育锻炼；

5. 做事认真，学习兴趣浓，有耐心，有恒心；

6. 团结友爱，热爱生命，热爱祖国。

附录2：应聘单

姓名：

应聘职业：

应聘理由：

应聘优势：

如果应聘成功，你打算怎么做：

5. 实施总结与反思

通过这次人才竞聘的团体辅导活动，作为领导者，我有两点最深的体会：

（1）建立良好的课堂秩序，是保证课堂教学顺利，提高教学质量的先决条件，特别是小学低年级教学，由于小学生的心理发展特点，注意的集中性和稳定性尚弱，组织教学就越发显得重要。在这次团体辅导的活动中，我发现如果我们不能很好地组织课堂教学，不管你的教学设计或者是活动方案设计得有多好，都是枉然，课堂上吵吵闹闹，老师抓不住学生的注意力，是达不到我们想要的结果的。我在活动中发现表扬某某同学表现得好，给其他同学树立榜样，其他同学就会效仿，用表扬的方式批评人，用批评的方式表扬人。因为每个学生都希望自己在教师眼中是最好的，如在上课刚开始时，由于课间孩子们玩耍,刚上课时,他们的心还沉醉在课间活动活动中,为了集中学生的注意力,此时,可以进行简短的组织教学,用激励性的语言,如:"教师喜欢专心听讲的同学,我相信每个同学都是老师喜欢的好孩子,现在我来看一看谁最专心听讲。"

(2)在学习和工作中,许多事情可能凭借自己一个人的力量和思想不能实现或成功,因此就需要别人的帮助或者说是和别人合作。首先,我认为团队合作能够打开自己与外界交流的通道。其次,团队合作能够增强大家的缜密思维与考虑问题的全面性和完善性的能力。这几次的团体辅导活动,我们班的同学(小学教育专业)和心理学专业的同学一起讨论,一起想方案,大家相互学习,取长补短,共同进步。在这个活动中,我们每个人不光收获了友谊,还提升了自身的能力。

(三)夸夸我自己——小学生自信心训练团体辅导

1. 团体总目标:让学生看到自己的长处,发现自己的优势,知道自己的进步,形成积极的自我评价意识,增强自信心。

2. 理论基础:自信心是学生自我意识发展的重要标志,自信心是指人能坚信自己有能力,取得成功的情感。它是心理健康的重要标志之一,也是一个人取得成功必须要具备的一项心理特质。

二年级的学生自我意识有了一定的发展,他们能够感知自己的情感和动作行为,并且能够初步评价自己。可是现在还有较多的学生自我认识不足,不敢大胆地表现自己和展示自己的优点。小学生的自信心不能简单地说有或无,他可能在某一方面有自信心,也可能在另一方面没有自信,即使有自信的方面,也存在差异。孩子在成长经历中会遇到许多挫折或挑战,会有很多的委屈、茫然和无助。我们要做有心人,在呵护关爱孩子的同时,要注意耐心、积极的引导,聆听他们的心声,用我们的循循善诱和真诚关爱引导他们不断地在受挫折中懂得自省、学会自励、树立自信,健康成长。

因此,结合二年级学生的特点,开展心理辅导活动"夸夸我自己",帮助学生正确认识自己,提高学生的自尊心、荣誉感和自信心,改变学生胆小,自信心缺乏的现象，形成良好的自我意识和自信心。

3. 团体活动计划书

表5-4 小学生自信心训练班级团体辅导方案设计表

活动名称	活动目标	操作过程	时间	准备材料
喊数抱团	活跃团队气氛；同时让学生认识到自己的优点，获得相关情感体验。	领导者讲解规则、然后进行示范、学生活动。	10分钟	
上期回顾			10分钟	
优点闯关	提高孩子全面、客观、动态认识自己优点的意识和能力。	领导者讲解规则、小组长进行示范；小组和班级分享。	35分钟	
我在进步	让成员在认识自我的基础上，从多方面了解自己的优点。	播放动画；示范；根据自己的实际情况填空；分析进步的原因；小组和班级分享。	35分钟	《一次比一次有进步》动画
总结	巩固活动效果；结束本次团体活动。	每个小组派代表进行总结；领导者总结；布置家庭作业。	10分钟	

4. 活动详案

导入语：同学们，我们又见面了，很高兴今天由我来带领大家做活动。我姓张，你们可以叫我张老师，真诚希望和大家度过一个愉快的下午！通过前两次的活动，我观察到二（9）班的孩子表现得非常棒！接下来，我们就进入今天的第一个活动好吗？活动的名字叫"喊数抱团"。

热身活动——喊数抱团

讲解规则：首先，音乐响起后，请大家绕圈行进；然后，音乐停止，我喊一个数字，孩子们就按照这个数字迅速抱成一团，抱错（人多人少）的同学想要继续活动的话就要进行"将功补过"；"将功补过"就是进行赞美（赞美是一个很好的品质，能正确恰当地赞美自己非常重要）；可以在全班同学面前赞美自己的优点，也可以赞美别人的优点；"将功补过"之后就可以继续回到活动当中了。

助手示范。

活动引导思路：

（1）师：孩子们，刚刚在活动中，有的小朋友总能准确并迅速地和身边的小伙伴抱在一起，为什么呢？

生：反应快，身手灵活……

师：嗯，这可是你的优点哦！还有吗？

生：……

（2）师：抱团活动中，当你对全班同学说自己的优点时，你是什么感受呢？

生：很自信，自豪……

（3）当你被别人赞美时，你有什么感受？

生：我很开心……

师：下面的活动我们分组进行。你们还记得第一次活动时自己小组老师吗？现在，我点到名字的同学站到圆圈中间来，跟着小组老师去自己的领地吧！（大领导者点名分组）

上期回顾：

（1）分享家庭作业：同学们，上周我们进行了"人才竞聘"的活动，你们的家庭作业完成得怎么样了呀？哪位同学愿意来和我们分享一下你们完成作业的情况和感受？（3—5个名额自愿分享）

（2）总结：通过上周那场激烈的"人才竞聘"的活动，我们了解了自己不同于其他人的兴趣和能力，这是我们实现理想的基础，老师希望你们今后能主动拓展自己的兴趣领域，全面提高自己的能力，这样你们在社会竞争中就会有更多的选择权，长大以后一定能做自己想做的职业。

活动一：优点闯关

过渡语：俗话说："丝瓜花，南瓜花，人家不夸自家夸。王婆卖瓜，自卖自夸。"今天我们就来当一当自夸的王婆。这次我们的活动主题是"夸夸我自己"。下面一个活动的名字是"优点闯关"，请大家安静，认真听好活动规则。

讲解规则："首先，小组成员手拉手围成一圈，成员轮流站在圈中闯关。闯关方式为：说出自己的优点，最好加上具体的事例来简单地说明，说完优点后对小组成员说：'请让我通关！'这时，其他小组成员根据闯关者的表白裁判是否能够过关。如果他说的优点和事例属实，就算成功；如果不属实，闯关就失败了，需要继续闯关。"可以向小组成员求助哦！

助手示范。

"现在，由老师们为我们示范一次，同学们要认真看哦。"

①我学会了自理，我学会了照顾自己，比如：自己吃饭、睡觉、自己穿衣服、洗脸、刷牙、自己梳头、叠被子；我还学会了相互照顾，比如：照顾生病的同学、照顾想家的同学、照顾有困难的同学。

②我还爱上了读书。课余时间，我读了很多本书，比如：《假如给我三天光明》《简·爱》《小屁孩日记》《笨狼的故事》等。读书，不仅给了我们知识和智慧，还给了我们丰富的情感，使我们明白了什么叫"真、善、美"。

③我喜欢上运动，每天坚持运动1小时，不仅强健了我们的体魄，还锻炼了我们的意志和韧性，使我懂得了什么叫"坚持就是胜利"、什么叫"胜不骄、败不馁"！

由小组领导者带领孩子们完成"优点自察"空白单。引导孩子们从能力、性格、学习、品德、身体素质、与人交往等多方面找寻自己的优点。鼓励孩子写自己独一无二的优点并叙述具体事例。组内分享时，要告知其他同学以掌声表示认可并给以称赞，鼓励学生对他人的优点进行补充。

"我看大多数同学都闯关成功了，接下来我们以小组为单位总结，请同学们在小组老师的指导下认真总结自己的优点。注意：当同学在总结自己优点时，其他小组成员要给以掌声和称赞；当然，也可以对他的优点进行补充或者提出质疑。"

班级分享小组活动情况及收获。

小结：很多时候我们没有认真地观察自己，了解自己。通过"优点闯关"的活动，我们又丰富了对自己优点的认识，也学到了又一个新的找优点的方法，希望同学们在生活中也能善于发现自己的优点并好好发扬，增加自信心。

过渡语：另外，伴随着成长，我们会有越来越多的优点，大家听过《一次比一次有进步》的故事吗？你还记得故事里的小燕子发生了怎样的进步吗？今天老师把它请来了，我们一起看大屏幕！（播放动画）

活动二：我在进步

观看动画《一次比一次有进步》

小结：小燕子是怎样进步的？小燕子为什么会进步？（请学生回答，教师简短总结：小燕子很值得我们学习，是吗？）下一个活动——"我在进步"，让我们检验一下学到了多少？

讲解规则：首先，在"我在进步"的白纸上写下自己的进步，最好是以前就有但是现在做得更好的优点，或者是以前没有但是现在有了的优点，最好结合进步的具体事例讲述，并谈谈自己进步的感受。

助手示范。

①以前，我不会参加文艺活动；现在，我会在课余时间发展特长，成为文艺活动里的积极分子。我在学芭蕾舞、民族舞和国标舞。文艺活动不仅能陶冶我的情操，还能愉悦我的身心，让我更加健康地成长！这是我以前没有的优点，现在我喜欢上了跳舞，并刻苦学习，坚持训练，很喜欢自己现在的样子。

②以前，我不敢参加过比赛；现在，我敢于参加比赛。我利用课余时间积极参加了各种比赛，比如英语演讲比赛、作文比赛、手工比赛、歌曲比赛等。通过比赛，不仅锻炼了自己、检验了我的学习，还进一步明确了我努力的方向和目标。我觉得自己很棒！

③以前，我不能坚持锻炼，经常生病；现在，我能够坚持运动，身体越来越健康。现在我气色好了，吃饭香了，也不生病了。我想我的进步要归功于我的爸爸妈妈，他们一直支持我，鼓励我，陪着我锻炼身体。我对他们充满感激之情。

由小组领导者带领孩子们完成"我在进步"空白单。引导孩子们从多方面找寻自己的进步及感受，鼓励学生写下自己进步的优点并讲述具体事例。组内分享时，要告知其他孩子以掌声表示认可并给以称赞，鼓励孩子对他人的优点进行补充。

班级分享：提供3—5个名额在班级分享活动过程与感受。

总结：同学们通过今天的活动，大家都找出了自己的优点和进步，老师希望你们在平时的生活和学习中学着经常这样总结，好吗？想想别人有什么优点是自己没有的，好好向别人学习。

结束并布置家庭作业：今天活动就到这里，这次的家庭作业是优点小展示。同学们回家向家人或朋友述说并展示自己的优点，并请他们进行指导和补充，下周我们一起来分享。谢谢同学们的参与，我们下次见！

表 5-5　"我在进步"活动用表

1. 以前，我不会＿＿＿＿＿＿＿＿＿＿＿＿＿＿＿＿＿＿＿＿＿＿。 　　现在，我会＿＿＿＿＿＿＿＿＿＿＿＿＿＿＿＿＿＿＿＿＿＿。
进步的具体表现：
进步的感受：
2. 以前，我不能＿＿＿＿＿＿＿＿＿＿＿＿＿＿＿＿＿＿＿＿＿＿。 　　现在，我能够＿＿＿＿＿＿＿＿＿＿＿＿＿＿＿＿＿＿＿＿＿。
进步的具体表现：
进步的感受：
3. 以前，我不敢＿＿＿＿＿＿＿＿＿＿＿＿＿＿＿＿＿＿＿＿＿＿。 　　现在，我敢于＿＿＿＿＿＿＿＿＿＿＿＿＿＿＿＿＿＿＿＿＿。
进步的具体表现：
进步的感受：

5. 实施总结与反思

我是 2011 级 1 班学生张龄予，在 2014 年 5 月 30 日下午，我在学校老师和同学们的帮助下，前往市人民路小学南广路小学给二年级 9 班的孩子们开展"夸夸我自己"的团体辅导活动。

结合二年级学生的特点，开展心理辅导活动"夸夸我自己"，能帮助学生正确地认识自己，提高学生的自尊心、荣誉感和自信心，改变学生胆小，自信心缺乏的现象，形成良好的自我意识和自信心。

整个活动分为"喊数抱团"、"上期回顾"、"优点闯关"、"我在进步"以及"总结"几个部分，活动整体进行得比较流畅和自然，但我个人也觉得有很多方面可以改进。

第一个，活动环节的开展要收放自如。热身活动为"喊数抱团"，这一活动需要所有的孩子都参与，活动量及活动范围较大。在活动中，孩子们玩起活动来就会没有分寸，所以整个热身活动给人一种杂乱无章的感觉。我想在今后的活动设计上，要注意孩子们的活动量的合理安排，而领导者的语言引导上也还需加强。

第二个，活动总结要到位。最后进行活动总结时，我没有很好地抓住孩子语言中关键的点进行反馈，这也是我自身不成熟的表现。活动总结可以说是一个活动中非常特殊而又关键的一个部分，总结的内容要既突出本次活动的主旨又要立足活动开展的真实情况，在这方面，我要学习的还有很多。

言而总之，这次活动让我收获了很多，有成功也有失败，我还在今后继续学习相关知识充实自我！

（四）我不满意我自己——小学生自我悦纳团体辅导

1. 团体总目标：引导学生坦陈对自我的不满意，以平常心接受不完美的现实。

2. 理论基础：自信心是学生自我意识发展的重要标志，自信心是指人能坚信自己有能力，取得成功的情感。它是心理健康的重要标志之一，也是一个人取得成功必须要具备的一项心理特质。

二年级的学生自我意识有了一定的发展，他们能够感知自己的情感和动作行为，并且能够初步评价自己。可是现在还有较多的学生自我认识不足，他们往往看事情比较片面，不敢大胆地表现自己和展示自己的缺点。孩子在成长经历中会遇到许多挫折或挑战，会有很多的委屈、茫然和无助。我们要做有心人，在呵护关爱孩子的同时，要注意耐心、积极的引导，聆听他们的心声，用我们的循循善诱和真诚关爱引导他们不断地在受挫折中懂得自省、学会自励、树立自信，健康成长。

因此，结合二年级学生的特点，开展心理辅导活动"我不满意我自己"，帮助学生正确认识自己，引导学生坦陈对自我的不满意，以平常心接受不完美的现实。

3. 团体活动计划书

表 5-6 小学生自我悦纳班级团体辅导方案设计表

活动名称	活动目标	操作过程	时间	准备材料
口令活动	活跃团队气氛；同时让学生认识到自己的缺点，获得相关情感体验。	领导者讲解规则、然后进行示范，学生活动。	10分钟	
上期回顾			10分钟	
我不满意我自己	1. 引导学生坦诚对自我的不满意； 2. 引导学生以平常心接受不完美的现实。	1. 让大家在A4纸上写出自己不满意的地方； 2. 小组同学围成一个圈，每个同学逐一说出自己的缺点，其他同学帮忙分析，小组领导者进行组织引导。	40分钟	每人一张A4纸
励志故事	让成员在认识自我的基础上，了解自己的缺点可以从哪些方面进行改变。	运用名人正视自己缺陷的例子升华本次主题。	10分钟	
《幸福的未来》手语歌	巩固活动效果；结束本次团体活动。	1. 学生总结； 2. 领导者总结； 3. 结束：领导者带领学生跟着视频表演手语。	3分钟	

4. 活动详案

导入语：很高兴再一次见到你们一张张快乐的笑脸，我是你们的邓老师，今天的活动由我来带领大家完成。在前面的活动中同学们积极参与，收获多多，希望今天的活动会帮助大家在认识自己方面有进一步的收获。

首先，邓老师将带大家进行一个很有意思的活动，这个活动很考验大家的反应能力，大家准备好了吗？

热身活动——口令反向活动

讲解规则：首先我会说出一个口令，如：向左转、向右转、举左手等口令，然后你们得立刻做出与口令相反的动作，如果没及时做出反应或者做出与口令相同的口令，那就要接受惩罚：说出自己的一个缺点，其他孩子帮忙给建议改变。（适当地让他感受自己的一些不足，比如说：反应慢，不专心等）

助手示范

学生活动：将全班同学平均分成两部分，分别在活动室的两边站成几路纵队。

总结：

师：孩子们，刚刚在活动中，有的小朋友一时反应不过来，或者反应的动作和老师的口令是一样的，为什么呢？怎样能让自己在本次活动中尽量不出错呢？

生：认真听老师的口令、反应快、身手灵活、多练习……

师：嗯，大家说得非常不错，只要我们认识到问题所在，找到完善的方法，那么我们就能获得活动的胜利，这同样可以用于我们学习、生活当中，对不对？

上期回顾：在上一次活动中我看见大家收获多多，那现在哪些同学愿意来和大家分享一下上次的家庭作业，向大家展现自己优秀的一面？（3—5名同学分享家庭作业的完成情况及内容。）

活动：我不满意我自己

过渡语：我们每个人都是独特的，全面的。但是"金无足赤，人无完人"。比如，有的同学擅长唱歌，却不擅长运动；有的同学擅长运动，但是注意力不集中，学习起来比较吃力。

我们每个人都在有许多优点同时，也有许多让我们自己不满意的地方，我们要敢于正视它，因为有些不满意的地方我们可以采取方法改变的。

（1）列出对自己不满意的方面，可以是生理上的，可以是性格上的，也可以是学习中、生活中的。请学生在A4纸上写，最好是自己写自己的，未经允许，不要看其他同伴的（这里希望助手同学好好维持纪律，不然时间会用的很长，之后的活动时间会不够）。

（2）组长老师示范。例，我不满意自己：我不爱做运动；上课会做小动作；力气没有别人大；说话有时会结巴；我不勇敢。

（3）小组活动：每个小组成员围成圆圈，依次说出对自己的不满意，其他小组成员在小组领导者的带领下一起跟他分析哪些东西是短期内可以改变的？哪些东西是需要一段时间才能改变的？哪些东西是不能改变的？哪些是借助外力可能改变的？

例：

① "上课做小动作"，是可以改变的，是短期内可以改变的。

② "力气没有别人大"，这是可以改变的，但不是短期内能够改变的。

③"说话有时结巴"，这是可以改变的，但不是短期内能够改变。

④"我不爱做运动"，这是可以改变的，是短期可以改变的。

⑤"我不勇敢"，这是可以改变的，可以借助朋友的帮助改变的。

（4）两人一组练习，先由一同学说出一条"不满意"的内容，而后由另一同学根据以上几条，很快说出是否能够改变。

例：

甲："做事粗心。"

乙："可以改变。"

甲："个子矮。"

乙："可以改变，但不是短期能够改变的。"

接着甲和乙可以交换。

乙："不爱运动。"

甲："可以改变。"

乙："太胖。"

甲："可以改变，但不是短期能够改变的。"

全班分享"我不满意我自己"的收获。

结束：先请同学们谈谈今天的活动收获，再由领导者进行总结。

总结：通过我们今天的活动，许多同学整理了对自己不满意的地方，也认识到不满意并不可怕，有些不满意我们是可以通过努力改变的，需要的时间有长有短，贵在相信和坚持；有的靠自己可以完成，有些要借助外力的帮助完成，还有些是不能改变的，我们要学会接纳，因为人人都不完美的，最重要的是我们要学会从积极的角度看待这些不足。

过渡语：老师，这里有许多成功的例子，他们用积极的态度面对自己的不足，通过自己的努力，成为优秀的人才（可以先让学生们谈谈他们了解的成功人士，并谈谈自己的想法）。

事例：贝多芬双耳失聪，但是他却成为乐坛的巨人；孙膑被挖去了膝盖骨，但是他却成为中国古代出色的军事家；林肯外表丑陋，但是他却成为美国的总统。大家想想他们为什么会成功？——他们都勇敢地接受了自己的缺点、不足或是缺陷，悦纳了自己。他们都看到了自己拥有的，而不是只看到了自己的缺点、不足。他们懂得扬长避短，知道运用自己有的资源而不是只看到了自己的不足。所以我希望同学们可以积极地看待自己，不断地发展自己，完善自己。好吗？（同学们回答："好！"）嘿嘿，谢谢同学们……（我们可以展示贝多芬、孙膑、林肯的图片简介给他们看，让他们更加了解这些名人）。

结束：《最好的未来》手语歌

总结语：世上没有十全十美的人，面对缺点我们要正视它。每种色彩都应该盛开，每个孩子都应该被宠爱。接下来我们一起为你们的未来祝福，祝愿你们每个孩子都有一个最好的未来。

课后作业：收集身边能够努力克服或者悦纳自己的不足，生活中扬长避短的人物案例，下次课带来分享。

5. 实施总结与反思

通过实际操作，我发现理想与现实是有差距的，一定要准备充分，对于学生的反应一定要有多样的预设。

这次活动感觉出现了一些纰漏，比如，第一，在时间的把握上超时了，超出了原计划许多时间，致使后面的活动进行得有点仓促；第二，在做活动时，对于问题的提问没兼顾到所有的人，特别是女生，我邀请的男生太多了，而且大多是面前离我比较近的同学，在后面有许多积极发言的女生没有兼顾到，导致许多女生的积极性受挫；第三，前面关于做错的学生邀请得太多，对于本次活动做得好的没有进行追问，导致本次活动的完整性存在缺憾；第四，对于学生表现得好的地方没有及时进行强化，对纪律和问题回答好的同学应及时进行表扬；第五，由于前面活动环节所花时间太长，主题活动"我不满意自己"这一环节让学生在全班分享较少，我应该至少为每组至少一位学生提供分享的机会，这里做得非常不足。我当时就想着时间不多了，忽略了本次的主题活动的重点，我现在觉得即使是时间不够，主题活动的完整性一定要保证，不要失去了重点。否则可能是得不偿失，幸好大多活动都紧扣主题，因而不至于使本次活动跑题。

我也有做得好的方面，比如说对于纪律的管理方面，我有很大的进步；自我的能力也得到了提升，我觉得我收获很大。通过这次机会，我觉得自己更像一名老师了。在了解学生方面也得到了一些启示，也更深层次地领悟到作为一名老师的任务。当然也学到了作为一名老师应该具有的心态。就像一个人不可能十全十美，当老师也是一样，你不可能让所有的孩子都朝着你所想的方向发展，只要你尽力了，就不要去折磨自己要求完美。

另外我觉得在分组方面可能需要注意，如果以后当老师进行这样的团体辅导活动，一定要做好团队建设，小组的组成一定经过深思熟虑，不能让所有有问题的学生在一组，也不能让全是好的学生在一组，我们要考虑到学生的同伴作用，这样才有利于活动的开展。通过前面的活动我还有一点感受颇深，我觉得第一次活动时学生们的积极性比较高涨，分组问题表现不明显，但是随着活动次数的开展起来，就出现了问题。比如说我那组的学生，他们各自都存在一些问题，都是不安分的孩子，有些比较贪玩、有的和别人相处有问题、有的比较害羞、有的性格比较成人化、说话比较冲。面对这一群孩子，我就觉得他们的注意力分散，比较爱动，总是需要老师招呼，而且做事也不是很认真，喜欢互相攻击，耐性也比较低。在这几次活动中，除了第一次比较积极外，过后积极性减弱，做起事来比较敷衍，懒懒散散。面对这种情况，我觉得可能是小组的组成方面有点问题，他们小组所具有的都是负面情绪，没有正面的同伴效应。此外，可能是我们的方式应该更多样点，毕竟这个年龄段的孩子的心理特点是注意力集中持续时间短。我们需要不断地强化注意点，对此，这是我们需要改进的地方，当然也是我们现在所欠缺的。

（五）我能行——小学生自我挑战团体辅导

1. 团体总目标：引导学生发现自己的潜能，勇敢地挑战自己，不断地提高自己。

2. 理论基础：自信心是学生自我意识发展的重要标志，自信心是指人能坚信自己有能力，取得成功的情感。它是心理健康的重要标志之一，也是一个人取得成功必须要具备的一项心理特质。

二年级的小学生，正处于自我意识发展的一个上升时期。经过了一年的学习生活，学生体验到成长和荣誉，也会经历一些挫折和失败。因此，很多学生容易产生自我认识不全面、自我评价偏颇的现象，这对于儿童来说，是很不利的。本次辅导活动，针对学生的这一现象，首先让学生看到"我不行"和"我能行"两个具体形象的对比，并引发讨论；然后通过各种方式让学生找到自己的长处和优点，赞扬自己，让学生体会到自己是能干的，能做好很多事情，从而培养自己的自信心。

因此，结合二年级学生的特点，开展心理辅导活动"我能行"，帮助学生树立自信心，引导学生努力去尝试做自己觉得不可能的事，发挥自己的潜能。

3. 团体活动计划书

表5-7 小学生自我挑战班级团体辅导方案设计表

活动名称	活动目标	操作过程	时间	准备材料
《最好的未来》手语	热身	跟着音乐复习上周的手语歌	5分钟	
上期回顾	检查作业完成情况	回顾上周作业，同学分享身残志坚名人事例	10分钟	
降服"我不能"	1. 引导学生坦诚我不能的事； 2. 帮助学生"埋葬"我不能，让学生对自己的潜能充满自信。	1. 让大家在小组内写出自己"不能做到的事"； 2. 指导组长带领成员写； 3. 按小组顺序将"我不能"放在准备好的盒子里。	20分钟	1. 每人一张纸条 2. 准备一个盒子
你真行	通过让同学相互夸赞，使学生了解自己的能力，增强完成各种事的自信心。	小组内，轮流夸赞成员，"你真行"要求：夸奖要具体，真实。	20分钟	
挑战自己	1. 让学生明白，只要努力去学。别人能做，别人会做的事，你也一定能做； 2. 让学生明白努力去改正，一定会有进步。	1. 写出同学会做但自己却不会做的三件事，并从中选一件有意义的事，自己尝试去做一做； 2. 写出两点自己想改正但还没能改正的缺点，从中选一点，自己尝试去改。	20分钟	事先准备好的纸条
手语	热身，给学生自我暗示，自己真的是很不错的。	分动作教学生学习手语"我真的很不错"。	5分钟	
总结	让学生对自己充满自信，努力发现自己的潜能，勇敢地挑战自己，不断地提高自己。	1. 主带总结； 2. 布置作业。	3分钟	

4. 活动详案

导入语：很高兴再一次见到你们一张张笑脸，我是刘老师，今天的活动就由我来带领大家完成。在前面的活动中同学们积极参与，收获多多，希望通过今天的活动能让大家对自己更有信心，不畏惧困难，学会迎难而上。

热身活动：集体表演手语《最好的未来》手语歌

上周，邓老师教给大家一首很有爱的手语歌，今天我们一起来表演一下好不好？

总结：（赞扬同学们的表演，可以请同学们思考为什么表演得这么好？然后再总结——努力和练习会让我们从"不会"到"会"再到"熟练"等）。

上期回顾：

师：看来大家课下都认真练习了这首手语歌，大家做得非常好，只要努力去做了，就一定会有收获，你们说对吗？

同学们还记得我们上周所做的活动吗？大声地告诉老师是什么……

我们当时还给大家布置了作业，在这里老师想让你们分享一下你们的收获。你们都收集到哪些生活中的事例了？有同学愿意分享吗？（提供3—5个机会）

同学们做得非常棒！我相信现在大家更加学会如何对待对自己还不满意之处了吧？（能改变的可以通过自己的努力去改变，不能改变的学着接受）。

接下来，我们的活动分小组进行，请各小组领导者带领各自的组员到各自的领地。

活动一：降服"我不能"

过渡语：生活中有两个小朋友，一个叫"我能"，还有一个叫"我不能"。下面我们来听听他们的故事。

"我能"是个非常有自信的人，他经常说：我是一个能干的小朋友，我朗读课文可棒了，经常得到同学的称赞；我能帮爸爸妈妈做家务，我能照顾好邻居家的小弟弟；我还是一个很喜欢旅游的人，爬山、游泳，样样都难不倒我。

可是"我不能"却老是垂头丧气，还说：可我什么都干不好，做事总是不成功。写作业老是犯错误；帮妈妈洗碗不小心打破了一只碗，被妈妈批评了一顿，真不高兴；本来唱歌是拿手的，可一上台，心里就紧张，连歌词都忘了，哎，我这人什么都做不好，什么都不能！

"我能"：其实我也有遇到困难的时候，但我总是想，我肯定行，我准能做好这件事！有时候，虽然事情并没有做得很成功，但我想，我已经认真去做了，已经是尽了自己最大的努力，所以我仍旧很高兴。

"我不能"：有时候，我也会得到大家的赞扬，但那又能怎么样呢？比我做得好的人多的是！

师：在生活、学习中，你们是不是也会遇到"我不能"呢？请同学们把自己觉得"做不到"的事情写在纸条上。

生：写"我不能"。（分小组，有序的把纸条折好投入准备好的盒子中）

师：今天老师要帮助大家把"我不能"关在这个盒子里，可是"我不能"不甘心被关在盒子里，老是想逃出来，你们觉得谁最厉害，能保护好这个箱子，不让"我不能"逃出来呢？

生：孙悟空、喜洋洋、奥特曼……

师：好，老师现在已经把你们觉得很厉害的小伙伴请来看守这个盒子了，"我不能"被永远关在这个盒子里面了，现在的你们是无所不能的！所以，在今后，你们无论遇到什么事，都不能轻易说"我不能"，因为"我不能"是打开这个盒子的咒语，如果你们说出咒语，"我不能"就会逃出这个盒子。

总结：引导学生讨论，（1）"我不能"是谁？（2）为什么要把"我不能"关在盒子里？

活动二：你真行！

过渡语：刚刚我们已经"降服"了"我不能"，它已经被关进盒子，外面有无所不能孙悟空，它是绝对逃不出来的，所以孩子们，在今后生活、学习中，你就是一个无所不能的人了。现在我想考验一下每位同学对自己组的同学的了解状况。

（1）同学们按小组围坐在一起，小组内，轮流夸赞成员，"你真行"。

要求：夸奖要具体、真实。可以夸赞同学的优点、特长，也可以夸赞他通过努力而成功做成的事。示例：你真行：你的字写得特别好！你真行：你学会了弹钢琴！

（2）被夸赞的同学说说自己被夸赞之后的感受。

总结：在同学的眼里，我是一个有潜能的人，我能做到我以前以为自己做不到的事，我真行！

活动三：挑战自己

过渡语：无所不能的你们，只要你们努力，不管有多大的困难，都能解决。别人能做到的事情，我相信，只要你们通过努力，也一定能做到。你们对自己有信心吗？现在请同学们按照纸条的要求，写出三个自己特别想达到的目标。

写好后在小组内交流应该怎么去努力达成目标。

总结：相信自己，对自己有信心，只要努力做，就会有意想不到的收获！现在存在的一些不足，通过努力可以克服，甚至变成闪光点。充分相信自己，多对自己说"我能"！

活动四：学习手语"我真的很不错"

"我真的很不错，我真的很不错，我是真的真的真的真的真的很不错！"分动作教，学生能顺畅的做动作就做连贯动作，让学生多做几次。

总结语：每个人都充满了无限的可能，遇到一件看似有困难的事，我希望你们想到的不是退缩，而是勇于尝试，努力去做。希望我们都能像"我能行"一样，做事有信心，经常对自己说一句："我能行，我真的很不错！"

家庭作业：每天在纸上抄写"我能行，我能战胜自己"。抄写5遍。连续抄写10天。把写得最好的一张，贴在家中醒目之处。

（六）画画未来的我——小学生自我理想团体辅导

1. 团体目标：培养学生积极的自我理想，激发学生追求成功的欲望

2. 理论基础：

马斯洛的需要层次理论：按马斯洛的理论，个体成长发展的内在力量是动机。而动机是由多种不同性质的需要所组成，各种需要之间，有先后顺序与高低层次之分；每一层次的需要与满足，将决定个体人格发展的境界或程度，小学生也有追求满足自己成功需要的动机。

理想自我是我们理想中的自己,对自己的行为有指导作用。而理想自我与现实自我之间的差距则是前进的动力,三年级的学生有对理想自我的模糊概念,引导学生逐步认识自己的理想自我,能激发学生成长的动力,对未来发展很有意义。

3. 团体活动总计划书

表5-8 小学生自我理想班级团体辅导方案设计表

单元名称	单元目标	活动内容	时间(分钟)	材料
找到我的家	分小组,增加成员的归属感。	让学生依次报数,根据自己的数字跟小组领导者走到自己的场地。	5	
我们不一样	让成员聚焦当下,用感官注意自己的躯体,活动气氛,也为后面的活动做铺垫。	领导者站在讲台上,会随机说一个1—10的数字,而成员则要用两只手比画出与领导者所说的不一样的数字,成员两只手的数字可不同。	5	
我想要的自己	让成员对理想自己进行自我描述,同时也让组员间相互强化积极自我,促进培养学生的积极自我。	每个人依次描述理想中的自我,随后让成员自主说明想要成为理想自我的原因。其他成员认真倾听,也可以就好奇的部分提问,小组领导者适当组织和引导。	15	
我知道理想自我的"长相"	看看自己想的和画的有什么不同,进而思考自己认为的和真正的理想自我是不是有差别,是什么?对自己有什么启发?	画一张理想自我的自画像,可画其他的东西来代替自己的某一个特点,随意发挥想象力。画完后小组内分享,向组员讲解自己的画作,然后选择自己最喜欢的部分进行赞美。	25	彩笔、A4纸
我帮人,人帮我	体验理想中的自己是什么样的,在其他成员的反馈中了解成为理想自我还要有许多努力。学会倾听和表达,激发成长的动机。	模拟成为理想自我的过程,以及理想自我的各种表现,其他成员配合角色,并理想自我具备的特性。	30	
活动总结	自愿发言分享	升华,整理自己的所得	10	

4. 活动详案：

导入：同学们，你们好，今天很高兴能与大家一起进行本次活动，我是带领此次活动的老师，你们可以叫我夏老师。本次活动的目的主要是帮助大家形成对自我理想的积极认识，但是同学们在活动中也要注意不要争吵打闹，不伤害他人，遵守纪律。在活动开始之前，我们首先进入分组环节（若已经分组，则忽略此环节）。

分组（指导语、规则）：请每个小组领导者站到指定地点，手上举着号码牌。

每个同学依次（从左到右），从1到6报数，自己数到几就到举着几号牌的小组领导者那里集合，她将成为你们小家庭的家长。

同学们听明白了吗？如果没有问题的话现在就开始报数，从第一个同学开始。

领导者：同学们是不是很快就找到自己的家了呢？你们听懂了你们家长的安排了吗？有没有什么不同的意见呢？

总结过渡语：好的，接下来我们要进行一个活动，活动的名字叫作"我们不一样"，看看同学们能不能很好地支配自己的身体。下面我先介绍一下规则……大家对规则是否都清楚了呢？……准备好了吗？

活动一：我们不一样

规则：每个小组的成员围成一圈，领导者会播放一段音乐。领导者随机暂停音乐，然后随机报出一个1—10之间的数字，每个成员的双手都要比画出跟领导者所说数字不同的数字，两只手的数字可以不一样（需要统一1—10的手语表达）。

小组内简单分享活动的感受。

小组领导者引导：同学们，在刚刚的活动中有没有同学是一直都做对的呢？能不能和大家说说你是怎么做到的？还有没有一直都做错了的同学呢？能不能也和大家分享下你的感受。（对错的分享均只有一次机会）

总结过渡语：好的，这一环节大家表现得都很不错，下面我们将进入的是下一环节——我想要的自己，同学们有没有想过自己想要成为什么样的人呢？不管以前想没想过，现在，大家一起来仔细想想好不好？下面我先介绍一下规则……大家对规则是否都清楚了呢？……准备好了吗？

活动二：我想要的自己

规则：大家先决定表达的顺序（逆时针或顺时针），然后先选择一个人进行描述；同学们依次描述自己理想中的自己，尽量详细一点；请同学们自己主动说说想要成为那样（理想自我）的人的原因。

小组领导者引导：在自己发言以及听了同学的发言后，哪些同学比较清楚地知道自己想要做什么样的人？如果自己还是不清楚，当时的感觉是怎么样的呢？有没有人愿意再补充一点呢？

总结过渡语：好的，这一环节，大家讨论的还是挺激烈的啊，看得出大家对理想的自我还是充满了期待与盼望的，既然大家这么希望看到理想的自己，不如我们把它画下来吧，接下来我们将要拿起我们手中的彩笔，画出理想中的自己。我先介绍一下活动规则……大家对规则是否都清楚了呢？……准备好了吗？

活动三：我知道理想自我的长相

规则：助手拿出准备好的纸和笔，分发给每个小组成员；小组成员在白纸上画上理想的自己。

完成后小组内依次分享自己的画作，并说说是不是和自己的描述一致；一轮结束后选择自己最喜欢的部分进行赞美，并说明喜欢的理由。

小组领导者引导：你画中的和你自己想象的是一样的吗？为什么呢？别人的画中有没有你很欣赏的？是什么？

总结过渡语：好的，同学们，通过以上环节我们可以认识到，你理想中的样子不一定是别人喜欢的样子，有的时候自己也很难描述出自己理想中的样子，有的同学还发现她理想中的样子和自己现在的情况差别太大了，其实都没有关系的，我们首先要敢想，有可以想的目标，才会有前进的动力，下面我们就一起来真实地体验一下理想中自己的状态吧，接下来的这个环节叫作"我帮人，人帮我"。我先介绍一下规则……大家对规则是否都清楚了呢？……准备好了吗？

活动四：我帮人，人帮我

规则：让每个成员依次扮演自己理想中的自我；在成员扮演之时可邀请

其他成员辅助表演。

成员表演结束后，其他成员指出表演的成员现在离他理想的自己还有哪些距离（做到了哪些，没做到哪些）；表演的成员在听完其余成员的意见之后自愿进行分享。

结束：成员自主发言，领导者总结、宣布结束，提出祝福。

结束语：我们每个人都是不一样的，我们的需要也是不一样的，只有了解我们自己才能真正明白自己想要什么，而不是追求大家都追求的东西，最后好不容易到手了却发现不是自己想要的。所以，我们从现在起就要试着思考自己想要成为的人是什么样子，看到现实的自己与理想自我的差距，找出自己还可以改进努力的地方，并为之不懈地努力，这样才有可能成为自己理想的自我，同学们，我们一起努力吧，为了更美好的明天加油！

（七）一步一个脚印——小学生的自我发展规划团体辅导方案

1. 团体目标：引导学生制定自我发展小目标，逐渐学会自我发展的简单方法；理解坚持完成小目标，一步一个脚印地达成自己的大目标。

2. 理论基础：

（1）马斯洛需要层次理论：人类满足了基本的生理需要之后，向成长需要发展。成长需要的最高层次是实现自我的需要。

（2）埃里克森自我发展理论

儿童在这一阶段所学的最重要的课程是"体验以稳定的注意和孜孜不倦的勤奋来完成工作的乐趣"。在这门课程中，儿童可以获得一种为他在社会中满怀信心地同别人一起寻求各种劳动职业做准备的勤奋感。

如果儿童没有形成这种勤奋感，他们就会形成一种引起他们对成为社会有用成员的能力丧失信心的自卑感。这种儿童很可能会形成一种"消极的同一性"。按照埃里克森的理论，在这个阶段里，必须鼓励儿童掌握为未来就业所必需的技能，但不能以牺牲人类某些其他重要的品质为代价。

3. 团体活动计划书

表 5-9　小学生自我发展规划班级团体辅导方案设计表

活动名称	活动目标	活动内容	时间（分钟）	材料或备注
导入	形成团体初步氛围	介绍团队，提示规则	5	
鸡的跳跃，鹰的飞翔	热身	1. 讲故事； 2. 让学生回答问题，谈感想； 问题：（1）根据上一次的活动，还记得你们的理想中的自己是怎样的？你们想达到自己理想的样子吗？ （2）你们觉得要怎样做，才能像小鸡和老鹰那样，达到理想中的自己？	15	
回味成功	建立目标意识	以小组为单位，重温自己以前完成目标的事件及当时的心情，交流成功经验。	15	
花间小计划	制定新的小目标并设置实施计划	以小组为单位，每个人在一张 A4 的纸上写下自己想要完成的目标。并写下最近一周的实施计划。（星期一做什么，星期二做什么，星期三做什么……）小组讨论在这过程中可能遇到的困难及可能的解决办法。	30	纸、笔
成功的感觉	增强完成目标的动力	根据自己的计划，大家想象自己完成了自己目标后的心情以及对自己的成长有什么好处。	15	
家庭作业	提高学生的行动力，巩固辅导效果	记录自己每天计划完成的情况及心情。下次团体辅导分享。	5	带有表格的 A4 纸，有利于记录自己的活动
结束	快乐结束本次活动	学生齐唱《种太阳》。	5	

4. 活动详案：

导入：

师：小朋友们，我们又见面了，很高兴由我来带领大家做今天的活动，我姓 X，你们可以叫我 X 老师。今天 X 老师要带领大家上一堂不一样的课。大家还记得上次做活动时 Y 老师给大家说的活动规范吗？我们一起来回忆一下，好吗？（好）师：在活动过程中（1）认真倾听；（2）积极参与；（3）主动表达；（4）当老师拍手三下的时候你们要保持安静。大家能做到吗？（能）好了，现在我们为自己鼓个掌，当作我们的约定，你们一定要遵守哦。

师：下面呢，我们就开始做活动了。首先，X老师给大家讲个故事，你们可一定要竖起耳朵听仔细，待会儿啊，老师可是要提问的哦。

活动一：鸡的跳跃，鹰的飞翔

故事内容：小鹰和小鸡在小的时候都不会飞翔，小鸡的梦想是跳到草堆上去找秕谷，所以草堆的高度是他心中的最高梦想，为了实现梦想，小鸡整天在地上和草堆之间跳上跳下，最终他终于跳上草堆。

小鹰的梦想是遨游天际，他刚刚长大一点点就练习飞翔，虽然他有时也飞不高，他有时也气馁，也迷茫，甚至是沮丧，有时还遭到小鸡的讥笑。但是一旦它想到心中的目标，他又充满信心，充满了力量，面向苍天勇敢地飞翔，他知道蓝天是他心中永远的梦想。最终他飞上了蓝天。

师：好了，老师的故事讲完了，接下来老师要提问了。老师的第一个问题是：大家还记得上次活动时你们确定的理想中的自己是怎样的吗？你们想达到自己理想的样子吗？（组内再一起回顾一下）第二个问题是：你们觉得要怎样做，才能像小鸡和小鹰那样，达到理想中的自己呢？下面大家就在小组内进行交流。

同学们都说完了吧，有同学愿意把自己前两个问题的回答在班级分享一下吗？（紧密结合同学的发言总结并提出表扬）

过渡：

师：好了，接下来老师又要问大家问题了，你们还记得自己以前确立的并实现了的小目标吗？那时你们是怎么做到的？接下来我们就一起来回忆回忆吧。大家在小组内交流一下自己以前都实现了哪些目标？当时感觉如何？比如说老师小时候啊，有一个目标是帮妈妈扫地，首先我仔细观察大人是怎么扫地的，然后主动争取机会抢着扫地，每次扫完还缠着妈妈问扫得怎么样？在妈妈的指导下，我学会了扫地，真正成为妈妈做家务的好帮手了。当我完成了这个目标后，我很开心。因为我能用实际行动表达对妈妈的爱，对家的爱，同时我学会了如何一步一个脚印地去完成自己的目标，直至实现自己的理想。

活动二：回味成功

活动目的：建立目标意识

活动规则：以小组为单位，重温自己以前完成目标的心情，交流成功经验。

师：好的，小朋友们，看大家差不多都说完了，有谁想要说给老师和大家一起听的吗？来，举起你们的小手。（每一组选一个代表发言）

总结：哎呀，从刚刚小朋友们的交流中可以看出大家都实现过一些目标，同时，大家对于自己完成了目标都感到很高兴、很自豪，并学到了很多东西。小朋友们，你们真棒！

过渡：

师：现在大家再一起来想一想最近有些什么想要完成的目标呢？这个目标是否可以帮助你们实现自己的理想呢？下面大家拿起手中的笔，在小组老师的帮助下把自己下个周的目标及行动计划写在纸上对应的表格中。

活动三：花间小计划

活动目的：制定新的小目标并设置实施计划

活动规则：首先由助手发给每个小朋友一张纸，然后以小组为单位，在小组带领者的帮助下每个人在纸上的对应表格里写下自己想要完成的目标及最近一周的实施计划（星期一做什么，星期二做什么，星期三做什么……）。

小组讨论在这过程中可能遇到的困难及解决办法。

师：小朋友们都写好了吗？把它举起来给老师看一下，好吗。嗯，各位小朋友们都做得非常的棒，来，给自己一点掌声。

下面大家相互看看各自的目标，然后想一想在实现目标的过程中可能会遇到什么困难，然后开动你们的小脑瓜思考一下，该怎么做才能实现自己的目标呢？解决不了的困难可以提出来小组成员共同帮助想办法。

师：好了，小朋友们，现在又到了举手发言的时候了。哪位小朋友愿意把你的目标和怎么实现目标的给大家说说，同时说一下在实现目标的过程中会遇到哪些困难，你又将怎么解决这些困难的呢？（每一组选一个代表发言）

嗯，各位小朋友都说得非常好。

师：现在请大家看着自己刚刚写的目标，想象一下自己在完成了目标后的心情会是怎样的？这个目标的实现对自己的成长有什么好处？请你在小组内跟伙伴们分享一下。

活动四：成功的感觉

活动目的：增强完成目标的动力

活动规则：根据自己的计划，大家想象自己完成了自己目标后的心情以及对自己的成长有什么好处。

师：好了，小朋友们，看大家都说得很开心，那么有没有哪个小朋友愿意和大家说一说呢。好的，小朋友们，为了自己的目标，大家一定要努力去完成哦。

家庭作业：请每个小朋友在表格中的相应位置填上自己近一周的计划，课后每天坚持记录自己按计划做的事和心情，下次活动我们一起分享。

师：好的，今天的活动就到此结束。最后，我们一起来唱首歌吧，歌曲的名字叫《种太阳》。有会唱的同学吗？

生：有。

师：好，有请会唱的同学领唱。

附录：花间小目标记录表

我的理想：

我的目标：　　　　　　　　　　　　　　　　姓名：

时间	我每天要做的事	完成情况（每天做了什么）	做后的心情（开心、自豪等）
星期日			
星期一			
星期二			
星期三			
星期四			
星期五			
星期六			

5. 实施总结与反思

（1）成员反馈：①总体上手写的太多，导致学生参与度不高。②对小孩应该制定一些合适的、可操作性的规则来约束他们的违纪行为，并且在团体辅导中一定要执行。③最后一个活动："种太阳"应该把歌词打印下来，发给同学们，或者用投影呈现歌词。④不应该把好生、差生分开。

（2）小组总结与反思

在知道要带小学的团体辅导的时候，我们小组是本着好奇、认真、严谨、期待和负责的心情来准备这次"小目标"团体辅导的。希望他们在我们的带领下能够明白要实现理想，就应该一步一个脚印，踏踏实实地完成自己的小目标，而制订计划就是完成小目标的具体方式之一。

冷板凳策略——我们组带领本次活动，充分吸收了前面小组工作的一些优点与不足的。特别是从跟进六个团子小组时，我们发现，有些小孩经常违反纪律，需要一定的规则来限定他们的违纪行为，在老师、成员反馈和我们自己的反思下，我们决定在宣读团体辅导规则这一环节增设了一项规则——坐冷板凳。刚开始我们这个板凳是面向观众的，一些违纪同学坐上去后，反而有一种"我有特别的扬扬得意感"，是行不通的。后来在小组成员和老师的建议下，我们开始让违纪同学面对着墙壁坐，并且派一位纪律管理员跟进，5分钟后如果没违反纪律就可以继续参加活动，在这过程中，如果违反了纪律，那么加5分钟。最后，我们发现，这个规则对他们是有效的，坐冷板凳后，同学行为规矩多了。这是我们在活动过程中学到的最有效的东西。

听话的与不听话的孩子——由于第一次跟进六个团子的团体辅导活动，我们深深地感到了把好差生分开的各种不足，我们小组在带领时，也深深地对此进行了讨论。但最终还是没有重新划分。我们认为，其实把听话的和不听话的孩子分开是很好的，因为他们的发展水平是不一样的，这样可以更有针对性地解决他们的问题，团体辅导存在的意义也是如此——解决问题。这样方案在一定程度上，就不应该一样了，对团体的领导者的要求就更高了。但对于我们这些刚接触团体辅导，自己还在团体辅导中锻炼的人，真的感觉力不从心，尤其是与违纪的同学待在一起。所以，我们总体上还是赞成全班重新分组的。

另外，活动中我们发现，我们的方案中纸笔练习太多，不太适合小学生认知和人格发展的特点，就包括热身活动都是讲故事的形式，根本没有带动他们的积极性。对于这一方面，我们在后面的团体辅导方案设计中会增加身体动作方面的多样化的活动形式。

带领团队工作方面，我们发现个别的小组成员对方案不大熟悉，这是我们小组的一大失误。

在最后的唱歌活动中，由于大家记不住歌词，所以活动进行不顺畅，这也是我们小组的准备不足之处。虽然我们事先是想到这一点的，但我们还是抱着侥幸心理，认为他们应该会唱。我们应该现场提供歌词。

第六章
团体辅导学习的阶段性总结

一、学习成果展示

命题：针对高三学生的主要需求设计一个不少于十个单元的团体辅导方案，内容包括团体辅导名称、目标、对象、性质、总表、分表、一个单元的详案。

（一）成长快乐——高三学生心理健康辅导营

1. 团体目标：认识高三学习、生活中的各种问题，探索解决问题的方法，培养正确对待学习、生活的态度，推动高三学生的自我成长。

2. 团体辅导对象：高三新生

3. 团体性质：结构化，封闭式，发展性

4. 团体辅导时间：每周一次，共11次，每次90分钟

5. 团体活动总计划书

表6-1 高三学生心理健康辅导方案设计表

单元	活动名称	单元目标	活动内容	时间（分钟）	材料
一	当青春来到高三	1. 找到高三与高一高二的区别，理解高三的意义； 2. 制订高三学习计划。	滚雪球 你好，高三 信任背摔 高三不虚度	10 20 30 30	A4纸

续表

单元	活动名称	单元目标	活动内容	时间（分钟）	材料
二	当"镜子外"的自己	1. 帮助同学们进行认知训练； 2. 发掘自己的优点。	进化论 洞穴脱险 森田疗法 人生曲线	15 30 20 25	A4纸、水彩笔
三	当学习遭遇情绪	帮助同学认识情绪学会管理情绪	手指操（我很快乐） 模拟情景导入情绪ABC理论 情景剧表演 我的情绪管理秘宝	15 10 30 20	A4纸
四	当前进遭遇挫折	1. 让学生认识挫折的普遍存在，具有两面性； 2. 树立积极对待挫折的人生态度； 3. 掌握战胜挫折的方法和技巧。	艰难的任务 挫折垃圾箱 你说我辩 回首来时	15 25 30 20	笔、白纸、垃圾桶
五	当把心放开	协助成员释放压力，获得一个轻松的心态	放松训练 写出压力 轻柔体操 讨论各自压力、焦虑 踩气球	10 15 15 25 25	坐垫、音响、轻柔音乐、A4纸、气球、打气筒、笔
六	当阳光照耀心底	帮助同学树立自信，快乐生活	优点轰炸 冥想 蟑螂变超人 无法无添	20 10 30 30	A4纸、水彩笔
七	当我们一路相随	1. 增进同伴间的亲密关系； 2. 培养学生积极沟通的意识； 3. 帮助成员构建和谐的人际关系。	口香糖 爱在指尖 魅力测试站 祝福留言卡 小结	10 30 30 15 5	A4纸、笔
八	当花季邂逅爱情	1. 让学生区分友谊与早恋； 2. 探讨男女在中学阶段应该如何进行日常交往； 3. 让学生意识到学习与恋爱的关系，理性对待青春期恋爱。	一元五角 个体探究 小品表演 理智选择 小结	10 25 30 20 5	小品剧本白纸

续表

单元	活动名称	单元目标	活动内容	时间（分钟）	材料
九	当小船入驻港湾	1. 使学生学会感恩，表达对父母的爱； 2. 引导学生感受亲情增强感恩意识； 3. 增强学生有意识地运用适当的方法表达对父母的爱，让学生懂得在生活中去体贴关爱父母。	轻柔体操 感人故事分享 守护的天使 亲情卡片	15 30 25 20	轻柔音乐 全家福照片
十	当武松面对高考	考前帮助同学们进行放松训练，减缓压力，克服考前焦虑。	大风吹 冥想催眠 幸福清单 气球宣泄法 大声唱	15 15 25 15 20	A4纸、气球、冥想音乐
十一	当人生来到路口	1. 让学生认识到高考不是唯一的路； 2. 再一次感受高中情谊。	战友串串烧 举事例 我们比一比 我爱高三 再见，高三 结尾：唱班歌	20 10 20 15 15 10	

6. 第七单元设计方案

（1）单元名称：当我们一路相随——高三学生心理健康辅导之人际关系辅导

（2）单元目标：激发学生学习积极性；增进同伴间的亲密感，信任感；培养学生积极沟通的意识；帮助成员增强交往意识，掌握交往技巧，提高交往能力，构建和谐的人际关系。

（3）团体对象：高三某班

（4）团体活动时间：90分钟，次数为一次

（5）团体活动地点：宽敞安静的教室

（6）团体规模：40—60人

(7) 团体契约：①保守秘密，尊重每位成员的隐私。②坦率真诚地与其他团体成员进行有效交流，不掩饰自己的真实情感。③参加团体活动时，注意力集中，积极配合团体成员活动。④尊重他人，仔细倾听，不随意打断别人的发言，不随便恶意中伤他人。⑤广泛交流，避免只与自己喜欢的团体成员沟通等。

(8) 领导者：受过团体辅导训练的应用心理学专业学生

(9) 团体理论基础：①马斯洛需要层次理论，每个人都渴望被别人接受、尊重或欣赏，不过现实生活中如果想得到他人的接受、尊重和欣赏，必须从自我开始，从给予别人开始。②埃里克森自我发展理论。根据埃里克森自我发展理论，大学阶段是获得亲密感而避免孤独感的一个人不能与他人分享快乐与痛苦，不能与他人进行思想情感的交流，不能相互关心与帮助，就会陷入孤独寂寞的苦恼情境之中。

(10) 单元活动设计表

表6-2 高三学生心理健康团体辅导第七单元设计表

活动名称	活动目标	时间（分钟）	准备材料
口香糖	激活团体气氛	10	
爱在指尖	让同学们能更好地沟通，大胆地表达自己，更深入地探索自我，表达更真实的想法。	30	
魅力测试站	协助成员检视自身的人格特质，发展受人欢迎的特质，克服不良特质。	30	白纸、笔
祝福留言卡	处理离别情绪，给予彼此祝福	15	白纸、笔
小结	领导者总结收获，分享心得	5	

(11) 活动详案

导入语：亲爱的同学们，大家好，很高兴再次见到你们红苹果般的笑脸，经过了前几次的活动，相信大家都有了不同程度的收获，看到你们的成长也让我备感幸福，在我们谈论什么是幸福的时候，我们总能列举出各种各样的答案，但我觉得这些都离不开人亲朋好友，也就离不开人际交往，今天我们的主题就是"你好，朋友"，我将带领大家走进朋友的世界，学习的殿堂。按照惯例我们先要进行的是热身活动，下面我先阐述一下活动规则……

热身活动："口香糖"

活动规则：大家双手搭在他人肩上围成一个圆圈，领导者喊："口香糖"，参与者应："粘什么？"领导者回答："粘_____。"参与者问："粘几个？"领导者答："粘_____个。"大家按个数迅速聚集，没粘上的算为输，受罚表演节目。

分享：为什么自己每次都能粘上？为什么自己每次都粘不上？当自己最初粘上后发现人多，被别人推走时感受如何？自己为何会主动放弃？当看到有人主动放弃时自己的感受是什么？自己喜欢这样的人吗？生活中自己是不是也是这种交往模式？（可选其中几个问题讨论，其他做思考反省用）

注：大部分人交友倾向于积极主动、随机应变、成全他人、富有爱心、不会消极被动远离他人者。

过渡语：通过刚才的热身活动相信大家都初步体验到了与同伴交流合作的快乐，在接下来的活动中也希望大家能够积极地参与进来，与同学快乐地沟通，大胆地表达自己，更深入地探索自我，表达更真实的想法。我们接下来的活动名称是"爱在指尖"，我先对规则简单介绍一下，没懂的同学及时提问，我再予以解答，活动的规则是……

活动一："爱在指间"

活动过程：将团体成员分成相等的两组，一组成员围成一个内圈，再让另一组成员站内圈同学的身后，围成一个外圈。内圈成员背向圆心，外圈同学面向圆心。即内外圈的成员两两相视而站。成员在领导者口令的指挥下做出相应的动作。

当领导者发出"手势"的口令时，每个成员向对方伸出1—4个手指：（1）伸出1个手指表示"我现在还不想认识你"；（2）伸出2个手指表示"我愿意初步认识你，并和你做个点头之交的朋友"；（3）伸出3个手指表示"我很高兴认识你，并想对你有进一步的了解，和你做个普通朋友"；（4）伸出4个手指表示"我很喜欢你，很想和你做好朋友，与你一起分享快乐和痛苦"。

当领导者发出"动作"的口令，成员就按下列规则做出相应的动作：

（1）如果两人伸出的手指不一样，则站着不动，什么动作都不需要做；
（2）如果两个人都是伸出1个手指，那么各自把脸转向自己的右边，并重重地跺一下脚；（3）如果两个人都是伸出2个手指。那么微笑着向对方点点头；（4）如果两个人都是伸出3个手指，那么主动热情地握住对方的双手；（5）如果两个人都是伸出4个手指，则热情地拥抱对方。

每做完一组"动作—手势"，外圈的成员就分别向右跨一步，和下一个成员相视而站，跟随领导者的口令做出相应的手势和动作。以此类推，直到活动基本达到目的为止。

领导者引导成员进行经验分享：

（1）刚才自己做了几个动作？握手和拥抱的亲密动作各完成了几个？为什么能完成这么多（或为什么只完成了这么少）的亲密动作？

（2）当你看到别人伸出的手指比你多时，你心中的感觉是怎样的？当你伸出的手指比别人多时，心里的感觉又是怎样的？

（3）从这个活动中你得到什么启示？

领导者点评：在人际交往中，我们有一个共同的倾向——希望别人能承认自己的价值，支持自己，接纳自己，喜欢自己。但是人际交往中喜欢与讨厌、接近与疏远是相互的。一般而言，喜欢我们的人，我们才会去喜欢他，愿意接近我们的人，我们才会去接近他；而对于疏远、厌恶我们的人，我们也会疏远或厌恶他。因此在人际交往中，应遵循交互原则。对于交往的对象，我们应首先主动敞开心扉，接纳、肯定、支持、喜欢他们，保持人际关系的主动地位，这样别人才更易于接纳、肯定、支持、喜欢我们。

成员分小组进行讨论："人际交往中可以通过哪些方式来主动表达对他人的接纳、喜欢和肯定？"

领导者小结与人主动交往中表达主动的方式：如主动与人打招呼，主动帮助别人，主动关心别人，主动约别人一起出去玩，等等。

过渡语：在"爱在指尖"这个活动中大家都能积极参与到活动中，在与组员讨论中也认识到了一些与人交际的方式，看到别人可以与人从容交谈，自己有没有也想要成为那样的人呢？有没有途径可以让我们自信的去交友，分享自己的快乐呢？答案当然是可以的，前提是我们要检视自身的人格特质，发展受人欢迎的特质，克服不良特质。再勇敢而自信的去面对，接下来我们做一个小测验，找出你愿意与之交友的人和不愿意与之交友的人的特质……

活动二："魅力测试站"

描述情景：你参加了一个聚会，在里面你结识了很多性格迥异的人，有真诚的、善解人意的、乐于助人的、体贴的、热情的、善良的、活泼开朗的、风趣幽默的、聪明能干的、自信的、心胸宽阔的、脾气古怪的、不友好的、饶舌的、自私自利的、自负傲慢的、虚伪的、恶毒的、不可信任的、性情暴躁的、孤僻的、冷漠的、固执的、心胸狭隘的等。

组织成员进行讨论：你最不愿意和哪三种人做朋友？最愿意和哪三种人做朋友？并简要地说明理由。请每位成员在心底对自己做一个评判（不需要说出来）：你认为自己最类似于以上哪两种人？优缺点各选一个。然后仔细倾听其他成员对此的评价，从而了解自己的性格在人际交往中的受欢迎程度。

领导者随机抽取 15 名成员起来发言，根据成员的发言，记录下每种性格的魅力指数。最愿意和某三种人做朋友，那么根据喜欢程度的高低，这三种性格分别记 +3、+2、+1 分；反之，最不愿意和某三种人做朋友，那么根据讨厌程度的高低，这三种性格分别记 -3、-2、-1 分。所有成员发言完后，计算每种性格的总分，得出该性格的人际力指数。

组织成员进行分组讨论"如何培养最受欢迎的三种性格"及"如何克服最不受欢迎的三种性格"。

分享：一般而言，一个成年人需要与大约 120 人维持不同程度的人际关系，其中包括 2—50 位心理关系比较密切的人。如果人际关系过疏或过密，都容易引发个体的心理问题，或孤独无助，或自我迷失。你的人际关系现状如何？是否合适？你认为是自己身上什么性格品质给你带来了好人缘？或者如果你的人缘不太好是什么原因导致的？试反思自己在人际交往中所体现出来的性格特点（比如是否因一时愤怒的情绪而失去了曾经的知己，是否因太自我中心忽略他人的感受而被周围的朋友渐渐疏远），找出自己需要继续发扬和改进的地方。

过渡语：做完魅力测试，相信大家在心里都有了一杆秤，衡量自己如何做才能成为一个有魅力的人，也真心祝愿大家都能成为这样的人。时间总是过得很快，这次的团体辅导又快接近尾声了，不知大家在这次活动中收获了什么，又有怎样的感悟？接下来，大家可以把你的收获和感悟写下来与你的组员分享，也可以对你的组员送出祝福和建议，帮助他更好地认识自己平时没注意到的小细节，让他更好地成长。

活动三："祝福留言卡"

活动准备：用于放松训练的背景音乐、音乐《友谊地久天长》、每人1支笔。

活动过程：每位成员都认真写下对自己右边成员的祝福、鼓励或建议（题目为"对××的祝福"），然后交到对方手上。再感受别人对自己的祝福，谈自己的收获。

领导者总结成员分享，结束团体。

团体辅导中可能出现的问题和需要注意的地方：此次团体辅导在帮助学生认识自身的人际关系的同时，可能引发部分学生（尤其是同伴关系不良学生）不愉快的情绪体验，领导者要注意观察，并加以适当关注。

（二）决战高考，进击的巨人们——高考复习规划团体辅导

1. 团体目标：使学生能够更加了解自我、了解自身学习现状，帮助学生制定目标实现的策略，增强对未来美好生活的自信。

阶段目标：（1）唤起成员人际沟通的意愿，调动活动积极性；

（2）协助成员了解并分析自我，树立正确的人生观、价值观；

（3）帮助成员掌握探索有效学习的途径和方法；

（4）在团体辅导的基础上，成员自主进行合理科学的复习规划。

2. 团体辅导对象：高三复读学生（40人）

3. 团体性质：结构化，封闭式，发展性

4. 团体时间：每周一次，共10次，每次60分钟

5. 团体活动总计划书

表 6-3　高考复习规划团体辅导方案设计表

单元	活动名称	单元目标	活动内容	时间（分钟）	材料
一	让我们相识相知——建设团队	1. 帮助成员了解团体的性质； 2. 协助成员制定团体规范； 3. 帮助成员相互认识和了解。	你做我学 滚雪球 棒打无情郎 共同制定团体规范 结束	5 20 15 15 5	纸（《团队契约书》）、笔
二	高考之我见——树立正确的高考认识	1. 协助成员了解在备考阶段增强同学间关爱和支持的重要性； 2. 协助成员了解自己对考试存在的不合理的认识，帮助成员正确认识高考。	"爱在指间" 填写"考试前后的想法"表 小组讨论交流 结束	10 15 25 5	"考试前后的想法"表
三	我的目标——确定目标	1. 帮助成员明确高考目标； 2. 帮助成员细化目标。	高塔攻防 制定目标 交流计划 总结	15 15 20 10	A4 纸
四	我的计划——提出计划的重要性	1. 帮助成员认识计划的重要性； 2. 帮助成员制订自己的计划； 3. 帮助成员改进自己的计划。	时间分割 命运之牌 总结	20 25 15	A4 纸
五	完善计划——明确计划的有效性	1. 给成员提供科学的学习策略； 2. 帮助成员完善复习计划。	小组内分享自己的学习方法，并把它记录下来，全班一起分享，进行经验交流。 给同学讲解一些可靠实用的科学学习策略。（复述策略、组织策略、精细加工策略） 请同学在上节课做的计划上进一步进行规划。	25 20 15	A4 纸
六	扫清障碍——训练合理认知	1. 让同学意识到自己高考的绊脚石； 2. 帮助成员初步掌握"合理情绪疗法"； 3. 协助成员初步建立合理的认知。	心中的障碍 换个角度看世界 "合理情绪疗法" 总结	15 15 20 10	眼罩、两可图、A4 纸

续表

单元	活动名称	单元目标	活动内容	时间（分钟）	材料
七	坚持,再坚持一下——提升意志力	1. 鼓励同学们坚持学习; 2. 提高学习的动力; 3. 让同学们意识提高毅力。	突破重围 生命之舟 总结	15 30 15	珍珠 A4纸
八	潜能激发——提升信心	1. 使成员正确的认识自己的个性,并接纳自己; 2. 协助成员自我了解,发现优点; 3. 提高成员的自信心。	鼓掌一分钟 我的潜力有多大 洞口余生 天生我才 总结	3 12 20 15 10	A4纸
九	放松你的神经——释放压力	1. 让同学从紧张的复习状态中解放出来,释放心中的压力; 2. 帮助成员了解和初步掌握放松的方法。	深呼吸放松法 想象放松法 音乐放松法 总结	15 15 15 15	舒缓音乐
十	坦然面对高考——端正心态	1. 帮助成员建立信心; 2. 成员之间互相鼓励,结束团体。	回顾总结 "激励留言卡" 全班合唱"海阔天空"	20 30 10	彩色纸每人一张、每人一支彩笔、歌曲《海阔天空》、多媒体

6. 第六单元设计方案

（1）单元名称：扫清障碍——训练合理认知

（2）单元目的：让同学意识到自己高考的绊脚石,帮助成员初步掌握"合理情绪疗法",协助成员初步建立合理的认知。

（3）活动时间：60分钟

（4）活动地点：活动室

（5）活动详案

引导语：同学们,之前我们已经对高考有了一个相对正确的认识,每个人也定出了自己在高三这一学期的计划,那么接下来,我们就来扫清一下去往大学之门路上的障碍吧!

活动一：心中的障碍

首先,我们来进行第一个活动：心中的障碍。请大家搬一下桌子,把他们排成两个通道,好,大家先动起来。接下来,请大家安静,我宣布活动的规则。我需要同学"捐献"出一些书本、水瓶之类的东西(如没有,拿出我们自己准备的"障碍"道具,放在通道内,作为障碍物);好的,接下来请各个小组分别派出一个人,然后用我这里的眼罩把他们的眼睛蒙住,参赛选手在蒙住之前请尽量记住障碍物在什么位置,前进过程中不能碰到障碍物,不然就被淘汰出局,蒙住眼睛之后自己就要一个人单独通过通道了!都蒙好了么?好的,请带各个参赛选手到通道口排好队(一个通道大概四个人),我说开始之后第一位同学就开始往前走,后面的同学要跟上,但尽量不要碰到别人。好,准备,开始!(在开始之前让助手去把障碍物"清除")

看来大家对刚才这个"骗局"都有些感受啊,非常好,在我解释这个活动之前先看一下有没有同学自愿起来说说自己的感受呢?(倾听同学的分享,适当共情)

小结:谢谢同学们的分享。其实在高考的过程中我们总以为我们会有很多困难,比如在学业和人际间寻找不到平衡让你烦躁,比如日复一日的复习让你倦怠,这些所谓的"障碍"就像那些书本和水瓶一样,也许是不存在的,大都源于我们心中的想象。

活动二:换个角度看世界

引导语:首先,请同学们来看看 PPT 上的这些图片,你能看到些什么呢?展示一些两可图,现在告诉我第一张图你们看到的是什么?第二张呢?刚才同学们看到的图叫两可图,就是换一个角度,就能看出不同的事物。生活中也有很多的事情,当我们以为当时不能解决,并且因此而深感痛苦的时候,其实,转换一个角度之后,你可能就会发现,其实那些事情根本就没有那么难。

我想经过刚才对图片的认识,同学们心中已经有了一定的想法,那我们就该来谈谈生活中的"两可图"吧,请大家在助手发的纸上写下自己遇到的难以解决的"障碍",写完之后请同学们现在小组内交流分享,也请从两个方面来谈谈你的"障碍",从积极面和消极面来探讨。

小组讨论结束后,请同学们在班上分享。如果还没有解决心中"障碍"的,请同学们分享出来,让其他同学帮助你。

小结：正如之前所说，很多"障碍"虽然很让人苦恼，但是，任何事情都有两面性，塞翁失马焉知非福，只要你愿意从另一个角度来看"障碍"的话，也许它根本就算不上一个"障碍"，希望大家在生活中能够多角度去看问题，去思考，这种多元思维适用于生活的方方面面，包括学习。

活动三："合理情绪疗法"

领导者做简单讲解："人不是被事情困扰着，而是被对这件事的看法困扰着。"合理情绪疗法的创始人、美国心理学家艾利斯强调人的认知在情绪和行为中的主宰作用。他认为，人们往往不快乐，是因为被"绝对化倾向""过分概括化""糟糕至极"等不合理的认知束缚了心灵，导致了情绪困扰。要想从消极的情绪中解脱出来，就必须与不合理信念做斗争，用合理的认识来取代不合理的认识。

按上次活动的小组进行。把每一种不合理的认识都换一个角度写出新的认识，比如：

不合理的认识：高考一旦失败，我就没有前途了。

反驳：升学考试不理想，人生前途必定黑暗吗？

合理的认识：高考虽然很重要，但也不是非胜即负。人生漫长，只要吸取经验教训，努力准备好抓住后面的机遇，一样可以有美好的明天。

根据下面所给格式，把话写完整（目的是通过形成合理的认识，调整自己的情绪）。

（1）高考越来越临近了，我既兴奋，又紧张，因为……

（2）备考这段时间有些紧张、烦躁的心情是很正常的，因为……

（3）虽然在模拟考试中我的成绩不太理想，但是……

或者：模拟考试中我的成绩不错，我相信……

昨天已经过去，永不复返，所以……

总结：同学们填完后，有愿意来分享的吗？你发现了与之前心态有改变了吗？你喜欢这种微妙的改变吗？这种心态的改变不是一蹴而就的，同学们要达到灵活运用，需要下来勤加练习。

我们今天的活动到此结束了，希望大家能够把今天收获到的认知运用到接下来高考生活和以后的生活中去，扫清障碍，直奔人生巅峰！谢谢！

（三）克服焦虑，轻松高考——高三学生考试焦虑团体辅导

1. 团体总目标：了解自己焦虑情绪的来源，缓解焦虑，轻松参加高考。
2. 团体辅导对象：高三年级经测试有考试焦虑倾向的学生 10 人
3. 团体性质：结构化，封闭式，发展性
4. 活动时间：每周一次，共 10 次，每次 90 分钟
5. 理论基础：ABC 情绪疗法
6. 团体活动总计划书

表 6-4　高三学生考试焦虑团体辅导方案设计表

单元	活动名称	单元目标	活动内容	时间（分钟）	材料
一	知你知我	认识团体，相互认识，澄清期望。	击鼓传花 相互制定团体契约 倾诉自己的烦恼	90	
二	信任之旅	提高集体的凝聚力和参与度，增加团体成员的相互信任。	信任背摔 突围闯关 解开千千结	90	
三	我与焦虑	提高团体的凝聚力，检测自己的焦虑程度。	滚雪球 情境导入 焦虑自评 手指操 幸福拍手歌	90	白纸、笔
四	觉察焦虑	进一步提高团体凝聚力与参与度，认识自己的焦虑情绪及反应。	千千结 自画像 讲解领悟 结语	90	白纸、彩笔
五	灵魂解码	深入觉察自己的焦虑情绪，认知到哪些因素导致焦虑。	吸管运输 生存选择 临终遗命	90	
六	追本溯源	让同学们明白引起自己焦虑的深层次原因。	大风吹小风吹 我的过去、现在、未来	90	
七	我和我的家人	家庭对人性的影响，进一步领悟焦虑产生的因素。	深呼吸放松法 说说我的父母亲 说说我的兄弟姐妹	90	白纸、笔

续表

单元	活动名称	单元目标	活动内容	时间（分钟）	材料
八	我和我的情绪	学习管理焦虑情绪，学会处理焦虑情绪。	青蛙跳水 理性情绪疗法 补句子	90	白纸、笔
九	你本来就很美	寻找自信的支点，在解除焦虑情绪的同时增强自信心。	口香糖，粘什么 自我寻宝 优点轰炸 领导者总结	90	白纸、笔
十	且行且珍惜	回顾团体过程，整理团体经验的心得，继续交流评估成效。	一寸光阴，一寸金 同一首歌 温馨祝福 我的收获	90	细绳若干（长大约40寸）、剪刀

7. 第九单元活动设计表

表6-5 高三学生考试焦虑团体辅导第九单元设计表

单元名称	你本来就很美	次数	第1次	时间	90分钟
单元目标	寻找自信的支点，开发自身的潜能，在解除焦虑情绪的同时增强自信心					
活动名称	活动内容		目标	时间	材料
口香糖粘什么	1. 先计算一下人数，如果是双数，则请一个人做发令员；如果是单数，则领导者先做发令员。 2. 活动规则如下：活动开始的时候，请所有人一起问发令员："口香糖，粘什么？" 发令员开始发令，比如"口香糖，粘肩膀"。则所有人必须迅速找到另外一个人，两个人的肩膀粘在一起。最后肯定剩下一个人，剩下的这个则自动变成发令员，原来的发令员则回到人群中。然后，大家继续问"口香糖，粘什么"？发令员继续发令。 3. 最后请所有做过发令员的人（第一个发令员除外），一起上台表演节目。		打破彼此之间的距离感，增进彼此之间的亲密度	15分钟	
自我寻宝	寻宝方式：我开始喜欢我自己，因为…… 寻宝要求： 1. 必须实事求是； 2. 必须是自己的优点或特长，也可以是自己的进步； 3. 每个人至少找到自己的5个珍宝。		让学生发现自己更多的优点，找到自信的依据，建立理性的自信系统	20分钟	白纸、笔

续表

单元名称	你本来就很美	次数	第1次	时间	90分钟
优点轰炸	1. 小组成员围成一圈，各个成员依次站到圈中间； 2. 请同伴帮你找出自己的优点，自己可以不必感谢发言； 3. 数数同伴为你找到了几条优点。		发现和叙述自己的优点，提升个人的自尊和信心	20分钟	
秘密大会串	1. 请同学将目前最感到困惑的事情写在一张纸上，写好后折叠起来交给教师； 2. 教师从手中的纸条中抽出一张，将纸上所写的问题念出来，让所有同学共同思考解决问题的方法，同学之间可以讨论、示范和提供书面资料等方式来帮忙解决问题。		让同学们借助团体的力量克服自卑，树立自信	20分钟	白纸、笔
总结	请每位同学谈谈对活动整体的感想，最后老师总结。		升华主题，拉近了团体成员之间的距离，提升了自信心	15分钟	

活动详案

热身活动：口香糖，粘什么

指导者：请同学们围成一个圈，我们先来进行热身活动，名字叫"口香糖，粘什么"。

活动规则：活动开始的时候，请一个同学当发令员，其余所有人一起问发令员"口香糖，粘什么"？发令员开始发令，比如"口香糖，粘肩膀"。则所有人必须迅速找到另外一个人，两个人的肩膀粘在一起。最后肯定剩下一个人，剩下的这个则自动变成发令员，原来的发令员则回到人群中。然后，大家继续问"口香糖，粘什么"？发令员继续发令。最后请所有做过发令员的人（第一个发令员除外），一起上台表演节目。

现在我们需要一名发令员，有谁自愿来当的？首先得说如果你在之后的活动中还有被罚出当发令员的时候，那么你依然需要同其他发令员一起表演节目。

活动一："自我寻宝"

指导者：刚刚我们进行了一场激烈的活动，还观看了发令员们的精彩表演，想必现在大家的心情都很激动，现在请大家依然维持现在这个圈，跟着我的指导语，慢慢地闭上眼睛，慢慢地吸气，吐气，吸气，吐气。（慢慢念）

现在你很放松,你感觉心里很平静,感觉一切烦恼都随风而去。现在,慢慢地睁开眼睛,眼前一片明亮。

指导者边发纸和笔边说:现在请全体成员一起来寻宝,寻找自己身上的宝贝,然后把你们寻到的宝贝写在发给你们的纸上。

寻宝方式:我开始喜欢我自己,因为……

寻宝要求:1. 必须实事求是。

2. 必须是自己的优点或特长,也可以是自己的进步。

3. 每个人至少找到自己的5个珍宝。

(待大家基本完成后)现在我想大家都寻到了自己的宝贝,那么,我想请每位成员都来给大家分享一下自己的宝贝,并谈谈对这个寻宝活动的感受。

活动二:"优点轰炸"

领导者:我们刚刚找寻了自己身上的优点,大家都能够看到自己身上的光芒。接下来,请大家依然维持这个圈,各个成员依次站到圈中间;请同伴轮番轰炸,依次说出圈中同伴的优点,圈中的人可以不必感谢发言,只需要数数同伴为你找到了几条优点。

(观察活动基本结束)大家已经结束了对同伴的轰炸,现在请每位成员分享一下自己的感受。当别人赞美你时,你的感觉如何?你赞美别人时,通常赞美哪些地方?你能给所有的人不同的赞美吗?你在赞美别人时,是什么感觉?是否有一些优点是自己以前没有意识到的?是否加强了对自身优点、长处的认识?

活动三:"秘密大会串"

领导者:相信大家通过之前的两个活动对自身的优点以及同伴的长处已经有了比较全面的了解。

接下来请大家利用刚刚没用完的纸,将目前你最感到困惑的事情写在这张纸上,写好之后交给我。

领导者随机抽出一份,将纸上所写的问题念出来:现在请所有同学思考解决问题的方法,同学之间可以讨论,可以通过示范和提供书面资料等方式来帮忙解决问题。

领导者依次念出所有同学的问题,并让同学依次帮忙解决。

总结：

今天的活动就要结束了，在活动中，我们一起挖掘了自身的长处和他人的优点，并通过头脑风暴提供了解决很多问题的思路，大家都做到了积极思考与分享，非常棒！现在我想请每位成员分享一下今天的收获和感受。

领导者根据成员的收获和感想对活动整体进行总结：我们每个人都是独立的个体，每个人身上都有属于自己的独特的优点，刚才的分享，让我看到了大家收获颇多，相信随着对自己和同伴更丰富的认识，大家的情感也更加融合了，对自己的信心也有了一定的提升。希望大家在今后的生活中能时刻牢记自身的优点，不要用自己的短处去跟别人的长处比，要永远保持对自己的这份信心。

（四）放飞心情——高三学生情绪辅导

1. 团体目标：通过情绪辅导，使学生认识、接纳自己的情绪，恰当地表达自己的情绪，准确识别他人的情绪并能运用于有效的人际沟通，掌握控制、疏导不良情绪的方式，防止和克服消极情绪的方法，培养良好情感品质。

2. 团体辅导对象：高三学生，班级为单位

3. 团体性质：结构化，封闭式，发展性

4. 团体时间：两周一次，共10次，每次90分钟

5. 团体活动总计划书

表6-6　高三学生情绪辅导方案设计表

单元	活动名称	单元目标	活动内容	时间（分钟）
一	心灵之约	认识团体，促进成员彼此了解；介绍团体的内容和目标；协助成员融入团体情景。	认识团体 滚雪球活动 回旋式沟通 制定团体主题、规范 收获总结	10 20 20 25 15
二	情绪小栈	协助成员认识情绪；了解情绪的状态和类别。	轻松体操 我演你猜 我的情绪反应 收获总结	25 20 30 15

续表

单元	活动名称	单元目标	活动内容	时间（分钟）
三	我很快乐	让成员体验到自己快乐的情绪，要善于发现生活中的快乐元素。	比一比 镜中人 快乐清单 快乐密码 收获总结	5 10 30 30 15
四	我的天空在下雨	让成员体验到自己消极的情绪，要明白自己在消极情绪下有怎样的行为方式。	《幸福拍手歌》 我演你猜 情景表演 收获总结	5 20 50 15
五	情绪处理	让同学们学习情绪处理的方法；能够将学习情绪处理的方法应用到自己的实际情绪当中。	热身活动 1. 深呼吸放松 2.《隐形的翅膀》 主题活动魔力火车 主题学习 收获总结	15 30 30 15
六	情绪与人际	情绪与人际成正相关，掌握和学会自我调节情绪，才有助于拥有较好的人际关系。	情绪分享 情景体验 主题学习：正、负情绪 收获总结	20 30 35 15
七	处理焦虑情绪	学会处理考试焦虑；正确地认识考试。	讲座：正确的认识高考 主题学习：处理考试焦虑的方法——肌肉放松、宣泄倾诉、自我暗示、改变认知、快走疗法、系统脱敏、中医中药 收获总结	20 55 15
八	情绪沟通	提高同学们的自我觉知和对他人的自我觉知能力。	情景扮演 哑剧表演——空椅子技术 收获总结	40 35 15
九	我的心情我做主	帮助成员掌握调节情绪的方法和技巧，学会管理情绪，构建愉悦心情。	热身活动：大西瓜小西瓜 情绪气球 寻找快乐 收获总结	10 40 25 15
十	迎接快乐	处理离别情绪，结束团体。	造反运动 一路有你 我的祝福 歌声代我心 收获总结	5 35 20 15 15

6. 第九单元活动设计表

表6-7 高三学生情绪辅导第九单元活动设计表

单元名称	我的心情我做主		次数	第9次	时间	90分钟
单元目标	帮助成员掌握调节情绪的方法和技巧，学会管理情绪，构建愉悦心情。					
活动名称	活动内容		活动目标		时间	材料
大西瓜小西瓜	领导者说"大西瓜"，成员用双手比画"小西瓜"的样子；领导者说"小西瓜"，成员用双手比画"大西瓜"的样子。领导者的语速先慢一些，然后适当加快，直至成员屡屡出错，哄堂大笑为止。		热身，活跃气氛		10分钟	提前将指导词及所需的PPT准备好
情绪气球	用气球代表不良情绪，情绪有多大就将气球吹多大，然后将它释放。		让成员发泄不良情绪		40分钟	气球若干
寻找快乐	成员说出几件使自己感觉快乐的事情，探讨生活中还有哪些时候或事情可以使我们快乐。		让团体成员体验快乐、寻找快乐		25分钟	笔和纸
总结	让同学们谈谈自己在这节课上有什么感受。		总结活动，谈收获		15分钟	

活动详案

活动一：热身活动：大西瓜小西瓜

（1）领导者说"大西瓜"，成员用双手比画"小西瓜"的样子；领导者说"小西瓜"，成员用双手比画"大西瓜"的样子。领导者的语速先慢一些，然后适当加快，直至成员屡屡出错，哄堂大笑为止。

（2）领导者：说明我们的感受有很多种，有开心的感受，也有不舒服的感受。

活动二：情绪气球

（1）领导者拿出气球，说明气球代表我们的身体。领导者请团体成员将气球吹起，说明气球里装的空气犹如我们心里不舒服的感觉。

（2）领导者问团体成员，如果这些不良的情绪一直在气球里会怎样？如果气球是他们的大脑，而不良情绪一直堆积在他们的大脑中，他们还能清晰地思考吗？

（3）领导者请团员将气球吹得更大，请团体成员想一想，当不良的感觉一直堆积，会有怎样的后果？

（4）领导者等团体成员有人将气球吹爆，解释如果气球是一个人，气球的爆破就像是不良情绪（如：愤怒）去伤害别人或其他事物。问团体成员这是不是个好的宣泄方法？

（5）接着请团体成员再吹起一个气球，但不要吹爆也不要绑起来，请团体成员拿着气球不要使空气跑出来。再次解释气球就是身体，而身体里面的空气就是不良情绪。

（6）让团体成员慢慢放出一些气体，然后又捏紧。问团体成员气球是否有变小？气球有没有爆炸？这是个宣泄的好方法吗？在宣泄时气球是否很安全？

（7）持续让团体成员将气球里的空气释放出来。

（8）请团体成员在气球上写上自己曾经历过的不舒服感觉（如：愤怒、羞愧、孤单、挫折感等），并分享每个人所写的感觉有哪些？

（9）请团体成员再次吹起自己的情绪气球，请团体成员注意到自己写的不舒服感觉都变大了。

（10）让团体成员轮流放开手中的气球，代表释放自己的不良情绪。

活动三：寻找快乐

（1）成员轮流说出几件使自己感觉快乐的事情，越多越好，每个成员都要说。

（2）在所有成员都说完自己快乐的事以后告诉大家：每个人都有很多快乐的事，只是有的人更善于发现，于是他活动很快乐；而有的人就对快乐的事不那么敏感，相比之下就不那么容易感到快乐。

（3）成员合作，共同探讨，生活中还有哪些时候或事情可以使我们快乐。

（4）领导者总结：其实快乐在生活中是无处不在的，只要善于发现、善于找对发现快乐的角度，什么事都可以使快乐的。

（五）我的高三我做主——高三学生自我成长团体辅导

1. 团体目标：

（1）通过团体活动、沟通、交流、分享，促进自我了解、培养正确的自我概念。

（2）培养成员了解他人，尊重不同意见的能力。

（3）学习沟通与处理冲突的技巧，增进人际沟通的能力。

（4）学习管理时间和压力，促进自我成长与潜能开放。

（5）接纳自己、接纳别人，了解焦虑情绪的来源，学会管理自己的情绪。

（6）培养团体的默契，增强成员的互信基层。

2. 团体辅导对象：高三学生，班级为单位

3. 团体性质：结构化，封闭式，发展性

4. 团体时间：每两周一次，每次90分钟，最后一次120分钟，共10次

5. 理论依据

（1）人际关系理论表明，要信任他人首先要学会开放自己，接纳他人，袒露自己的情感、思想、情感、感觉和意见，愿意和别人分享资源与观念；要能与他人有效地沟通、建立亲密的关系，自己应先令人觉得可信、值得信赖、靠得住。

（2）马斯洛需要层次理论揭示每个人都渴望被他人接受、尊重和欣赏；团体可满足人社交的需要、归属的需要和爱的需要。

（3）情绪 ABC 理论，ABC 理论是由美国心理学家埃利斯创建的。就是认为激发事件 A 只是引发情绪和行为后果 C 的间接原因，而引起 C 的直接原因则是个体对激发事件 A 的认知和评价而产生的信念 B。

（4）合理情绪疗法，"人不是被事情困扰着，而是被对这件事的看法困扰着"。合理情绪疗法的创始人、美国心理学家埃利斯强调人的认知对情绪和行为的主宰作用。他认为，人们不快乐，往往是因为被"绝对化倾向""过分概括化""糟糕至极"等不合理的认知束缚了心灵，导致了情绪困扰。要想从消极的情绪中解脱出来，就必须与不合理信念做斗争，用合理的认知来取代不

合理的认知。

（5）音乐疗法，又称为音乐治疗（Music therapy），是利用乐音、节奏对生理疾病或心理疾病的患者进行治疗的一种方法。音乐疗法利用音乐促进健康，特别是作为消除心身障碍的辅助手段。根据心身障碍的具体情况，可以适当选择音乐欣赏、独唱、合唱、器乐演奏、作曲、舞蹈、音乐比赛等形式。心理治疗家认为，音乐能改善心理状态。通过音乐这一媒介，可以抒发感情，促进内心的流露和情感的相互交流。

6. 团体活动总计划书

表6-8 高三学生自我成长团体辅导方案设计表

单元	活动名称	单元目标	活动内容	时间（分钟）	材料
一	知己	让学生认识自我，了解自我。	007 我是谁 生命树 成长生命线	10 20 30 30	绘画用纸、水彩笔或蜡笔
二	最闪亮的自己	让学生摆脱自卑，增强学生的自尊与自信。	我是特别的 猜一猜 积极赋义 目光炯炯	10 30 20 30	纸、笔
三	你想到了吗	培养学生的创新思维，让学生从多方面看问题。	雨点变奏曲 智力大比拼 脑力激荡 一探身手	10 30 30 20	杯子、细绳、筷子、泡泡糖、棋盘
四	竞争！合作！	感受合作和竞争的意义，让学生敢于竞争，享受合作。	解开千千结 穿越地雷阵 同舟共济 大讨论	10 40 20 10	饮料瓶、书本、报纸
五	做时间的主人	了解个人的时间管理现状，学习有效的时间管理方法。	扮时钟 自测 生命线 时间管理饼图	20 20 35 15	纸、笔、彩色笔

续表

单元	活动名称	单元目标	活动内容	时间（分钟）	材料
六	学会选择	培养学生的责任意识，对自己的选择负责。	热身操 洞口余生 艰难抉择	10 40 40	纸、笔
七	注意力大比拼	培养学生的注意力，减轻注意力分散问题。	大家来找茬 找领袖 分享集中注意力的方法	30 40 20	5对找茬活动画
八	和谐你我他	帮助同学和谐处理家庭关系，同学关系，师生关系，恋人关系。	发泄墙 解开千千结 《一封家书》 放松训练	20 30 30 10	彩纸、笔、便签
九	做情绪的主人	鼓励学生适当发泄情绪，培养学生控制情绪的能力。	放松训练 情绪释放一声吼 人脸大识别 我是表情帝 镜里镜外	10 10 20 20 30	若干代表情绪的图片，放松的音乐
十	轻轻松松进考场	通过团体训练，了解焦虑现象及原因，使学生掌握自我调节的方法，保持适度焦虑，充满信心，迎接高考。	可怜的小猫 我看考试 放松法 总结	10 50 50 10	《真心英雄》和《甩葱歌》、纸、笔、放松音乐

7. 第十单元活动设计方案

（1）单元名称：轻轻松松进考场——正视考试

（2）单元目标：通过团体训练，了解焦虑现象及原因。使学生掌握自我调节的方法，保持适度焦虑，充满信心，迎接高考。

（3）团体性质：封闭式同质性团体

（4）团体规模：60—80人

（5）团体领导者：具备基本的团体辅导知识与能力者

（6）团体时间：120分钟

（7）团体场地：教室

（8）理论依据

①合理情绪疗法

② 音乐疗法

(9) 单元活动设计表

表6-9 高三学生自我成长团体辅导第十单元设计表

活动名称	预期目标	操作方式	时间	材料
可怜的小猫	营造轻松的活跃氛围，让同学们通过此活动放松身心。	小猫朝任何一人，蹲下学猫叫。面对者抚摸小猫的头，并说"哦！可怜的小猫。"如果笑了就要换当小猫。如果抚摸者不笑，则再叫两次，若再不笑，就得离开找别人。	10分钟	搞笑的背景音乐《甩葱歌》
我看考试	让同学认识到自己在面对考试的不合理认知，通过建立合理的认知来替代目前存在的不合理认知，进而改善情绪。	在表格中填写考试前中后的想法以及导致的结果，然后组内交流，随后领导者介绍合理情绪疗法，并学习纠正不合理认识，建立合理认识。	50分钟	每人一张"考试前后的想法"表；每人一支笔"补充句子"材料
放松法	让大家掌握一些放松方法，并做尝试进行现场放松，让大家通过放松赶走焦虑紧张情绪，能更好备战高考。	介绍深呼吸放松法、想象放松法和音乐放松法，并引导大家进行想象放松。	50分钟	想象放松指导词、音乐《音乐与心理》材料
总结	升华主题，加强巩固效果，激励成员。	成员总结，领导者总结。最后唱《真心英雄》结束活动。	10分钟	《真心英雄》MV

(10) 活动详案

指导语：同学们，大家好！我们是×××学长，今天我们来到这里是想和大家探讨一些关于高考心理准备的事情，接下来就由我带领大家进行我们今天的考前团体活动，希望通过这次活动能对大家的学习生活有一定的帮助！

首先带大家进行一个小活动，让大家放松放松。活动的名称叫"可怜的小猫"，活动规则如下，请大家听仔细了。

热身活动：可怜的小猫

操作规则：

1. 大家推举一人为猫，小猫走到任何一人面前，蹲下学猫叫。面对者要用手抚摸小猫的头，并说"哦！可怜的小猫。"但是绝不能笑，一笑就算输，要换当小猫。

2. 抚摸者不笑,则小猫叫第二次,不笑,再叫第三次,再不笑,就得离开找别人。

3. 当小猫者可以装模作样,以逗对方笑。

看到大家刚刚都被逗得哈哈大笑,大家现在有没有感到挺轻松愉快的。热身活动就到此为止,现在我们进行分组以便活动更好地开展。我这里有7组1—10编号的纸条,分发给每一位同学,拿到相同号码的同学为一组,并坐到指定的位置,给大家几分钟时间,互相联络一下并选出一位小组长。

活动一:我看考试——"合理情绪疗法"

导入语:从小学到现在大家都经历过很多次考试,我想大家对于考试都是有很多想法的。接下来就和我一起进入今天的主题活动吧!请各位同学将我发给大家的"考试前后的想法"表填写完整!

1. 填写"考试前后的想法"表

	我的想法	导致的结果
考前		
考中		
考后		

2. 小组讨论交流

每个成员谈一谈自己的想法和可能导致的结果,然后其他成员帮助他(她)看看哪些是不太合理的,需要改变的?哪些是做得好,值得我们学习的?

3. 小组总结

将小组成员不合理认知归纳出来,并写在纸上。

4. 领导者介绍合理情绪疗法。

5. 调整认知

把刚刚写在纸上的每一种不合理的认知都换一个角度写出新的认知,并体会不同认知下自己的情绪状况。

比如:A. 高考一旦失败,我就没有前途了。

反驳:升学考试不理想,人生前途必定黑暗吗?

合理的认知:高考虽然很重要,但也不是非胜即负。人生漫长,吸取经验教训，抓住后面的机遇，一样可以有美好的未来。

B. 以前试过都不成功，这问题没法解决。

反驳：仅有的几次尝试能代表永远吗？

合理的认识：以前的尝试不成功给了我们经验，也提醒我们需要新的思路和方法。

6. 根据下面所给格式，把话写完整。（目的是通过形成合理的认识，调整自己的情绪）

（1）高考越来越临近了，我既兴奋，又紧张，因为……

（2）备考这段时间有些紧张、烦躁的心情是很正常的，因为……

（3）虽然在模拟考试中我的成绩不太理想，但是……

或者：模拟考试中我的成绩不错，我相信……

小结：这个活动的主要目的就在于让大家能够很好地认识到自己对考试是如何归因的，并且认识到哪些是对考试不合理的认知；同时让大家认识到，自己之所以有考试前的不合理情绪，并不是因为自己的能力不足，而更多的是自己对考试的认知产生了曲解。对考试的不合理认识是导致紧张、焦虑情绪的重要原因之一，大家需要对考试有一个正确的、合理的认知，以此为基础来面对备考中的挫折，而不是被不合理的认知蒙蔽。

过渡语：刚刚我们探究了认知的合理性，大家也在第六个小环节里通过形成合理的认识，调整自己的情绪。那么当我们感到非常紧张、担忧考试考不好而失眠的时候、当我们觉得很疲惫，什么也不想做的时候，我们该怎么做呢？下面为大家介绍三种放松的方法，大家学着用一用。我们的口号是："学会放松，一身轻松。"

活动二：放松法（学会放松，一身轻松）

1. 深呼吸放松法：（介绍为主，不进行现场体验）

（1）身体姿势：站着、坐着、躺着都可以做。

（2）动作要领：（我在介绍动作要领的时候大家也可以跟着我的指导进行一次深呼吸放松）。

你可以睁开眼睛也可以闭上眼睛，当你闭上眼睛时，不受周围环境的干扰，效果会更好。以舒服的姿势坐好或者站好，沿身体的中线左右分开，双脚分开与肩同宽，双手掌心微向上放在双腿上（双手掌心微向前或向上放在身体的两侧），轻轻闭双眼，用鼻子自然地吸气，用嘴巴慢慢地吐气，吐气的时候把注意放在双肩上，注意一下双肩的感觉，让双肩这种下沉的、放松的感觉蔓延到身体的更多部位。接下来每一次吸气、吐气都比上一次多一点点，慢慢加深自己的呼吸，适当的时候还可以让气体在体内稍停一下，以便气体在肺部进行充分的气体交换，让身体充分地吸收氧气，再慢慢地排出二氧化碳等废气。

小结：深呼吸可以增强你的肺活量，可以改善因长时间工作学习导致的大脑缺氧引起的疲劳、注意力不集中等状况，也可以缓解紧张、焦虑等不良情绪。操作起来也是非常简单方便的，大家可不要小瞧它，好好利用吧。

2. 想象放松法：（现场体验）

（1）放松的要领：在整个放松过程中要始终保持深慢而均匀的呼吸；要能体验随着想象有股暖流在身体内运动。现在我们来体验一下想象放松。请大家跟着我的指导语进行想象，没有跟上的同学也不要着急，继续跟随我的下一句指导语就好。

（2）指导语：（配合轻缓的音乐）（还可以播放有指导语的音频进行想象放松，如：蕙兰瑜伽休息术）。

"我仰卧在水清沙白的海滩上，沙子细而柔软。我躺在温暖沙滩上，感到舒服，能感受阳光的温暖，身边听到海浪声音，感到温暖而舒适。微风吹来，使我有说不出的舒畅感觉。微风带走我的思想，只剩下一片金黄阳光。海浪不停地拍打海岸，思维随着节奏飘荡，涌上来又退下去。温暖的海风吹来，又离去，带走了心中的思绪。我感到细沙柔软、阳光温暖、海风轻缓，只有蓝色天空和大海笼罩我的心。阳光照着我全身，身体感到暖洋洋。阳光照着我的头，感到温暖与沉重。"

轻松暖流，流进右肩，感到温暖轻松。呼吸变慢、变深。轻松暖流，流进我右手，感到温暖和轻松。呼吸变慢、变深。轻松暖流，又流回我右臂，感到温暖轻松。又流进我后背，感到温暖轻松，从后背转到脖子，脖子感到温暖和轻松。

我的呼吸变慢、变深。轻松暖流，流进左肩，感到温暖轻松。呼吸变慢、变深。轻松暖流，流进了左手，感到温暖和轻松。呼吸变慢、变深。轻松暖流，又流回左臂感到温暖和轻松。

我呼吸变慢、变得越轻松。心跳也慢，越有力。轻松暖流，流进右腿，感到温暖轻松。呼吸变慢变深。轻松暖流流进右脚，感到温暖轻松。呼吸变慢变深。轻松暖流，又流回右腿，感到温暖轻松。

呼吸变慢，越来越深，越来越轻松。轻松暖流流进腹部，感到温暖轻松，流到胃部，感到温暖轻松，最后流到心脏，感到温暖轻松。整个身体变得平静。心里安静极了，已经感觉不到周围的一切，四周好像没有任何东西，我安然躺卧在大自然中，十分自在。

（静默几分钟后结束）

3. 音乐放松法

发给大家《音乐与心理》资料

《春江花月夜》、舒伯特《小夜曲》、肖邦《小夜曲》、《月光曲》、《四季歌》、《春之歌》等乐曲，还有一些轻缓的纯音乐、钢琴曲、吉他曲等缓慢而纯净的曲子都是可以的。

小结：放松的方法还是有很多的，每个人也有自己认为可以放松的方式，上面介绍的几种都是很有效和常见的，我们刚刚也为大家发了一些关于音乐与心理的资料，大家可以在有需要的时候进行尝试。

请同学们谈谈放松后的感受。

总结：学习本来就是一项艰苦的长期的劳动，需要那种历经挫折、煎熬、仍不放弃的执着精神，同时学会使用一些劳逸结合的方法有助于帮助我们提高学习效率。"把握生命里的每一分钟，全力以赴心中的梦，不经历风雨怎能见彩虹，没有人能够随随便便成功"，让我们在《真心英雄》的歌曲中结束我们的活动。

附件：1. 考试前后的想法表

导致的结果			
我的想法			
	考　前	考　中	考　后

2. 补充句子

根据下面所给格式，把话写完整（目的是通过形成合理的认识，调整自己的情绪）。

（1）高考越来越临近了，我既兴奋，又紧张，因为……

（2）备考这段时间有些紧张、烦躁的心情是很正常的，因为……

（3）虽然在模拟考试中我的成绩不太理想，但是……

（4）模拟考试中我的成绩很不错，我相信……

3.《音乐与心理》

抑制烦躁、易怒、敌意的乐曲：

中国部分：琴曲《流水》、二胡曲《汉宫秋月》、琴歌《阳关三叠》《苏武牧羊》。

外国部分：贝多芬 c 小调钢琴奏鸣曲《月光》的第一乐章，肖邦《a 小调钢琴协奏曲》，李斯特《d 小调钢琴奏鸣曲》，瓦格纳的歌剧《汤豪瑟》中男中音的咏叹调《唱给夜空之星的歌》，勃拉姆斯的《摇篮曲》，德彪西的管弦乐曲《夜曲》。

有助于调整紊乱的思绪、减轻内心焦虑不安的乐曲：

中国部分：琴曲《梅花三弄》《雁落平沙》《春江花月夜》《月儿高》，广东音乐《雨打芭蕉》。

外国部分：巴赫的《d 小调弥撒曲》，门德乐松《第四交响乐》，肖邦的《bA 大调前奏曲》，约翰·斯特劳斯的《圆舞曲》。

有助于克服精神抑郁的乐曲：

中国部分：笛子独奏《喜相逢》、《姑苏行》，二胡独奏《光明行》，京胡独奏《夜深沉》。

外国部分：亨德尔的《弥赛亚》中的哈利路亚大合唱，莫扎特《b 小调第 40 交响曲》，贝多芬的管弦乐曲《衰格蒙特序曲》，李斯特的钢琴曲《匈牙利猜想曲》，比才的《卡门序曲》等。还有《蓝色狂想曲》《舍赫拉查德》。

有助于松弛精神、解除疲劳的乐曲：

中国部分：《彩云追月》《牧童短笛》。

外国部分:维瓦尔弟的《四季》中的春,亨德尔的管弦乐组曲《水上音乐》,德彪西的《大海》,西班牙花园之夜。

有助于增进食欲的乐曲:

中国部分:黄贻钧的《花好月圆》,彭修文的《欢乐舞曲》。

外国部分:莫索尔斯基的钢琴组曲《图画展览会》、莫扎特的管弦乐曲《嬉游曲》。

有助于催眠作用的乐曲:

中国部分:《二泉映月》《平湖秋月》《烛影摇红》,贺绿汀的《摇篮曲》。

外国部分:莫扎特的《摇篮曲》,门德尔松的《仲夏夜之梦》。

(六)今年我高三——高三学生适应性团体辅导

1. 团体目标:带领刚进入高三的学生适应步入高三的生活,帮助他们解决高三中可能遇到的一些问题,提高他们的适应水平。

2. 团体对象:新升入高三的学生,班级为单位

3. 团体性质:结构式、封闭式、发展性

4. 团体时间:每周一次,共 10 次,每次 80 分钟

5. 理论基础:团体心理辅导产生作用的机制就在于团队成员之间的相互作用,通过团队成员之间的交流、活动等促进相互的发展。因此,团队成员之间就需要建立一种和谐、积极、具有凝聚力的关系。所以本次活动的主题是团队的建设,使成员建立一种合作互助的团队精神。

6. 团体活动总计划书

表 6-10 高三学生适应性团体辅导方案设计表

单元	活动名称	单元目标	活动内容	时间(分钟)	材料
一	心灵之家	帮助学生建立团体,增强团队的凝聚力,为后续活动开展奠定团队基础	1. 代号接龙 2. 生死与共 3. 我们的全家福 4. 小小总结	10 25 35 10	PPT、报纸、A3 纸、彩色笔

续表

单元	活动名称	单元目标	活动内容	时间（分钟）	材料
二	找朋友	建立学习互助小组，促进团体建设，培养成员之间互相相互协作的意识。	1. 青蛙跳水 2. 非诚勿扰 3. 学习互助契约 4. 帮帮"忙" 5. 总结	5 30 5 30 10	A4纸、契约
三	I AM WHAT I AM	训练团体成员自信心，认识自己，接纳自己，提升自我价值感。	1. 模仿达人秀 2. 不一样的红枣，不一样的我 3. 优点接力棒 4. 相信我自己	5 25 25 25	红枣、音乐
四	我的情绪我做主	帮助团体成员学会控制调整情绪，以面对高三学习生活中的情绪不良体验，帮助团体成员掌握情绪认知原理。	1. 表情魔法 2. 情绪ABC 3. HOW CAN I DO 4. 做自己情绪的主人	5 25 30 20	以纸条写上不同情景，以备抽取
五	我的考场我掌控	帮助团体成员掌握放松方法，消除紧张和焦虑，体验成功，锻炼挫折的忍受性。	1. 深呼吸放松法 2. 青蛙跳水 3. 与考试焦虑置辩 4. 想象训练	15 20 35 10	白纸
六	我的放弃是种美	教会团体成员学会取舍，懂得放弃也是一种收获。	1. 葡萄架下的狐狸 2. 罐中取豆 3. 一双鞋的智慧 4. 放弃与收获	5 25 30 20	白纸、五个罐子、若干豆子
七	我的眼睛向前看	引导团体成员制定合理的个人目标，帮助团队创建共同小组目标。	1. 中国梦想秀 2. 竹节的智慧 3. 筷子串橡皮筋 4. 故事分享：加利福尼亚海岸游泳	10 20 25 25	白纸、筷子40支、橡皮筋5根
八	爱上"青葱爱恋"	将恋爱转换为学习和互相进步的动力。	1. 可怜的小猫 2. 爱情许愿树 3. 爱情中的我和你 4. 心有灵犀 5. 总结	5 25 30 15 5	彩色笔、打印纸

续表

单元	活动名称	单元目标	活动内容	时间（分钟）	材料
九	"圈来圈去"	走出固定的圈子，打开包围圈，建立更多的人际交往圈子。	1. "一元五角" 2. 走出包围圈 3. 人际财富 4. 我画你猜 5. 交流	5 30 25 15 5	彩色笔、打印纸
十	我的收获种在明天	总结之前所有团体辅导活动的收获与成长。	1. 回忆录 2. 情解千千结 3. 小强成长记	25 25 30	白纸、绳子5根、扑克牌120张

7. 第一单元活动设计表

表6-11　高三学生适应性团体辅导第一单元活动设计表

单元名称	我爱我家	次数	1	时间	80分钟
单元目标	进行团队建设，提升团队凝聚力				
活动名称	活动内容	目标		时间	材料
代号接龙	全班报数，确定代号 呈现规则，做出示范接龙活动	活跃气氛；引入主题		10分钟	PPT
生死与共	讲解规则 小组演练 小组间比赛	帮助小组成员消除隔阂；帮助增强团队凝聚力		25分钟	报纸
我们的全家福	制定家名、家庭成员称号、口号等 小组成果展示	建立团队秩序；增强成员团队归属感		35分钟	PPT、A3纸、彩色笔
课程结束	成员感悟 老师总结	结束本次活动 升华活动效果		10分钟	

活动详案：

同学们，你们好，我是×××老师，今天我和大家一起上一堂以前大家没有见过的课，我们这学期都有这节课，这是一门没有作业、没有考试的课，我们的课不用背，不用记。大家想看看这门课是怎么回事吗？（学生答）。那今天我们就开始我们的课。现在呢，我们来玩一个活动。

现在，请大家围成一个圈，我们来做活动。请从×××同学这里向左手边开始报数，每位同学要记清楚自己所报的数，这个数就是你们的代号，跟间谍一样，在这个活动期间，代号就是你们的名字。请×××同学开始报数。（报数结束）今天是 7 号，所以请代号为 7 的同学举手。好的，活动从 7 开始。活动规则是这样的，7 现在就是鬼，鬼首先需要向大家做自我介绍，然后如果鬼说"1、2"，其意思就是由第 1 个人传给第 2 个人的意思。2 号在接到口令后，首先做出自我介绍，然后，马上传给任何一个参加者，例"2、5"的话，2 当时就是自己的代号，5 则是自己想传达者的代号，此数字可以自由选择。如果自己的代号被叫到而却没有回答的人，就要做鬼，要进行自我介绍，同时要向大家重复前一个代号的自我介绍。大家一定要记住自己的代号，同时认真听每个介绍者的自我介绍哦。要是说不出来上一个人的自我介绍就要为大家表演一个小节目。

（活动进行 5 分钟左右）看来同学们都玩得很开心，那我想问问大家，当别人能够重复你的自我介绍时你有怎样的感受？或者别人不能的时候你有怎样的感受？

我们每个人都有希望被认识被关注的潜意识，当别人能够记住自己一些特点的时候，我们有时就会感到被尊重。下面我们来分下小组，代号 1—8 第一组、2—16 第二组、17—24 第三组、25—32 第四组、33—40 第五组，拿着凳子选择你们的地盘，成员围坐在一起。

现在请大家相互介绍一下自己，互相熟悉。

（待小组成员互相熟悉后）现在我们来做一个活动，活动的名字叫"生死与共"。

现在每小组都有 2 张报纸，我们每个小组 6 个人就是一个整体，请全体小组成员同时站在一张报纸上，每组 6 个人脚都不能沾到报纸以外的地面，这是赢的条件。等会我们 6 个组进行比赛，十秒计时，如果有人的脚沾到报纸以外的地面，那么这个组就出局。

第一轮比赛结束，优胜组将报纸对半折，继续比赛。现在给大家 10 分钟的时间，用一张报纸来进行演练，寻找最有效的方法，活动唯一的要求是全体成员脚不能沾到报纸以外的地面。

最后看看哪个小组所用报纸面积最小，所有成员同时站在上面的时间最长（各组人数不同，以不低于最少人数组来计）。

总结：向获胜的×××小组祝贺，为他们鼓掌，×××小组真的是很厉害，小组成员众志成城互相协作，赢得了其他的小组。大家的奇思妙想真的是让我大开眼界，特别是×××小组，利用抱的方法；还有×××小组，成员之间团结一致，有人要掉出来了，其他所有人非常努力地去拉住她……我觉得每小组都非常团结一致。我们每组都成为一家人，却缺了点什么呢，好像缺了家名，也没有家庭分工啊，那下面我们就来给我们的家画一个全家福。请每小组相互讨论，确定以下内容：家名、口号、家徽、分工、外交发言人（2人）、资料搜集员（2人）、文员（负责资料整合类工作）以及每位成员的自画像。20分钟后各小组在班级展示。

下面请小组来给我们展示他们的全家福，诠释他们的全家福。

总结：大家的展示真是太精彩了，都非常有创意。不知不觉我们的课程也接近尾声了，这次活动我们先让大家互相熟悉了一下，建立小组并通过"生死与共"的练习开展了组间竞赛，最后完成了家庭资料的建设。下面我想请各小组交流一下本次活动的感受及印象深刻的环节等。

有同学愿意在班级分享一下你们小组的交流情况或个人的感受与收获吗？

谢谢大家的分享，古人说，众人拾柴火焰高，现在每个人都有了自己另外的一个家，希望不论是课上还是课下，希望小组成员们都能互相帮助，建设美好家园。

（七）我的人生我做主——高三学生心灵成长团体辅导

1. 团体目标：了解高三学习、生活中的可能面对的挑战，促进自我了解，探索应对挑战的方法，推动高三学生的心理成长。

2. 团体对象：高三学生，班级为单位

3. 团体性质：结构化，封闭式，发展性

4. 团体时间：每周一次，共10次，每次80分钟

5. 团体活动总计划书

表 6-12　高三学生心灵成长团体辅导方案设计表

单元	活动名称	单元目标	活动内容	时间（分钟）	材料
一	我是谁	增加学生对自我的认识，让成员们认识自己的优点与不足，全面正确地看待自己。	热身舞 自画像 别人眼中的我	35	白纸、水彩笔
二	我爱我	引导学生积极看待自我，欣赏自己的优点，接纳自己的缺点。	我真的很不错 优点轰炸 独特的我	35	音频《我真的很不错》
三	缓解考试焦虑	学会调整不合理认知，正确认识焦虑对于学习的意义，增强学习的和考试的自信心。	热身体操 我看考试 直面焦虑	35	A4纸、水彩笔
四	两性交往团体辅导	1. 正确引导帮助成员学习两性交往技巧； 2. 培养正确认识两性观念。	1. 热身：心有千千结 2. 我欣赏的男生女生 3. 迈出第一步 4. 笑迎未来	40	A4纸
五	"you are my Best friend"	通过本次活动，让学生能够更好地认识到朋友的重要性，并学会如何处理与朋友之间的矛盾问题，让学生学会交友技巧，从而更好地处理今后与他人的关系。	1. 热身活动（心灵相通） 2. 夸夸我的朋友们 3. 生活小话剧 4. 活动总结	60—90	卡纸、A4纸、签字笔等
六	左走右走，爱情难题	让大家认识到对爱的渴望是正常的，了解爱情的真正含义、实质。使大家深刻认识到"爱情"不仅仅是浪漫、亲密、激情，更有承诺、理想与责任等丰富内涵。引导大家积极思考和认真学习如何培养爱的能力，如何保护自己。	水果蹲 单字接龙 爱情拍卖 爱情中的你和我	35	PPT课件、彩纸
七	"放飞心灵，拥抱梦想"	通过本次活动，让学生意识到自己压力值的大小和根源，使学生学会一些简单的减压方法，让他们能够以愉快的心情迎接来自学习和生活中的各类压力。	1. 热身活动：(Seven Up) 2. 压力"气球" 3. 压力"源泉" 4. 压力"爆破" 5. 愿君成功 6. 活动总结	60—90	气球、A4纸、签字笔、便利贴、彩纸等

续表

单元	活动名称	单元目标	活动内容	时间（分钟）	材料
八	我的情绪我做主	帮助成员正确理解情绪对个体社会生活和身心健康所具有的意义，检省自己的情绪，了解自己情绪的特点，帮助其掌握调节情绪的方法和技巧，学会管理情绪。	冥想放松 制造情绪气球 采摘情绪蘑菇 送七彩苹果	35	气球、水彩笔、A4纸
九	发现自我，肯定自我	1. 通过团体活动活动让学生发现自身的价值； 2. 帮助学生肯定自己的价值建立自信。	1. 热身：下雨变节奏 2. 介绍自己 3. 天生我才 4. 教师总结并播放《我真的很不错》	35	白纸、手语版的《我真的很不错》MTV
十	认识高考从容面对	1. 通过团体活动活动让学生正确认识高考； 2. 帮助学生学会如何面对考前焦虑，缓解考前焦虑。	1. 热身：大树和松树 2. 认识高考 3. 考试应对策略 4. 价值拍卖	40	A4纸

6. 第七单元活动设计方案

（1）单元名称：放飞心灵，拥抱梦想——高三学生情绪管理团体辅导

（2）单元目标：通过本次活动，让参与者认识自己压力值的大小，使参与者学会一些简单的减压方法，让他们能够轻松上阵，迎战高考

（3）团体性质：半结构化，同质性

（4）团队对象：高三学生（60—70人）

（5）团队领导者：×××学院2011级应用心理学专业学生第七组

（6）活动地点：教室

（7）活动次数：1次

（8）预计时间：60—90分钟

（9）所需材料：4A纸、气球、便利贴、签字笔等

（10）活动分组：分8—9组，每组7—8人（以具体人数为准）

（11）单元活动设计表

表6-13 高三学生心灵成长团体辅导第七单元活动设计表

活动名称	活动目标	预订活动内容	时间	所需材料
Seven Up（热身活动）	提高参与者注意力，让参与者进入紧张状态，初步感受压力带来的情绪反应。	使用横排轮流的方式，每一位同学轮到时坐着说出自己轮到的数字，但在轮到数目字有7（7、17、27……）或是数目字为7的倍数时（7、14、21、28……），该位同学必须站起拍手，且不可说出此数字。	5—10分钟	无
压力"气球"（主题活动一）	通过让成员吹气球的方式感受自己压力值的大小，并意识到压力过大或过小对自己都是不利的。	1. 领导者将准备好的气球发到每个参与者手上，参与者根据自己压力大小吹气球； 2. 团队分享，看看大家的压力值都有多少。	10—15分钟	气球
压力"源泉"（主题活动二）	通过成员将目前导致压力的原因写下来，让参与者能够更加直观地意识到自身的压力来源。	1. 成员在已有的白纸上写下5—10种自认为产生压力的来源； 2. 将写出的压力源中与学习无关的压力源剔除。	15—25分钟	4A纸、签字笔
压力"爆破"（主题活动三）	通过让成员将气球弄破的方式，一定程度上减轻其压力值。	成员将自己认为目前最烦恼的事情写在气球上，并以自己的方式弄破气球。	15—25分钟	气球、签字笔
愿君成功	成员间彼此留下祝福语，大家共同进步走向美好的明天。	参与成员将自己的名字写在便利贴上，然后组内成员将寄语写在便利贴上。	10—15分钟	便利贴纸、签字笔
总结	高考临近，我们有压力都很正常，而如何看待压力，如何把压力转化为动力，如何成为压力的主人，而不是压力的仆人。这就需要我们有一个正确的心态去面对压力。	领导者与成员共同分享。	10—20分钟	

（八）Who I am——高三学生自我认识团体心理辅导

1. 团体目标：促使学生从全面、发展地认识自己

2. 团体性质：结构化、封闭式、发展性

3. 团体对象：在校高三学生

4. 团体规模：10 个人

5. 团体时间：每周一次，共 10 次，每次 90 分钟

6. 团体活动总计划书

表 6-14　高三学生自我认识团体辅导方案设计表

单元	活动名称	单元目标	活动内容	时间（分钟）	材料
一	缘来如此	让成员相互认识、相互了解。	团队节奏、团队节奏、棒打薄情郎	90	三张图像纸、胸卡、纸棒
二	心灵不设防	增加大家情感的交流；建立团队成员的彼此信任，形成团队规范。	三个和尚（捉蜻蜓）、内心探秘	90	A4 纸
三	我是谁	让学生从多方面关注自己；让学生初步正确地认识自我。	一块和五毛、品质大拍卖、在动植物中找自己	90	A4 纸、有动植物名称的卡片
四	我不满意的自己	助成员正视自己的缺点，善于悦纳自己，接纳自己，以平常心接受不完美的自己。	青蛙跳水、情感测试、我不满意自己	90	A4 纸、水彩笔
五	夸夸我自己	帮助成员学会赞美，增强信心。	所说非所做、学会赞美、舍弃优点	90	A4 纸
六	我能行（魅力发现）	帮助成员探索自身的潜力，对于自己的优点，哪怕正处于萌芽状态中的优点，也不轻易否认。	身体口香糖、优点大轰炸、在挫折中在起来	90	水彩笔、练习用纸
七	别人眼中的我	成员们初步了解别人对自己的看法，发现别人眼中自己的优点与缺点，促进成员间的交流与互相了解。	解开千千结、装扮心目中的他、"我羡慕"	90	粉笔一支、闪光卡
八	人才竞聘	让成员在了解自己，认识自己基础上，发挥自己的长处。	我拍我拍我拍拍拍、人才竞聘	90	A4 纸
九	我的未来不是梦	认识到拥有梦想的重要性。学会如何制定目标，规划未来的自己。	成长三部曲、大家都来帮帮忙、我的理想大海报	90	大海报纸
十	温馨祝福	回顾团体过程，整理团体经验心得，交流评估成效。	我的成长日记、心愿卡、歌曲《相亲相爱一家人》	90	卡片、A4 纸

7. 第三单元活动设计表

表 6-15 高三学生自我认识团体辅导第三单元活动设计表

单元名称	Who I am	次数	第 3 次	时间	90 分钟
单元目标	1. 让学生从多方面关注自己； 2. 让学生初步正确地认识自我。				
活动名称	活动目的	活动内容		时间	材料
一块和五毛	1. 活跃现场的气氛； 2. 为了引出活动的主题"Who I am"。	1. 设定男生为五毛钱，女生为一块钱； 2. 领导者任意说一个钱数，如"两块五"，大家按照钱数站成一堆，不多也不少的小组获胜； 3. 女生变五毛钱，男生变一元，再来重复过程 2。		10 分钟	
品质大拍卖	1. 使学生了解自己现在的价值观； 2. 引导学生树立正确的人生观、价值观。	1. 主试发一张 A4 纸让每位同学们写出 5 个自己最看重的人格品质； 2. 主试把大家的 A4 纸收上来，根据每个品质写的数量的多少选出数量最多的前 6 个或者前 7 个品质，作为拍卖品。（根据时间确定数量） 3. 把这 6—7 个品质依次打在一页 PPT 上，每个拍卖品质起价都是 100 元，每个人手中有 1000 元，之后开始拍卖。每次出价都以 100 元为单位，价高者得到被拍的品质。有出价 1000 元的同学，立即成交。		40 分钟	A4 纸
在动植物中找自己	加深对自我的认识，了解一个以前没有认识到的自己，提高自我意识的觉察。	1. 主试拿出事先准备好的写有学生熟悉的动植物名称的卡片（每张卡片写一个动物或植物名称），让学生抽取。 2. 根据自己抽取的动物或植物特点，再结合自己的情况，想想抽到的植物或者动物和自己的认识有什么联系。 3. 每个学生在小组内交流，讨论。（头脑风暴法——如果抽到卡片的同学实在想不出来，可以在大家的帮助之下完成卡片和自我意识的结合。当然大家的意见只是参考）		30 分钟	有动植物名称的卡片
总结		1. 学生总结； 2. 主试总结； 3. 布置作业。（和下一次团体辅导活动内容有关的作业）		10 分钟	

活动详案:

热身活动:一块和五毛　　　　活动时间:10 分钟

活动的主要步骤:

1. 设定男生为五毛钱,女生为一块钱。大家分站在领导者周围。

2. 听领导者口令,领导者任意说一个钱数,如"两块五",大家就各自按照钱数站成一堆,按照男女生各自代表的钱数,每一堆(组)同学们加起来刚好符合领导者报的钱数,超过的和未满的组均为失败,失败就接受惩罚。

3. 然后设定女生为五毛钱,男生为一块钱。重复上面的活动过程2。

(惩罚形式由赢的那组同学决定,这样才可以调动大家对活动的参与度,而且也可以让活动变得有趣。)

请同学们谈谈参加了热身活动有什么感想。

领导者总结:每个人都有属于自己的价值,不管你是"一元钱"还是"五毛钱"。很多时候你可能认为自己是个"小角色",但你却是我们这个集体中其他任何人都无法代替的一员,只要你去参与,你就会发现自己的价值,发现最适合自己发光发热、展示自己能力的位置。比如有的时候我们只差五毛钱,一元钱就多了,所以每个人都有自己独特的一面,我们只有正确认识自己才可以为集体做出贡献,才可以为自己的未来做出努力。接下来的活动名称是"品质大拍卖"。

主题活动一:品质大拍卖　　　　活动时间:40 分钟

活动的主要步骤:

1. 领导者发一张 A4 纸让每位同学们写出 5 个自己最看重的人格品质。

2. 把大家的 A4 纸收上来,选出数量最多的前 6 个或者 7 个品质,作为拍卖品(数量可以根据时间灵活确定)。

3. 把这 6—7 个品质依次打在一页 PPT 上;

每个拍卖品质起价都是 100 元,每个人手中有 1000 元,之后开始拍卖。每次出价都以 100 元为单位,价高者得到被拍的品质。有出价 1000 元的同学,立即成交。

例如,领导者站在讲台上说:现在我们开始拍卖"诚信",起价 100 元,现在有同学参加竞拍吗?200 元,300 元,400 元,500 元,500 元一次,500

元两次，500元三次，好，恭喜×××同学，获得了"诚信"品质，下面我们再来看看下一件拍品是什么……

之后让同学们讨论交流，以下问题可以作为提示。

（1）你是否后悔你买到的东西？为什么？

（2）在拍卖的过程中，你的心情如何？

（3）有没有同学什么都没有买？为什么不买？

（4）你是否后悔自己刚才争取的东西太少？

（5）争取过来的东西是不是你最想要的？

（6）钱是否一定会带来快乐？

（7）有没有一种东西比金钱更重要或比金钱带来更大的满足感呢？

（8）你是否甘愿为了金钱、名望而放弃一切呢？有没有除了比上面所说的这些更值得追寻的东西呢？

注意事项：在拍卖过程中要注意纪律不能太乱，这里要让两位助手帮助维持一下秩序。

领导者总结：有的同学拍卖到了自己满意的拍卖品，有的同学可能没有拍卖到自己满意的拍卖品，可能还有的同学因为下手比较慢，什么都没有拍卖到，不管是什么样的结果，在这个活动的过程中我相信每位同学都对自己有了更多的了解。接下来的活动"在动植物中找自己"相信会对进一步促进大家的自我认识。

主题活动二：在动植物中找自己　　活动时间：30分钟

活动的主要步骤：

1. 主试拿出事先准备好的写有学生熟悉的动植物名称的卡片（每张卡片写一个动物或植物名称），让学生抽取。

2. 根据自己抽取的动物或植物特点，再结合自己的情况，想想抽到的植物或者动物和自己的认识有什么联系。

3. 小组内交流，讨论。（头脑风暴法）

例如：

学生a：（手举着小白兔卡片）我是一只小白兔，我的成绩还可以，但我一定会牢记"龟兔赛跑"故事，虚心向他人学习，克服骄傲自大的毛病，希望能和大家成为朋友。

学生 b：你真有一双善于发现的眼睛，能巧妙地把自己的特点和龟兔赛跑的故事结合起来，发现自己骄傲自大的毛病。

如果抽到卡片的同学实在想不出来的，可以在大家的帮助之下完成卡片和自我意识的结合。当然大家的意见只是参考，最重要的还是同学自己的思考。

领导者：做了上面的活动，相信大家都感慨万千吧，有哪位同学想要谈谈自己的想法、感受的吗？同学们七嘴八舌地交流……

最后的总结（时间：10 分钟）：刚刚同学们都表现得不错，看到了自己不同的特征品性，希望同学们在以后能继续保持对自己的探索，能更加了解自己。课后请大家更深刻地觉察一下自己有哪些特长和优点，这些优点为你带来了什么样的成长与收获，每个人至少写十个优点。

二、训练与成长的阶段性总结

（一）团体结束的方案

"V 到底"小组 &"heroes"小组设计并带领。

1. 团体名称：心的起航——我们的成长记

2. 团体目标：回顾学习过程，总结一学期的收获，满怀感恩之心；带着满满的收获与祝福展望未来，充满自信之心。

3. 团体性质：封闭式，结构化，成长型

4. 团体对象：团体心理辅导选课学生

5. 团体活动时间：90 分钟

6. 团体活动计划书

表 6-16　团体辅导学习课程结束总结课活动方案设计表

活动名称	活动目标	操作过程	时间	材料
热身活动：雨点变节奏	活跃课堂的气氛，引入主题，放松身体。	1. 让同学们根据领导者引导语中的口令做出不同的动作。 引导语：天上布满了乌云，一会儿下起了小雨，雨越下越大，小雨变成了中雨，中雨变成了大雨，大雨变成暴雨，渐渐的，暴雨变成了大雨，大雨变成中雨，中雨渐渐变成小雨，雨停了，太阳出来了，天放晴了，心情也好了。	10 分钟	
我们的回忆录	回顾本学期的内容，让同学们对自己一学期的学习进行总结和反思。	播放视频：本学期学习过程记录	30 分钟	
我们的收获园	巩固本期学习成果	在视频提示下，以小组为单位，回顾本期学习过程，交流个人感悟，最后班级分享（自由发言）。	20 分钟	
我们的祝福语	处理团体离别情绪	每人一张彩纸，首先写下自己的名字和对自己的祝福语，再在小组内传递，成员之间互相写下祝福语，然后走出小组在全班范围内互相留言，最后将彩纸传递给当事人。	20 分钟	50 张彩纸
我们的起航礼	让集体在和谐的气氛中告别团体，带着美好的回忆与祝福，向着自己的目标勇敢前进。	集体围成一个圈，手拉手齐唱熟悉的歌曲"明天会更好"。	10 分钟	

（二）活动过程及成员反馈

1. 雨点变奏曲

雨点变节奏是一个热身活动，同学们在领导者的带领下，全面放松了自己，全身心地投入课堂活动中来，课堂气氛得到了很好的调节。（豆豆子）

Clown 带领的团体辅导总结的热身活动，感觉一般吧，我心里是不喜欢拍手之类的活动，可能是我不好动，拍手以后觉得手很疼，不太舒服。（蓝姑娘）

2. 我们的回忆录

视频中开始的团队建设的时候我们还穿着冬装，而现在，每个都穿着短袖了，我不禁感叹岁月真的不饶人啊！（FQ）

我们的回忆录这部分，全面回顾了我们这一学期的课堂活动，让同学们对自己一学期的学习进行总结和反思。视频中呈现的点点滴滴都让我们怀念，历久弥新。同学们全身心地投入，参与到活动中，为了小组的荣誉，努力拼搏，每一滴汗水都让我动容，每一个笑容都让我倍感欣慰。（豆豆子）

看了第二组的同学做的视频，我感触最大的是我们这个课程从最初的棉袄变成了现在的短袖，突然觉得时间很久了，热情依旧没变，而且团体辅导课没有一节缺席过，开始是看老师带领团体辅导，后来是参与别人带领的团体辅导，再后来就是自己带领团体辅导，每一次感受都是不一样的。团体辅导课程的收获是很大的，认真参与过的，自己带领过、体验过的团体辅导课收获就很多。（蓝姑娘）

在此我想表达一下，我觉得真的这两组同学花了很多心思，表示非常感谢。这个相册一样的视频回忆录给我感触最深的有两点：一个是制作这样的视频工作量很大。这些照片全都是每个小组带的活动的照片，要把它们放在一起，数量非常大，这样一个个地进行筛选，费时费力，并且，还要制作成视频形式，将一幅幅鲜活的画卷展开在我们眼前，一次次的团体辅导，一张张笑脸，全部都展现在我们面前。非常感谢他们带给我们的美好回忆录，谢谢他们。还有一点就是字幕的设计很用心。我不知道他们是用了多少的精力去找那些"奇葩"的照片，从许许多多的照片中，一张一张筛选出来，我想，这要花非常大的精力，非常用心去找，并且还要奇思妙想配上最恰当的、能够带来欢笑也能引发深思的字幕。我觉得仅仅这个就能带给我非常大的感动，谢谢他们的努力与付出。与此同时，我也想到我们每个小组在这一个学期以来的辛苦付出。我以前是觉得团体辅导就是大家一起玩，不需要做太多东西，每个小组带就带，也不需要太多事前准备，就是一个简单的东西。但是通过这学期的磨炼，我真的感觉到带领者的不易，幕后工作的不易。（香草）

3. 我们的收获园

我拿到纸的时候其实很迷茫，因为我之前从来没有去总结过，所以不知从何写起。思考了几分钟后，我在纸上画了很多心形图案，写下了几个字：快乐、自信和希望。这就是我最大的收获和感受。首先，心形图案代表了所有同学，在这一学期的团体活动中，所有同学都在很用心地准备活动，积极地配合、包容、尊重每一个人，我从老师和同学们那里感受到了暖暖的爱，每个人都打开了自己的心门，学会去拥抱别人。快乐，我想在团体活动中，每个同学都是快乐的、放松的，这是最直接的感受。在活动中，尽管有时候大家会跳得满头大汗，但满脸都是笑意，整个教室充满了欢声笑语。自信和希望，是我最宝贵的收获。（安妮）

视频播放结束以后，同学们自由发言，交流感悟。当领导者希望把更多发言的机会留给班上一些比较内敛含蓄、沉默寡言的同学的时候，起来发言的这部分同学仍寥寥无几，这时平时一个比较活跃的同学站了起来，"现在在大学中，没有多大的利益冲突，会有很多人把机会留给你；可是，等你毕业了，在这个物竞天择、适者生存的社会里，是没有人把机会留给你，机会是靠自己争取的。还有，机会是留给有准备的人的。"听完这句话，我深有感触，我们在大学这个小社会里，没有太多的弱肉强食，许多的机会都被我们所谓的含蓄、矜持拒之门外，等有一天，我们发现这些机会的重要性的时候，悔之晚矣。优秀是一种积累，我们应该抓住每一个让我们自己改变成长的机会，每天朝着更好的方向前进一点点，日积月累，终有一天会成为一个强者。有的同学愤愤不平，提到了在学生会部门上一些"内定"的问题，认为这种规则对自己的付出努力不公平。这个问题，引起了我很强烈的共鸣，大到社会上一些考试、招聘，小到学校部门里面的选拔，都难以避免"内定""规则"等字眼。这时，一个同学站起来回答道："有人的地方就有规则，不管是外显的或是内隐的，而我们为自己想要的付出努力，为机会而准备，这个准备就包括让自己成为那个内定的人。"（豆豆子）

4. 我们的祝福语

我们的祝福语这个阶段，每人一张彩纸，写下对自己的或是对别人的祝福语。我写了两份：第一份是给我自己的"你的每一个明天都会比今天更美好，更健康，更自信，更优秀，更有勇气，更有智慧，更接近理想"。第二份是写给老师的"曲老师,谢谢您在修改我们那千疮百孔的方案时的那份耐心,做团体辅导时悉心的指导,活动结束后谆谆的教诲,感恩"。写给老师的让我更理解感恩老师,写给自己的让我更了解自己,爱自己。我们都在成长。(豆豆子)

5. 我们的启航礼

开始我会害怕自己带领的团体辅导的时候气氛不如廖二娃带领的好。后来我突然想通了,我没必要去和他比,因为我和他的风格不同。不管谁的风格好,做好自己最重要。所以,后来我也就释然了。我觉得我也有做得很好的,比如我觉得我在带领上能够让同学们充分地思考团体辅导的主题和内容。(Clown)

最后活动结束了,班上同学围成一个圈,手拉手唱《明天更美好》,没错,只要我想,只要我愿意,只要我愿意在今天为了明天更美好而付出努力。过去,今天,明天,都是美好的。(豆豆子)

(三)总结与反馈

1. 带领小组总结

最后一次团体辅导由我们第七小组带领,曲老师给我们设定的题目是总结这学期以来所有的团体辅导活动,而且要用团体辅导的形式带领同学们总结这学期的课程。刚开始接到这个题目的时候有点不知从何下手,因为很难想象能把总结做成团体辅导的形式。后来经过我们小组的讨论,想到可以把我们本学期所经历的团体辅导所有的图片资料整理成视频播放给同学们观看,借此帮助同学们回忆,来让同学们自己总结自己的收获。将体会到的收获在全班进行分享。最后由同学们写下对自己和同伴的祝福语来收尾。

对课前准备的感悟:在我们课前准备时由于我们是两个小组分工进行工作,所以难免出现在工作时意见不合的情况。当然我们两组也在极力地配合对方的工作。所以我觉得如果以后遇到这种情况,我们工作的时候应该尽量在一起互相配合,这样才能把共同的工作做好。而且我作为领导者,我发现课前的准备十分重要。课前准备得越充分,在带领的时候遇到突发的状况越能够很沉着地解决，而不会变得措手不及。我在带领了这次团体辅导后，觉得课前准备最主要的可以是这么几点：（1）"硬件"条件，比如播放设备、教室之类的。（2）"内容"在课前一定要有很充足的准备。（3）领导者自己要预想在课堂上可能遇到的情况，只有做好了充足的假设和准备，你才能在更多的情况下游刃有余。

对实施过程的感悟：因为开始我们两个小组的准备比较充分，所以当我在讲台上带领时不是那么紧张。在实施前我一直想的是怎么营造出一种轻松、愉快的团体辅导氛围，并能引导同学们自己去体会去感悟。从效果上我觉得自己还是做得比较不错的。但是还有需要注意的几点：（1）我自身认为适当地扩张话题对活跃课堂气氛还是有帮助，但是在扩展的程度上要很好地把握，不然会变得偏离主题。（2）要学会仔细地倾听同学们的发言，以更好地了解他们想要表达的。（3）不要想着去模仿别人的风格，不要去想着超越谁。而是要想着展示出自己的风格，想着超越自己。（4）要多扩展自己的知识面。

总的来说，一次优秀的团体辅导，离不开前期充足的准备、团队的帮助和领导者自身良好的修养。毕竟我还是初学者，所以我还有许多需要改进的地方，我也时刻把握着能锻炼自己的机会，让自己变得越来越充实。还是要感谢曲老师悉心的指导和给予的机会，让我们能够很好地锻炼自己。

2. 成员反馈

我把这次作业留在了最后一次课结束，确实是最后一次课让我感触特别深，让我有机会回忆之前那么多次团体辅导给我带来的收获，并审视自己身上存在的缺点；让我有机会了解他人的收获与付出；通过其他同学的总结，让我自己更加了解自己，因为我从同伴的反馈中了解了自己的缺点，学习到他们改变的方法与勇气。也有同伴让我看到了自己深层次的一面，例如，廖二娃对豆豆子说的那句话真的打动了我，他说：不是你不自信，而是你太在乎别人的看法，所以才没有勇气当领导者。回想这二十多年的我，真的是活在了别人的世界，天天在想别人是怎么想我，我这么做别人是不是会不喜欢我，是不是我自己做错了什么事情，他们为什么会对我冷淡，就像小萝的比喻"陀螺"，我就像是一个陀螺一样，天天围着别人转，别人高兴了就会让我多转一会，别人不高兴了就让我停在一边。这样一个天天揣摩他人想法的我，却很少审视我自己内心所缺失的东西，现在想想我真的太对不起自己了，为别人活了那么久，为自己活了多少？可能我自己都不知道有没有那么一刻或者一秒。所以在Clown让我们写一句祝福的话，我就写给了自己：祝我自己越来越自信，不是在别人眼中生活，而是为我自己而活。（奋斗的小鸟）

这堂以总结前面所有课程为主题的课让大家都感触颇深。第二组和第七组的同学为我们展示了之前活动课程的回顾视频，大家感慨时间的流逝，回忆过去每堂课给我们带来的收获，不知不觉这已经是最后一堂团体辅导课了。大家共同分享这学期团体辅导课上下来给自己的感受，心里都有着深深的不舍之情。回想之前的每一堂课，我们收获最多的便是成长与快乐，而我自己的收获是非常大的。之前的活动让我认识到自己的许多优点和缺点，让我有了一定的自信去保持自己身上的优点和改正自己的缺点。这堂课下来，我的进步真的很大，我非常感谢老师给我们锻炼的机会，也很感谢同学们对我的包容和鼓励，我真的很感动，所以我哭了。说实在的，我不是因为紧张才哭的，我是被大家的掌声和鼓励感动得哭了。上大学以来，我多次像这节课一样在大家面前开放自己，所以大家也都知道我是怎么样的一个人，这让我跟他们相处起来非常轻松，他们的鼓励让我有了站上讲台的自信，也让我对生活有了自信。感谢所有帮助过我的人，我一定会一辈子记得大家的好。（易言之）

说实话，最后一节课感觉气氛有点尴尬。Clown是希望多给大家留点表达的机会，希望大家留住最难忘的团体辅导，但是感觉很多同学有点沉默。虽然我愿意相信大家的沉默是在表达一种不舍，但是当Clown在上面有点尴尬的时候，其他同学应该给予回应，可现实情况似乎恰好相反，有几次我不得不起来发言来缓和我觉得有些尴尬的气氛。我的感触非常多，但我也不想一个人说太多，我希望大家都能说一说。我觉得只要是自己经历过上台的人，都应该能体会台上人的心情，当你在各自玩着自己的东西的时候，请想一想，当你站在讲台上别人像你一样做自己事情时你的心情。尊重他人的人才会被他人尊重。我觉得这是我真切体会到的东西。（香草）

3. 教师反馈

(1) 由小学入学考试数学题，找规律导出本次课程的主题——归纳总结的重要性，非常好！

(2) "雨点变奏曲"作为热身起到了活跃气氛，提高注意力的效果。

(3) "我们的回忆录"以视频作为载体，效果好，将过往的点滴记录归纳整理，配以有创意又诙谐的点评，非常棒！视频播放15分钟左右，时间恰到好处。成员在观看过程中发出各种声音，透着经历和收获的快乐、满足、兴奋、沉思、美好……

(4) "我们的收获园"环节通过各种手段鼓励成员发言，效果也不错。

(5) "我们的祝福语"环节，如果通过走动的方式，在班级里互相留言，气氛会不会更好？

(6) "我们的起航礼"环节，集体围圈齐唱《明天会更好》，如果现场有视频播放，大家一起唱可能更有气氛，歌词不熟影响到效果。

(7) 总结本次活动关键词：感恩、收获、快乐

感谢同学们的参与，勇于挑战自己的不舒服（用心体验、真诚分享、辛苦准备、大胆尝试）。

(8) 课程结束赠言

赠送词一"开放"，苦恼源于无知和偏见，克服无知和偏见的有效方法即开放。

赠送词二"成长的痛苦"，修行/成长伴随着痛苦，但也伴随着充实、满足和收获，最终指向幸福，这个过程旁人无法替代也不能替代，否则当事人会发展不健全。

祝贺大家在团体课上亲自品尝了成长的苦与乐！祝福大家明天会更好！

三、学员关于整体学习过程的总结与感悟

在进行一个团体项目前的准备工作是挺重要的，除了领导者自身的素质要跟上之外，还要能够把握团体的整体走向，对团体成员进行引导，适当地

自我表露，更好地融入团体中，在建设团体这个小家时，应注意领导者的身份确立，不应以家长的身份出现，否则对团体成员可能会造成不好的投射，导致团体活动的失败。

设计团体活动的主题也是有针对性的，而不是想到什么就是什么，领导者对每一次的团体辅导的主题应该把控，通过引导语、适当的自我表露等引发成员的谈话，并在每一次成员谈话结束后给予合适的回应，以引发成员的自我认识和相互接纳。做一份新方案时要先确定所针对的人群，然后收集他们的需求，对资料进行一个甄选，之后再确定主题。确立主题之后自己有一个预设，寻找有关活动，合理地排序，使主题突出。

当团体活动出现怀疑时，领导者地自我表露，对成员的问题摘要归纳，把握节奏和方向，使活动更好地进行下去。

对于不爱讲话的成员，作为领导者要有足够的耐心，积极地引导不爱表达的成员讲出其担忧，并澄清团体规范，消除其顾虑，使其更好地融入团体，提示付出越多，收获才会更大。

还有，领导者要鼓励成员讲出问题，坦诚分享；在团体辅导中会遇到各种各样的突发事件，作为领导者要能沉住气，不能先乱了阵脚。

在做详案时要去斟酌自己在讲台上要讲些什么内容，如何引入活动及对于成员的反馈合理回应等，做多一些准备以防冷场。

在具体操作时，自己本身要自信，对于紧急出现的问题，学会随机应变，处事要冷静，控制自己的情绪。

课后及时收集学员的信息反馈，对自己团体辅导活动有个初步的判定，对于不足之处加以修正改进，及时地自我总结，可以快速提升自己。（嘀嗒）

作为当代大学生，我们面临着新的挑战。大学生作为一个特殊的社会群体，还有我们自己许多特殊的问题，如对新的学习环境与任务的适应问题，对专业的选择与学习的适应问题，理想与现实的冲突问题，人际关系的处理与学习，恋爱中的矛盾问题以及对未来职业的选择问题等。心理团体辅导的课堂内容十分丰富，涉及大学生活各个方面，不论是学习、恋爱、人际交往，还是就业、职业生涯规划。许多我困惑不解的问题，经过老师的点拨，豁然开朗。这个课上，老师还给我们足够的时间交流讨论，这样能取得更加全面的认识。更可贵的是,课程的设置也给我们解决了许多实际的问题。每个人或多或少都存在着心理问题,比如我就是非常严重的拖延症,做事不到关键时刻不会有意识去做。而我也在这门课中找到了解决方案,可以向别人寻求帮助,听取建议,同时可以把任务分成比较容易的小块,化整为零,告诉自己其实每一个小部分都很容易就能完成。意识到自己的拖沓是完全没有必要的,把拖延的原因一条条写出来,一条条克服这些困难,最后开始做事。在课堂上的学习也教我正视了自己的问题,一直以来或许我不敢面对,想改正也不知道从何下手,而老师课堂上的小小指点,确实给了我很大的帮助。(Junglee)

这是一门不需要坐端正、不说话、不动手的课。首先是曲老师对本学期作业的要求,其中包括了大部分的实际操练,也就是有一半的课程时间会让我们来带团体,摆脱了长期坐在讲台下面听课的定式。知识学在头脑里面它永远都只是言语符号,只有真正操练实践,学习到的才是真正的知识而不是文字符号。曲老师这样的安排,能够给我们自由发挥的空间,在学习理论知识的基础上,将理论符号转化为行动。这是我觉得不一样的地方,也是非常好的地方。虽然这样的教学方法对我们来说是非常好的,但是我心里还是有很大的担心,担心源于对自己能力的不信任。

团体心理辅导,让我学到了很多,而且学到的知识对我以后的发展也会有很大的影响。团体心理辅导的作用有多大?团体心理辅导是希望大家都能得到成长,在这期间,不仅是受辅导的团体,还包括辅导者都能得到成长。成员之间因为一起解决问题互相帮助而情感更加深厚。(蒲公英)

在作为参与者的时候我们能更加客观地来评判一次团体辅导的优点和不足,心里也会默默想,如果自己来带领自己会怎么做,我想这就是通过反思来提升自我吧。而且好几个领导者在带领活动下来都觉得自己做得很不好,但是我们参与者又觉得虽有缺点也还是有很多优点。我想这就是每个人评判一次活动的标准不一样吧。我们虽然是参与者,但是我们不仅仅是作为局内的参与者来体验一次活动,我们也作为局外的评判者来看待一次活动。我们自我成长的同时也在学习团体辅导的领导技术。我想,这是我一学期团体辅导中最主要做的事情吧。(婷婷刘)

这节课我们组讨论到最需要解决的问题，大家多有提到就业压力，人际关系和择偶问题，在我听了其他组的问题后，我发现择偶问题和情绪管理是占比例最大的，为什么我们对择偶还存在这么多问题呢？可能这就是我们这一代和以往学生的不同点，我感觉我们更注重自己的幸福感。仔细想想会有择偶的困惑也属于我们的特点，因为毕竟是恋爱的年纪，为爱情而苦恼是正常的，有时候自己的情绪会很大程度上受到另一方的影响，所以也会需要情绪管理的调节。

我其实看到同学们能大胆地把择偶问题提出来，感觉同学们还是很认真地在对待，希望通过这门课让自己收获。但是择偶问题毕竟也有私密性，而我们做的也是团体的辅导，时间会有限，再加上是本班的同学，问题可能不会探讨得很深入，不过我觉得要解决择偶问题最终还是要了解自己，明白自己在爱情上的需求，从而才能更好地看清爱情中的本质问题，究竟是自己的需要不合理还是对方的问题，抑或是自己的早期经历，早期环境给自己的影响等。爱情本就是复杂的情感，是非理性的，这也就意味着每个人对待爱情的方式不一样，很难有一个统一的标准的爱情模式。这些都会给团体辅导带来难度。（小倩）

这一学期的团体心理辅导的课程学习中我收获了很多。首先，我没有想到我会以第一小组的家长来进行这一门课程的学习。当时在分组的时候做这个小组的家长只是一时的冲动，不过我想自己的潜意识里面是想做一个自我的突破。因为我在课堂上都表现得比较安静，想要通过做一个组的领导者来提高自己、展现自己。现在看来当初的这个一时的冲动给我带来了很多意想不到的收获，同时也发现了自己的很多不足。第一，我发现自己没有拖延症，可是却没法带动其他人，在进行组内的方案设计的时候没能够带动成员及时地完成老师安排的学习任务；第二，我在学习的过程中发现自己很多没有发现的优点，例如其实我蛮会做PPT的，同时对办公软件的操作很熟悉，这些是我在以前都没有发现的。我一直都认为自己只是能够勉强操作这些，算不上了解。在课程的学习过程中我发现自己慢慢自信起来了，虽然在课堂上发言的时候很少，但是我在不知不觉的过程中开始阐述自己的观点，在不知不觉中自己变得自信起来。（Starry night）

我想用两个词来表达我对我们小组其他组员的感受。第一，感恩，我要感谢我们组对我的包容，在之前上课的时候没有主动参与课堂活动及小组分配的任务；第二，责任，我在我们小组里经过上次合作带团体辅导，感受到了自己的一份责任，只有大家同心协力才能把事情做得漂亮，所以每一个人都承受着一份责任。（海穹）

或许专业的术语我没有学到多少，专业的知识点我记住的也不是很多，但在热身活动的带领以及自己小组带领的团体辅导中学习到了如何做好一个团体辅导。今天老师给我一个作业，要求格式规范，内容严谨，可能我不能够得到高分。但是如果老师给我一个任务，要求全班同学参加，活动必须体现同学之间的团结和互助，我想我有信心也有能力将它完成得很好。在团体辅导课程学习之前，我想我是没有办法那么干脆就做出决定的。这就是我在团体辅导中学到的。再强的理论学习终将要运用与实践，也许现在的我能果断做出决定，并相信自己能很好的完成还有一个原因，我有一个强大的小组做后盾。我们是第四小组，我们是 sunflowers。（中林兄）

对我影响最大，也是最令我感动的是我们的小组，在小组内，我体会到了小组的支持、理解和宽容。我们的每一次讨论，我的每一次开放和袒露，都得到了小组的理解和支持。在小组宽容、包含的氛围中，我不断成长，体验到合作的快乐，被理解的幸福。在这学期，我们小组五位成员从彼此不熟悉，经过一起欢笑，一起合作，一起活动，一起体验过成功与失败，一起在不断成长。在这个小组里，我真的很感动，令我印象最深刻的是，在价值观澄清的那次团体辅导中，洞口余生的活动中，我们小组的成员一致让我先出去，无论是什么样的理由，这给了我很大的触动。这学期，我收获最大的便是和我们小组一起成长，因为有了 sunflowers，所以很感激。（黎素素）

对团体心理辅导：一个优秀的领导者不仅需要具备丰厚的心理辅导专业知识与专业技能、娴熟的领导技巧、丰富的咨询经验，还必须具有良好的人格特质；方案设计十分重要。我们不能以自身的想法或者是经验去想当然地设计方案，我们必须要去了解我们要服务的对象他们的潜在需要，根据他们的需要从而确定我们的团体性质、主题以及团体目标，还得搜集大量的文献资料从而完成我们的方案设计表，等等。

对团体辅导认识的改变：所谓的团体辅导就是一帮人一起玩活动，大家玩儿得开心了，那个团体辅导就是成功的（课程学习前）。一个完整、成功的团体辅导活动包括很多因素：对理论的理解与掌握、对专业知识专业技能的学习、方案的设计、评估与实施等（课程学习后）。

对热身活动：一个好的开始很大程度上影响着整个活动的流程，所以一个好的破冰活动，会让成员尽早地融入一个陌生的环境，尽快找到熟悉感、归属感以及安全感，从而有助于成员的自我开放，有助于活动的进行。

对人员退出：如果有人中途退出的话对于整个团体而言伤害是很大的，就像我们小组，在前面的几次课程中，可能是有事吧，有的成员没有来上课，我们小组的人就少了，看着别的小组讨论得热火朝天的，而我们小组就两人冷冷清清的，心里感觉怪怪的。（巧儿）

在方案制订过程中：自己实践活动让我们在各方面成长了很多，不管是写方案的成熟度，还是小组的凝聚力抑或是小组成员每个人能力的锻炼。也让我更深入了解小组的成员，特别是在讨论的过程中，感觉就像是思维的火花在碰撞，往往一个很小的点可以延伸出很多有趣的想法。这让我们欣喜不已的同时又能明显感觉分享和倾听的奇妙。我想以后我们做的团体辅导质量怎么样我们都会觉得充实而自豪，因为付出的不仅仅是时间和想法，还有大家团结的心，这让这个过程都显得温暖和欢乐。

自己的改变：开始，我以为是十分枯燥无味的课程，偶尔也是看看人家带团体辅导，没想到这堂课老师给我们十分自由的发挥空间，虽然我们做得都不是很成熟，但是一分一秒都能感受住那份真诚的心，那种让你内心感动的热情。这让我不断地想尝试，尝试新的想法，尝试新的形式，尝试勇敢地说出自己的观点。有时连我自己都很惊讶，这可能是我最投入的一次课堂，连同学们的嬉闹都看起来那么有意思。我只想说，这堂课让我很感动。

自己的收获：1. 一份责任，主要表现在都是拖延症晚期啊，这个时候我才觉得肩上有了一份责任，有了一份力量，想让我们小组能更好，想让他们能感受到安心和温暖，这让我自我治疗进程加快了不少。2. 进一步了解了自己，我记得老师曾说过，我们不断批判和剖析他人，却很少了解自己。自我悦纳也上升了一个度。3. 学会了新技能，接触了团体辅导方案，感受了老师

第六章 团体辅导学习的阶段性总结

和同学们的活动，让我对团体辅导方案有了那么一点激情，开始动手做了，不断地改，不断地完善，不断地深入。让我感觉这是一件很有意义和兴趣的事，它的每一步都渗透那么多心思，那么令人回味。虽然最后也没能带成，它提醒我拖延症和懒惰是杀死成功的利刃，是我下定决心治疗的警钟。另外，就是老师给机会让我们做的视频，开始自学新技能，其中滋味五味陈杂，有烦躁有坚持有感动有欣喜，因为资料很少，大家到处收集，没事就来鼓励鼓励我，偶尔还来串串门，让我这个闭门造车的人感动不已，在我学得痛苦的时候，甚至还讨论了 Plan B，那时是我真切地感受这个小家的温暖。4. 学会分享和倾听，大多时候上课，我都处于满脑袋的各种想法中，感觉老师所提问题的答案我都想到过，有同学起来回答得到赞同时，我都会想，我也是这样想过的。这堂课生动，太投入，太热情，很多时候我都情不自禁起来分享我的感受，才发现并不是我想的那样，心里的想法和你表达的可能并不是一回事，而且同学们会补充，会发散你的想法，最后你都会感觉不可思议。只要你用心去听，你会发现真的有思维碰撞出火花这回事。

感谢有你，曲老师，让我有机会体验这么精彩的课堂，也感谢有同学们，陪着我一起走过这修行路，路漫漫其修远兮，吾将上下而求索。（Sakaluwa）

这门课在我们大学生涯留下了最美好的不仅是回忆，更多的是温情，我喜欢团体辅导，因为每次在做活动时，我能感受我们组的团结与智慧，和他们在一起很开心，几乎所有的团体辅导活动中几乎都有"小组内……"这个环节，所以每一次的团体辅导都会使我们小组内的感情加深凝聚在一起，我也可以看到其他小组中不同的想法与智慧，我喜欢大家一起参与活动时，那一阵阵爽朗的笑声，那一张张可爱的笑脸，当然可能我的笑声是最大的，但那是我发自内心里幸福的表现。回顾这一学期的团体辅导课，我的感受可以用几个字来代替：我过得轻松开心。

对方案被搁浅：我们组这次没机会带团体活动，是因为我们组缺少对做方案的沟通，还有就是有些责任分散效应，我们也为此付出一些代价，我很感谢曲老师这种安排，我们确实要知道有些机会如果自己没把握住，那就不会再重来的，就要学会为自己的行为负责。这次没带成团体活动，不仅仅让我们组内每一位成员思考自己身上的问题，还让我们懂得"承担责任"这个道理，这次的教训虽然不是说给我们带来什么样的打击，但是却让我们知道团队建设需要的是组内每一位成员的信任与担当，作为一名即将步入社会的成人，我们要学会为自己走的每一步都负责。责任、担当，这是曲老师单独给我们组上的课。有时候不是老师站在台上，面对台下的学生滔滔不绝才叫上课，其实有些课可能只是几句话，或者是一个眼神，一个表情都会让你自己收获颇多，在此我要谢谢曲老师。

对最后一节课的遗憾：最后一节课，没法去，不能好好和大家分享一下自己这一学期下来的感受，也不能当面对他们说一些祝福的话，但是我相信我们会永远记住这份情感与关怀，活在当下固然很好，但是有些美好的回忆，也可以在生活累了、苦了的时候拿出来，充当巧克力，好好品味它的细腻和滑实的口感，感受那种舒适的感觉，重新给自己加能量，让自己又活力十足。（李稚再）

团体心理辅导相比于个体心理辅导最大的优点便是：团体心理辅导在帮助人在处理人际交往问题方面要优于个体心理辅导。首先在团体辅导创立的时候选取的成员便是有着相同的问题的人，而当团体中的每个人意识到自己的问题普遍存在于其他人身上时，个体的心理负担有很好的缓解。而且团体心理辅导能同时帮助几个成员去解决问题，更节省时间。同时在团体中各个成员互帮互助的过程中对其所有成员也是一种成长，特别是对于他们的人际交往，人际沟通方面有很好的帮助。

对团体辅导具体实施的几点收获：准备上要充分，特别是对场地的熟悉，需要的工具提前备好。而对于带领者来说，本身要对团体辅导的方案有很深刻的理解，且要思考可能出现的突发状况。领导者要在带领前对团体辅导内容有很充足的准备，以防在带领时因为自己的准备不足而引起偏离团体辅导主题的问题。如果带领者在开始团体辅导前没有充足的准备，在带领时很容易紧张，把握不好自己的主导地位，从而被接受团体辅导的成员影响，使团体辅导的主题偏离。

老师带领的团体辅导和我们学生自己带领的团体辅导产生差距的原因最主要有两点：一、老师经验比我们丰富，知识储备比我多。总结来说就是自身素质强。二、老师对团体辅导内容的设计上比我们理解得更深，能更好地

利用团体辅导活动来巩固团体辅导的主题。(Clown)

团体心理辅导是心理辅导的一种形式,其目的和个人心理辅导一样,都是为了帮助当事人维护心理健康,克服成长过程中的种种困难和障碍,迈向自我实现。

与个体咨询比较:人是社会动物,我们的成长和发展都离不开团体,人必须作为团体的一分子,需要和期望才能得到满足,尤其是当我们遇到困难彷徨无助时,团体可以扮演重要角色,发挥助人的功能。团体心理辅导是通过团体来指导个人,即通过团体活动协助参加者发展个人潜能,学习解决问题以及克服情绪、行为上的困难。但团体心理辅导没有共同目标,在团体中的每一个人的实际情况不同,所以每个人的目标也就不同。

对领导者的认识:领导者是整个团体的灵魂,因此领导者必须了解团体辅导的理论,掌握团体辅导的方法与技术,不仅如此,领导者本身的人格特征和修养也会直接对团体产生影响。所以作为一名成功的领导者必须具备一些条件。第一,具有良好的人格特质如有勇气有信心,关怀他人,平易近人,真诚坦率等。第二,对团体心理辅导的理论有充分的理解。第三,掌握基本才能和专业技巧。第四,有着丰富的实践经验。第五,遵守职业道德。在团体心理辅导中,领导者要注意调动团体成员的参与积极性,适度参与和引导,提供恰当的解释,为团体营造融洽的气氛。

对自己制订方案的体会:首先是看到了和别人合作的重要性。在这次活动中,我们进行了分工,然后再讨论沟通,每个人都在积极参与。在一个团体活动中,领导者非常重要,要能掌握整个活动过程,带动所有同学的积极性,营造气氛,让同学们积极投入团体活动中来。另外,团体方案的设计一定要合理,有明确的目标,方案实际可行,有严谨的理论基础,各项活动的设计要有一致性,前后连贯,在设计方案的时候要考虑成员的特性,避免对团体过程受阻或对成员造成身心伤害。在团体活动开始之前,一定要认真仔细的准备,比如准备好多媒体课件、活动要用的辅助工具等。(安妮)

我是心理健康教育方向的,我觉得作为心理健康教师还需要不断提升自我,首先要保证作为领导者自身的心理健康,并且要时时刻刻关注学生的心理健康,从个体到团体都要进行关注,在一个班级中更要加强对班级的团体辅导，形成班级的凝聚力，尊重班级的每一个学生，保护学生的自尊心和自信心，加强对团队的建设，才能使团体更好更健康地发展成长。

感恩父母给予我顽强的生命力，在经历了很多挫折之后我依然能做个开朗的女孩子；感恩老师，在这么多上学的岁月里，永远不缺的就是老师的教诲，以及老师的关怀；感恩我的小伙伴们一路走来并肩作战，共同经历中考、高考，在大学里又一起为了未来而奋斗；感恩恋人，总是在我无助的时候给我坚实的臂膀，让我知道我难过有人会更难过；感谢那些所有对我好的人以及带给我不愉快的每个人每件事，因为不论是好的还是坏的，这个过程我终究还是成长了。（Mindy）

所谓团体心理辅导，即是在团体情景下进行的一种心理辅导的形式，通过团体成员的交互作用，促使个体反思，认识自我，发现自我，通过改善自我以调节良好的人际关系，通过人际互动过程发掘自我潜能，发展自我以实现自我价值的最大化。每个人都对自己有一定的认识，而这种认识很大程度地决定了一个人的行为，那么人又是如何形成了自我的认识呢？主要是通过与他人的社会互动过程中形成的，他人对自己的评价、态度等是反映自我的一面镜子，个人通过这面镜子认识自己，即"镜我"。如库利对自我的反映特征的一个比喻：每个人都是另一个人的一面镜子，反映着另一个过路者。所以通过别人的反馈能更全面客观地认识自己，而不至于犯下主观唯心的错误，团体心理辅导的核心意义也体现于此。（豆豆子）

经过这一段时间的学习我有很深的感触。首先是对团体心理辅导有了一个更深的认识，在这之前，我认为团体辅导就是一个比较专业的老师带领大家做一系列的活动而已。但是现在，我觉得团体辅导是一个大家都在成长的活动，不论是领导者还是参与的人，每一个团体就是一个小小的社会，经过一系列的活动，我们不仅能深刻认识到自身的问题，还能反思自己和生活环境的关系，与别人的人际关系的问题，从而能够更好地适应生活。

自我的探索过程是很艰难的，在自我探索的过程中，要去直面自己的缺点和创伤，面对自己内心的黑暗和纠结，但是最终还是熬过来了，自我认识的过程让我更加了解自己的优点、缺点，自己的特别之处，自己擅长的东西，自己的价值观，更加明白什么东西是对自己最重要的，对未来自己想要的生

活也知道要怎样奋斗。(stan)

  总共算下来,我们有六个小组带领大家做了团体辅导的活动,每个小组都有自己的主题,每个小组设计的方案都是经过小组成员深思熟虑和老师的细心指导后的成果,虽然有些小组觉得自己组带领的活动不是很好,但是我认为只要是大家认真做的,都是值得表扬的。每次的团体辅导活动都给大家带来了不同的感受。(东方燕子)

  一学期的团体辅导已然结束,我们这个大家庭从无到有,从陌生到熟悉;同样我们的小家庭也变得温馨团结。从老师带领团队到小组自己建设,从热身活动到主题活动,从个体到团体,我们在不断地成长。不仅仅是收获了知识,还有难忘的友谊,更多更好的是自我成长。小组带领活动从自我认识到爱自己,从树立自信心到信任之旅,我们都在小组内变得更开朗活泼,更有自信,更加团结信任成员。(追梦)

  我觉得在团体辅导活动中有没有收获,收获了什么都是因人而异的,每个人的生活经历不一样,家庭背景不一样,性格不一样,投入的程度也不一样,他的感触也会不同。当我们身为领导者的时候,我们无法控制别人的情感,无法照顾到每一个人的感受,我们能做的只有做到最好,只有努力把自己想表达的东西呈现给大家,让大家去感悟,去体验。而当我们身为参与者的时候,我们无法控制整个活动的走向,我们能做的就是控制自己,努力让自己融入这个氛围,这既是对领导者的尊重,也是对自己的尊重。

  越到后来,团体辅导的难度也就越大。大家作为参与者,参与了很多次的团体活动,对团体辅导还是有一定的疲劳感,而且越到后来,所采取的热身活动也就越少,因为前面的小组所采取的活动不可能在同一批人身上重复使用,饭菜再好吃,炒个无数次也会觉得淡而无味。但是,后面的小组可以借鉴前面小组的经验,吸取教训,争取少犯前面小组所犯的错误,我想这应该算是优势之一。我觉得有些小组真的很厉害,他们完成得非常出色,让人叹为观止,活动的内容很新颖,让人觉得耳目一新,觉得格外与众不同。(小小)

  团体辅导课最不相同的是每次课程快要结束的前二十分钟左右都会留给我们,让我们讨论,然后分享该次课程的收获体会和有疑惑的问题,就是对于当堂课程的及时反馈,也能得到及时的回复和处理。(蓝姑娘)

从最开始的分组建立小家庭到现在的课程结束，我们在小家庭的团结、磨合下成长，各种意见的综合、对峙、整理，小组讨论各抒己见，明确分工，有条不紊地进行着小组活动。在看别的小组做小组活动或者发言表明态度的时候也会认真地听，可以看看除了自己的想法，别人还有什么其他的想法，可以取长补短。小组里会有争论，但是不乏温暖，学姐、学长会给你提出很多宝贵的意见，很多问题他们会有不同的见解，他们对于就业、毕业论文等方面也会有很多宝贵的经验，他们都会一一向我们作答，让人备感温暖。（小丽）

理论知识的枯燥是不言而喻的，但是我们还是很感激老师真的尽力让它不那么枯燥了，为了让我们的参与度与热情得到提高，老师除了丰富教学方式还做了约束行为——点名，一开始还觉得这样的方式只能强留住我的肉体不能获取我的心灵，但是后来我发现我错了，我们在老师缺课影响小组评分的政策下突然间恍悟了一份来得还不算太迟的集体荣誉感，我们一起讨论得出结论——这堂课是再也不能逃了。在连续的小组活动中，五位奇葩的组员不断磨合且各司其职，让我们的集体荣誉感得到加强，在比赛性的活动上我们拿出最好的状态，思考最好的点子，期待得到老师的肯定，也希望能够抹去老师心中六组永远不齐的印象。（杜拉拉）

这学期的学习带给我感受最大的便是课堂上采用的分组式学习方法了。与以往不同的是，学习团体心理辅导的时候，小组的作用非常明显，就好像小组本来就是我们的一个学习团体，通过小组内相互帮助与指导，来完成课堂内容的学习。我认为这是一种非常有意义的学习方法，既让我们可以利用小组资源更好地学习课堂内容，又让我们深刻体会到一种身在团体之中的感觉。（零崎）

就是很怀念这一学期的团体辅导课，从冬天走到夏天，从生疏走向熟悉，时间见证了我们的成长，课堂留下了我们的欢笑。（李木槿）

在后来我们组做方案的时候，我才深深地体会到，每个小组在做方案的时候都投入了十分的认真与努力，会觉得如果同学们的积极参与会是对你的方案的认可。我想自此以后我都将认真去体验每一个活动。

做方案这个事情也算是学习新技能了，以前觉得方案就有一个大致的方向和结构就行了，但是在写方案的过程中，老师让我们写详案，一开始我非常不理解，觉得方案都做出来了，详案没什么作用，可是后来在写详案的过程中，才发现方案存在很大的问题，于是又不得不进行修改。详案其实是对细节的完善，细节决定成败，这是在许多事情上都实用的真理。

以前班上同学提出过一个观点，团体心理辅导的领导者应该有自己的领导风格，不必太在意别人的评价，并且保持自己的领导风格就好。根据同学谈到的这个观点，我也对团体辅导领导者有一些自己的看法。首先，一次团体辅导领导者采用什么样的风格，不是根据自己的喜好来定的，得根据团体辅导的内容、性质，团体辅导对象的年龄、学历、工作甚至说性别等一系列情况来定的。再简而言之就是辅导的作用对象是被辅导者，而不是领导者，所以我认为是团体辅导内容和团体辅导对象决定了需要什么样的领导者及其领导风格。（貂涅）

通过我们小组的带领活动，我们也获得了很大的进步，我们知道了应该怎样写详案，怎样才能带动大家的情绪。时间过得很快，这学期的课已经上完了。总的来说我的绘画技术是不断提高的，自己的情商和智商也得到相应的提高。最重要的是我学会了要勇敢，要敢于去做自己害怕的事，要学会沉下心来审视自己的不足。后来，我去参加创业培训班的课程时才发现，在课上用的很多活动都是在团体辅导课上做过的，顿时有高大上的感觉。我想未来在工作中可能用到课上学到的东西。（东方燕子）

领导者要有过硬的专业技能，要关心爱护每一个成员。有健康的心理，幽默风趣，感染每一位成员，让他们走出自我，面对自我。尊重每个人，保护他们的自尊、自信心。对团体采取有针对性的方案，尽量在活动后也能促使他们的交往。要有高度的责任感，乐于奉献，合理安排时间，有良好的人际交往能力。团体辅导和个案咨询有着很大的差别，学习了一期的团体辅导课程，自己也去了南溪一中带过团体辅导，感触颇深。不是所有的人都适合做团体辅导的对象，也不是所有的情况都能做团体辅导，有些人有些事更适合做个案。在做团体辅导时，成员的同质性对效果很有帮助，领导者要有较强的专业知识和实践经验。（追梦）

（1）团体协作的重要性。在近几次的小组活动中有的小组是分工协作，各人的责任明确，并且集思广益，由小组共同讨论得出最后方案！而有的小组凝聚力不强，基本上所有的责任都压在组长的身上，所有工作统统都由组长一人完成，组长责任很重大，感觉压力很大。众人拾柴火焰高，一个人的能力再强，但始终有限；一个人的思维再全面，也比不过全小组的集思广益。所以说只有大家紧密相连，每个成员都能真正融入进去才可能发挥出团体最大的力量。

（2）领导者的能力。每次团体辅导，都由不同的领导者带领，他们有不同的气质，不同的主持风格，不同的表达方式，每个人都各有千秋，不能严格地说谁好谁不好，只能说略有差别。有的领导者语言流畅，发音标准；而有的领导者虽然口齿不清，但却热情洋溢，轻松地调动了气氛；还有的领导者思维敏捷，善于随机应变。我觉得不管是什么样的领导风格，只要你能将一次团体辅导带领大家很成功地完成，那么你所用的领导的风格类型就是成功的。那你的领导能力也就是受大家认可的！但是另一方面，我们都才刚刚接触这些东西，没有人一出生就是作为团体辅导的领导者而存在的，大家都是在慢慢的学习之中，不可能一开始就做到尽善尽美，这是一个不断完善自己的过程，是一个不断进步的过程！

（3）大家的参与度。一个再成功的团体辅导也不可能让所有的人身在其中，一刻也不走神，不可能要求所有人都时时刻刻参与其中。一个成功的领导者要清楚地认识到这一点，不要有太高的期望，要有一个平和的心态。而身为一个参与者，我们随时也可能成为明天讲台上的领导者，所以我们只有尊重别人才能获取别人的尊重。（小小）

我们在家庭组建初期，大家就彼此有一定的了解，但这个了解仅仅是表面的一些性格方面，但是对于他们的家庭情况，思考问题的方式，以及为人处世的态度等都没有更多的了解，但是通过家庭组建，我们五个聚在了一起，这是一种缘分，让我们增加了彼此了解的机会，当然我们也在每一个活动中很好地把握住机会，展现了强大的集体凝聚力，尤其在团体辅导方案的准备阶段和实施阶段，我们都能很好根据分工做好我们的本职工作，并且一起完成一些我们事先没有预想的情况。在各个活动中，我们也建立了深厚的友谊，这一份来之不易的友谊也是我们在团体辅导课程中收获到的宝贵财富。（中林兄）

说到小组做活动,我觉得我的收获很多。我非常感谢由这样的随机分组的方式把我们分成了不同的小组,以前总是在自己的小圈子里,很多事情都更依赖别人,做事情也马虎不认真,但是这次小组做方案让我有了很大的改变。在这个团队中我体会到的是一份责任,觉得要把方案做好才能体现我们小组的凝聚力。在讨论方案的过程中我们有各执己见,也有各种欢笑,感觉这种为了同一个目标去奋斗是一件非常充实的事,我们小组的凝聚力也因为这次做方案变得更好了。(stan)

自从第一次课程分组后,后来的课程我们每次都坐在一起,每次讨论的时候也都是很积极主动地发言,讨论完后就由家长或者发言人代表小组发言,有时候其他成员又临时想到什么就会站起来补充,让我感觉大家都很齐心、很团结,都在为建设更好的小组努力着。(蓝姑娘)

在课程中,我们小组作为一个小家庭,在课堂中积极的以一个团体进行活动,在其中,让我学到了很多。通过以小组为单位的学习,我逐渐明白团体活动中团体成员对于团体的意义和价值。第一,在团体中,保持团体成员固定的意义。以我自己的感受为例,当我们这个小团体已经形成并且以团体形式出现一段时间以后,就形成一种团体意识,在无意识中,某位成员没有到场,心理会出现一种不快,并不完全是因为会因此给老师留下不好的印象,而是感觉自己的一部分没有到位的不舒服感。团体心理辅导中,成员间互相的作用在很大程度上本身就是团体辅导的作用所在,有助于成员改善人际及心理上的一些问题。第二,在团体中,团体成员自发的自我愈合。在成员中,每个人都是因为一些原因参加辅导,在这个过程中,注重心灵的交流,认真去感悟,就能够得到启发。比如在案例中某些成员对于自己存在的一些问题有夸大,其实当别人也分享类似的问题时,这个问题本身就不那么严重了。第三,团体辅导领导者的高要求以及重要性。如果是不了解的人看团体辅导,就像是一群人在聊天,领导者就是在组织一场活动。通过学习,我真正了解到作为领导者的重要性,以及做一个领导者需要的强大的技能。领导者不但要事先做好充足的准备,包括团体方案的设计、可能出现的事件的预测及应对方案等,还需要有组织活动的能力、随机应变的技巧等。并且,领导者这个位置在团体中有着重要的作用,既要领导团体朝着团体目标前进,又要根

据具体情况进行及时准确的调整。因此，要做一个优秀的领导者需要足够的专业素养及实践。（香草）

  在经过多方面的查阅后，终于设计出了一个本以为很好了的方案。经过老师反馈和反复修订发现了最初方案的很多问题：方案设计的目标不明确，每个活动到底想要达到一个什么样的目标不详，各个活动之间的联系不密切，主题不深入，甚至于与主题不合，只是一味地以取乐为主。活动的选择方面存在很多问题，比如：活动没有充分地考虑到场地问题，由于受场地限制，很多的活动都不能进行或者是存在安全隐患。这是由于在设计方案之初没有考虑全面，还有就是缺乏经验；理论知识的掌握不够，相关文献资料阅读太少。我们设计的很多方案都是在网上查找的一些已有的相关方案的基础上进行修改而来，可是对于那些方案的设计理论却知之甚少，因此造成对方案的理解可能存在一些误差甚至是误解。（巧儿）

参考文献

1. 樊富珉：《团体心理辅导》，北京：高等教育出版社 2005 年版。
2. 肖秋萍：《团体心理辅导促进大学生自我接纳水平的实证研究》，厦门大学 2009 年硕士学位论文。
3. 刘勇：《团体心理：辅导与训练》，广州：中山大学出版社 2007 年版。
4. 樊富珉、何瑾编：《团体心理辅导》，上海：华东师范大学出版社 2010 年版。
5. 〔美〕亚隆等：《团体心理治疗——理论与实践》，李敏、李鸣译，北京：中国轻工业出版社 2010 年版。
6. 〔美〕柯瑞：《团体辅导的理论与实践》，方豪等译，上海：上海社会科学院出版社 2006 年版。
7. 《国家职业资格培训教程 心理辅导师职业培训 26》，http：//v.youku.com/v_show/id_XMTUwODQyNDA4.html。
8. 《国家职业资格培训教程 心理辅导师职业培训 27》，http：//v.youku.com/v_show/id_XMTUwODQyMzcy.html。

后 记
——成长在继续

团体可以陪伴成员在人生路上克服种种难题。如提高成员与他人相处及合作的能力；帮助成员了解自我，增强自信心，开发潜能；加强归属感、凝聚力和安全感等。

在团体中，你可以与来自不同背景、拥有不同价值观的成员相处，成员间彼此的回馈犹如一面镜子，可以让你清楚地了解别人眼中的自己。

团体也是一座试炼城，你新习得的心灵法宝都可在此一试，没有批判、攻击与嘲弄，只有安全、支持的气氛，鼓励你向前。

这里也是获得慰藉的好地方，当你受伤了，你知道有一群伙伴可以给你安慰与帮助。

透过辅导老师的带领以及成员之间心灵的交会，透过有趣的活动、讨论、体验、冥想……相信你会发现自己心灵的成长。

课程早已结束，大家在继续成长着，在彼此的支持和温暖中成长着。感谢那些我教过的学生们，我在与你们的互动中成长着；感谢2013—1014学年下期"团体心理辅导"选课班的同学们，为我的教学锦上添花；特别感谢吴兰蓝、贺书燕、杜艳、刘婷婷、荆文鹏、李波、李治江等同学的大力支持和辛勤的资料收集与整理工作，没有你们的帮助，这个成果或许会延迟诞生！

由于作者学术和经验上的局限以及工作上的疏忽，本资料在编写整理的过程中，错误和疏漏在所难免，恳请专家同仁及广大读者给予批评指正，以便我们在今后的修订中予以借鉴。

心理学最终应服务于人类生活，就让我们从每一个心理人自己做起吧！

曲　燕

2015 年 5 月 1 日初记于宜宾学院

2017 年 3 月 8 日补记于美国加州